JN110605

人間共生学への招待

[第３版]

島田燁子／小泉博明［編著］

ミネルヴァ書房

第３版刊行にあたって

2020年は東京オリンピック開催の年として特別に記憶されるはずであった。ところが，新型コロナウイルス感染症が前年暮れから中国でひろがり始めてじつに短期間に世界中に蔓延し，重症者は死に至るため多くの国でロックダウン等の思い切った対応がとられた。

人類は食糧と感染症との壮絶な闘いをしながら今日に至っていることは，本書の第１章と第９章に述べられている。たびたび大流行したペストも本書に詳しいが，広がるのに一定の時間がかかった。今回の「COVID-19」は航空機とグローバリゼーションによる世界同時性が特徴で，医療環境のレベル，生活の格差などが生死を分けたといえよう。

病は人間の苦しみのもとの一つであり，様々な病と苦闘してきたのだが，天然痘，結核，ハンセン病などの感染症に対し科学が勝利したとみなされてきた。それらの病気に対する偏見と排除への反省もなされてきている。本書の第９章に詳しい。しかしながら新型コロナウイルス感染症はウイルスの正体，治療薬等が現時点で不明のため感染の恐怖から患者や家族が気の毒な状況にある。2011年の東日本大震災では罹災者へ悲しみの共感と連帯があり，「共生」への救いが見られた。今回は恐怖心が先だっているようだ。今後，新型コロナは繰り返し流行する可能性があるところから感染症への正しい知識を持ち「ウイズコロナ」の生き方が必要である。共生の課題と考え取り上げた。

「パンテミック」は世界の協力なくしては解決しないことを私たちに示したが，「気候変動」「資源枯渇」「格差」といった本書で取り上げた問題の重要性も警告しているのだ。

2020年12月

島田燁子

はしがき

私たちは〈今〉を生きる人間として個人的にも社会的にも「共生」という理念（理想）が大切であると考え，「人間共生学」を提唱するに至った。

その理由を少し述べると，少し前までは日本の社会そのものに「世間」と呼ばれる共通の考え方があり，無意識のうちに他人のことを気遣い，助け合う共生がなされていた。ほとんどの人はそれで十分であった。しかし今や社会は大きく変わりつつあり，グローバル化して外国人との関わり合いも増え，環境問題をはじめ多くの問題を，全世界で対応していかなくてはならなくなってきた。

2011年３月11日の東日本大震災の経験は，改めて人間にとって共生が課題であることを思い起こさせてくれた。大災害に際して，人々は家族や地縁社会を再認識するとともに，国の内外からの多くの支援に力づけられ，「人は一人で生きているのではない」と，以来「共生」という言葉をよく聞くようになってきたと思う。

改めて「共生とは何か」を考えると，そう簡単ではない。そこで文京学院大学において「人間共生論」という全学共通科目を担当する７人の研究者で，研究会を前年に立ち上げ，それぞれが専攻する専門領域をふまえて考えてきた。

「人間共生学」の範囲は実に広く，⑴人間の共生性の探究，⑵共生化が進む地球社会の現状，⑶西欧型の人間中心主義の限界，しかし近代の人権思想に基づく国際的な人権保障，貧困問題の解決等地球市民に及び，⑷教育やメディア，医療，高齢化と死，そして最終的には⑸自然との共生，環境保護の思想へという，壮大なスケールの「人間共生学」が誕生することとなった。

今回の試みは，最初の一歩と言うべきものである。「人間共生」という重要なテーマに終わりはない。読者の皆様からのご意見もいただき，進展していくことを願っている。

2011年９月　　島田燁子

人間共生学への招待［第3版］

目　次

第Ⅰ部

人間共生学の基礎理論
—— 人間の共生性の探求 ——

第1章
共生思想を考える

第1章で取り上げるのは，各自の「いのち」が縦糸と横糸の両方によって広く深く支えられている「共生」への気づきだ。「人間と人間」「集団と集団」「人間と自然」の共生の事実と共生思想も早くから存在していた。

本章では，習俗・思想・宗教等による「文化の共生」，大きくは「文明の共生」を取り上げ，脱西欧の立場で「共生思想」を考えることにする。

具体例として，あえてユーラシア地域を取り上げ，現地にも出かけて胎動する大地域で「共生」を考える。まさに現代はグローバルな時代。グローバルにつながって共生している中に身を置き，人間として交流することから「共生の思想」を考える。

トルコ・ボスポラス海峡
アジアとヨーロッパを結び，多文化共生の世界が広がる。

1　今，なぜ共生思想を問うのか

私は様々な共生によって生きている

「共生とは何か」を考えていくにあたって，まずはじめに今日ここに生活している「自己」を取りあげることにしたい。

私は私として他の人と取り換えることのできない存在である。この私を「自己」と呼ぶとしよう。この「自己」は，他の人と区別され独立しているという意味では「自立」している存在である。だが，この自己の「いのち」そのものが突然，現れたかというと決してそうではない。まさしく父母がいて，その父母にも父母がいて，とさかのぼらなくてはならなくなる。両家をたどって10代前までいくと1024人，20代前には104万人，30代前には10億7000人という気の遠くなるような先祖の数になるという。「いのち」の始まりまで行けば，無尽と言ってよい長い時間になるであろう。「今ここにいる私」は，そうした「いのち」のバトンリレーによってここにある。このバトンリレーを「いのちの縦糸」と言われた佐藤雅彦師（大正大学講師）のこの「いのち」論[(1)]を，若い学生達と一緒に受講して私も深い感慨を覚えた。

では，自己は精神的にばかりか生活や経済の面まで自立しているかとなると，実は家族・友人をはじめ社会の中で多くの人の手で支えられているのが現実である。支えになる家族は，かつて元気で子どもを育てたが，今は歳を取り子どもたちや孫の世話になっている人もいるかもしれない。人口の何％かは障がい者であり，家族と社会が協力して世話をしていかなくてはならない。家族や社会は，様々な人が共生している集団なのである。その共生の在り方は時代や家族の変化にしたがって変わっていかなくてはならないものでもある。「人間共生」の大きなテーマである。生活できているのも電気や水道，交通といった諸々の社会システム，教育，食事，衣服，住居にいたるまですべてにわたって多くの人々によるのが現実である。私自身が「社会的な存在」であり，無事に生きていることは市民として共同体に協力しようとする態度や行動によるといってよい。これを「いのちの横糸」というなら，縦糸でつながるいのちをこの横糸が支えているのだ。

また，今日では衣服や食料，エネルギーといった生活物資から文化面まで，地域や日本一国で成り立っているものはほとんどなく，グローバルにつながって輸出入によって成り立っている。原料も同じで，携帯電話一台にしても中国やアフリカ諸国からの輸入がなくては製品ができないのだから，国と国，集団と集団が仲良くする「共生」なくしては生活が成り立たない。

自然界との「共生」は言うまでもない。人間を含めて生物はその生命の元が「水と太陽」にあると考えられる。人間は自然の中での採集，狩猟生活を経て，次第に自然を利用して農耕や漁業，牧畜を営み，人口を養える規模に成長して共同体を作っていったと考えられる。共同体を持続していくには，そこにはルール，規範が必要であった。他の共同体と共生していくための交渉や交流も重要であったろう。

このように考えれば，人あるところに「人間と人間の共生」「集団と集団の共生」「人間と自然の共生」が早くから存在したのは当然であろう。

今回，私たちは，人間における社会・経済生活や習俗・思想・宗教等による共生の仕方を「文化」と捉え，長期にわたって繁栄して周辺の地域や，後世の歴史に大きな影響を与えた文化の伝統を「文明」と呼ぶことにする。文化・文明は，時に武力をもって争いながらも長所を取り入れて，まさに長い時間をかけて様々な発展をしてきた。これも「共生」である。

さて，このように「共生」することで人間の生活は成り立っているのが現実であり，人類は早くから共生する努力を重ねてきている。次に共生の努力を思想面にみることにしよう。

古代の共生思想

まず，エーゲ文明の花が開いたギリシャを例にとると，民族の移動や戦争を経て前8世紀に地中海各地に都市国家ポリスが成立した。経済が発展するにつれて平民の力が強くなり，民主政治が生まれた。「共生」の具体化と言えるが，しかし女性や使用人に参政権はなく，大量の奴隷の使役によって成り立つ社会で，彼らは「言葉を使う動物」（アリストテレス）と考えられていたのであったが，ともあれ自由民の政治参加が実現した。

このアテネでは，紀元前5世紀にソクラテスが人間と社会のあり方を問う

ヘレニズム時代に製作された仏陀像が博物館に残る
（ウズベキスタン民族歴史博物館蔵）

「哲学」を始め，プラトン，アリストテレスが発展させた。

「市民としての徳（アレテー）」が論じられ，特にアリストテレス哲学は長くヨーロッパの学問の骨格となったといえよう。

同じ頃インドでは，ゴーダマ・ブッダ（釈迦）が「縁起」の真理によってすべての事象を「相依相関」の関係の中に成立すると説いた。因と縁，特に「縁」というつながりを重視したことによって，すべての存在が相互に関係し支え合っているとした。同時に相互に依存し合っているので，個人は「生かされている存在」であることを知り，感謝しあう「報恩」の生活を教えたのであった。この仏教思想は，インドから東南アジア・中国・朝鮮半島を経て日本にまで広がった。

ギリシャが力を失って，マケドニアのアレクサンドロス大王（前336-前323）が東方遠征を行い，ヘレニズム文化が栄えると，ギリシャ人の一部が東方へ移動してギリシャ彫刻の技法をもってブッダの像を刻み，仏典に登場する諸仏を仏像としてガンダーラ美術を成立させた。この仏像がやがて中国，韓国に広がり，日本の飛鳥・天平文化の仏像彫刻となるので，仏教的な共生思想はユーラシア大陸に広く影響を持ったことが想像できる。

中国，そして日本における「共生」は，国家の統一と深く関わっている。中国では統一を目指す激しい争いの中で，思想界も諸家が出て活発となった。「仁と礼」による秩序を説いた孔子を祖とする人々が儒家と呼ばれ，他者を思いやることを強調している。実は今日の中国でも重視されている。我が国でも7世紀初め，推古天皇の下で摂政となった聖徳太子が十七条憲法を定めたが，「和を以って貴しとなし」と「共生」を強調している。

ということは，いずれの賢人も「人は一人で生きるのではない。他者を大切に想ってこそ自己も存在する」ことを第一としていたと言えよう。

西欧における人間中心主義の問題点

近代のはじめ，フランスのデカルト（1596-1650）が「私は考える，ゆえに私はある」を絶対確実で疑えない真理としたことから，理性に信頼を置く近代的な人間中心主義が始まった。人間の「自立」であった。続いて，イギリスにおいてもベーコンの「知は力なり」の追求と，ホッブズ，ロック等が各人の「生命・自由・幸福」こそ人間の権利とし，ここにも人間の自立宣言があった。ただし，この考え方の中に女性や子ども，奴隷といった人たちは含まれなかったため，西欧の白人の上層階級の男性のみの片端な人間中心主義であった。個人の幸福を追求して科学技術の進展に立脚した西欧文明社会が成立し，やがてはアジア，アフリカ，南北アメリカの植民地化も進められることになる。

こうした人間中心主義に異を唱えたのがフランスのルソー（1712-78）である。その真の意味は人間の内面，すなわち心の中にはどれほどの文明社会の害を受けようともなお消え去ることのない光，言い換えれば良心の声が存在するということであった。「良心の声をきく」ことこそ真の姿ということと，自然状態の中には自由と平等があったと考え，腐敗・堕落した文明社会に批判的であった。

この後にドイツのカント（1724-1804）が，様々な哲学を合流する形で理性に信頼を置く人間の尊厳の哲学を構築し，人間中心主義が完成したといえる。

この一連の西欧中心の人間の尊厳と権利の考え方は，本書の第２章，第３章でより詳しく述べられるが，科学文明の進歩とその後の西欧中心主義を支えることになり，西欧諸国と西欧文明が圧倒的な優位性を築く基となった。

今，問わなくてはならないのは，理性的な人間はそれ自体で存在しうるのかということである。人間は自分の生命をはじめ，衣食住に至るまで水や太陽，土をはじめとする自然に依存しており，自分ひとりの力で生きているのではない。哲学者の論とはいえ，人間は「自然界の一員である」という視点の欠如は今日的な視点からは見過ごしにできないのである。また，思考の範囲がヨーロッパの先進国だけで，征服される側，植民地化・奴隷化される側の視点が十分でない。ルソーの文明国批判，そして，カントの晩年の平和論にわずかに登場はするが，十分とは言えないからである。

今日の私たちは，こうした人間中心主義を根本的に是正しなくてはならないところまで追い込まれている。「自立」を可能にする「共生」を，生命，人間，社会，自然まで包括して一体化して考える原理を探っているというべきであろう。自然との共生を基礎に，相互の支え合いを重視し，あらゆる生命がかけがえのない意味を有しているとの認識に立って，相手の幸福を願う東洋の思想が再評価されてよい。障がい者，高齢者，死といった，近代人がなるべく避けてきた問題も，この中で考えられるはずである。

また，人類が望んでやまない，戦争のない平和な国際社会の実現のための共生の考え方も，求めてやまないところである。20世紀にはエネルギー，情報，交通の面で画期的な発展があった。特にインターネットや携帯電話のような瞬時に世界へ発信できる通信手段も日用化され，経済も一体化されたといってよく，すべての人に関わる環境問題もあり，今や地球全体が「グローバルな社会」になりつつある。こうした中で2000年には国連がミレニアム開発目標を採択した。このころから「共生」へのほのかな期待が膨らみ，私たちは平和を実現するとともに自然と共生していかなくてはならないとの想いも高まっていた。

しかし，現実は実に厳しいものであった。一つは20世紀までに蓄積されてきた西欧の先進国，いわゆる北半球に対して，長らく植民地化されて搾取されてきた南半球の人々という図式の南北問題が，ソ連の崩壊を機に噴出したことである。南半球ばかりではない。それまで抑え込まれていた民族，部族の不満エネルギーはすさまじく，世界各地域の不安定が続いた。

そして2001年９月11日の同時多発テロ。アメリカは復讐心に燃え，テロリストを支援する国を討つためとしてアフガニスタンとイラクへ侵攻し，尊い人命を奪い，文化財を破壊し，かえって憎しみを増幅させるばかりであった。両国とも人類の文明史上貴重な地域である。グローバリズムの名のもとにアメリカ流の正義と民主主義が支配することには大きな抵抗があると思われる。武力をもって西洋流の民主化を押し付けても，なかなか受け入れられないのが現状である。

3.11の大災害を機に考えた「共生」

2011年３月11日の東日本大震災による大災害は，私どもに様々なことを考えさせたと言えよう。

第一は，大自然の脅威というものである。私たち人間が「知は力なり」（フランシス・ベーコン）という言葉を信念に科学技術によって自然を征服しようと，ついに原子力発電所を続々と世界に建設し，現代文明の基のエネルギーとしてきた。この原子力発電所が地震と津波によって破壊されたのだ。いつ終息するかわからない放射能汚染に世界中が衝撃を受けた。近代人の人間中心主義が強烈な一撃をくらって，自信を失ったと言えよう。地震と津波もまさに想定外の被害をもたらした。この自然災害については，相当の備えがなされていたのだが，短時間でかくも多くの人命が犠牲になり，行方不明者も多く，破壊的な被害をもたらすとは――自然と共生という大きなテーマを突き付けられたのである。まさに「現代人よ，思い上がるな」と言われているようである。

打ちのめされて茫然となっていた日本人に対して，国内はもとより全世界から暖かな励ましとお見舞いが数多く寄せられたことも忘れることができない。私たちはどんなに勇気づけられたことか。今もなお増え続けていると思うが，私が調べた６月の時点では160の国，地域と41の国際機関が人と物資の支援を寄せてくれたという。様々な団体や大学といった機関となったら大変な数となろう。アフガニスタン，バングラデシュ，北朝鮮まで義援金を寄せている。

これまで我が国も1990年のイラン地震から数えるだけでも15カ国・地域の災害に救助チーム，専門チームを派遣してきている。日本の国際緊急援助は合計114回となり，その活動能力は高いレベルにあるという。我が国は災害だけでなく，発展途上国や戦争で損害を与えた国々への支援を熱心に行ってきたのであるから，こうした影響もあろう。

しかし，今回のグローバルな支援は，まさに「一国の災害」から国境や文化を越えた「人間の共同体」と言ってよいグローバルな地球市民（世界市民）意識に基づく行動が展開されたと考えてよいのではなかろうか。大自然の威力，原子力の放射能による苦しみへの共感は国など遥かに超えている。私たち人間の心の中には他者の痛みを感じとり，少しでも力になれたらという共苦共感の気持ちがあり，人間として助け合いたいという気持ちが高まったと言えよう。

マイケル・サンデル教授[(2)]は，震災直後の4月22日にハーバード大学の学生主催によるシンポジウムで，この震災で生まれた日本への共感を前向きに受け止め，「国境や文化を越えて他者の痛みや喜びを自分のことのように共有する〈世界市民〉の意識が生まれるだろうか」と問いかけ，「共感だけでは変わらない。私たちが他者と持続的な関わりを築くことができるかにかかっている」と発言している。

たしかに，今回の大災害は人々に様々なことを考えさせ，人類には容易でない困難が常にあることを気づかせた。特に世界中にある原子力発電所をどうするかを考えるきっかけになったことは間違いなかろう。

次に多くの人が知ったのは，日本のこの地域が経済の面でまさに世界中と結びついているということであった。東日本のこの地域の経済力は我が国のGDPの6％を占めるそうだが，多くの自動車や携帯電話等の電子機器の部品を作って，国内ばかりか，アメリカ，中国をはじめ世界中に輸出されているそうだ。それらの部品の供給がストップしたことで，世界の経済にかなりの影響があったのだ。まさに経済のネットワークはグローバルに張り巡らされている。我が国の経済がこうした技術や生産力によって支えられていると同時に，輸出の相手国もまた我が国によって支えられており，まさに共生関係にあるのだ。

生産を支える人の面でも国境は低くなり，今や地球的な供給と需給関係が成立している。我が国は外国人労働者の受け入れにきわめて慎重であり永住権を持つ人は少ないのであるが，期間限定であったり，研修生の形で働いている外国人はかなりいるとみられる。今回震災のあった東北地方にも漁業，農業からアパレル産業，さらに医療や福祉の現場にまで，かなりの研修生がいて各業界に貢献していたことが分かった。

こうした働く人の流れは世界各地でみられるので，経済のグローバル化は現実に想像以上に進んでいるというのが私の印象である。

高等教育分野も同様で，我が国では外国人留学生は13万人を超えたところであるが，ヨーロッパのエラスムス計画による各大学の学生交流，オーストラリアの留学生獲得をトップ産業にとの政策は現実のものとなり，高等教育のグローバル化は見事に進んでいる。

以上の結論として，人類は今，近代の西欧中心の科学技術とそれに立脚している現代社会のゆがみを見つめ，改善していく時期にあるとみる。私たちはこれからの困難に立ち向かうためにも立場の違いを超えて互いに敬意を表しながら世界中の人々が地球という共同体に住むことの意識を深めていくことをしなくてはならない。自然はみんなのもので，人は自然と共生することなしには生きていけない。世界市民として自然との共生を考え，持続可能な科学技術を再生するべきであろう。西欧が中心の時代は終わったのだ。西欧文明以外の文明との協調，協力がカギになろう。次節で論じることにする。

同時に，災害をわがことのように悲しみ，見ず知らずの人に手を差し述べる多くの人がおり，また被災者も我慢強く立派な行動をとったことも「共生」を考えていく上で大切にしたい。ともあれ，人間を大切にしていく根拠として「人権」は重視されなくてはならない。これは本書の基本的な立場である。しかもこれまでの強者のみの人権から弱者を含む人権思想が基本的に重要である。

2　共生の新展開をさぐる

コロナ禍の世界

新型コロナウイルス感染症（Pandemic19）を振り返ってみよう。中国武漢市から発したこの病は3カ月もしないうちに全世界に広がった。症状は肺炎状だったので当初インフルエンザの一種と考えられ，治療薬やワクチンも早期に開発されると考えられた。だが，それは容易ではなく，重症化したり死亡率が高い国もあり，ロックダウン等にもかかわらず感染者増加を防げなかった。世界的に見ると貧困層の罹患率は富裕層の1.5倍で，改めて格差問題を投げかけた。たまたまこのコロナ禍下のアメリカ・ミネソタ州で起きた白人警察官による黒人青年の圧迫死は差別問題を掘り起こし，世界各地で抗議活動がおこった。

コロナ禍は科学技術の発達で人間の絶対優位の自信を深めつつあった人々に「人間にもかなわないものがある」ことを突き付けた。特に，「死」の問題が突然にやってくることを思い起こさせた。一方，罹患の危険性のある医療現場で生命を賭して治療にあたる医療関係者や生活必需品配送者に感謝をする人が増えた。事態の収束は容易でない。ウィズコロナの日常生活，全地球上の協力をどのように実現するかは「共生」の問題なのである。

ユーラシア地域とは

世界地図を広げてみよう。

地球上で最も大きな大陸が，ヨーロッパからアジアまでつながっているユーラシア大陸である。ユーラシアとはEuropeとAsiaを含むアジア大陸とヨーロッパ半島をいう。西から，西ヨーロッパ，東ヨーロッパ，ロシア，中近東，中央アジア，東アジアという多くの地域から成っている。歴史的，地域的には日本も入るべきだと言われる。

私たちがユーラシア地域と呼ぶ，西ヨーロッパを除いたユーラシア大陸に，西暦紀元前3000年以前に，中国文明，メソポタミア文明，インダス文明がいち早く誕生した。エジプト文明に続いて，ユーラシア地域に文明が誕生した理由は何なのであろうか。

ジャレド・ダイアモンドは，その著書[(3)]で，きわめて興味深いことを述べている。人類が住みつき文化・文明を持つにはよく知られている作物や家畜の飼育栽培化が行われることが大きな鍵だという。そして実は東南アジア，中国，メソポタミアが他の地域より3000年も早く，特に中国では生糸（絹）を採るために蚕が紀元前2750年までに飼われていた。また西ヨーロッパ，インダス川流域，エジプトはよそから持ち込まれた家畜や農作物がその土地の野生種の飼育栽培化の「基礎」となった地域である確率が高い。

こうした発見は近年の動植物の形態的分析や遺伝子や染色体の違いの研究等の発達によって明らかになりつつあるのだ。

ヨーロッパの大西洋沿岸でも，南東部，中央部でも南西アジアから飼育栽培種の到来を引き金に食料生産が始まるとともに，土器を製作するようになっている。

「たとえば，南東ヨーロッパでは紀元前6000年頃に一部の狩猟採集民のあいだに南西アジアから穀類やマメ類の栽培や家畜の飼育が伝わり，南西アジアの農耕とまったく同じ方法が採用されて食料生産がはじまっている」。たぶん南フランス，スペイン，イタリアなどでは，羊の放牧とともに栽培がゆっくり広がっていったとみられている。

野生動物の絶滅した地域と食料生産の間にも大きな関係がみられるという。ユーラシア大陸は筆頭に挙げるべき地域と言えそうだ。とりわけ肥沃な三日月地帯（チグリス・ユーフラテス河）では，紀元前1万1000年以降には新しい穀類・道具・設備の開発がみられ，やがて紀元前8500年頃には農耕民族に変わったとみてよい。

こうした定住型の農耕民族が鉄や青銅の武器や祭器をつくり出し，部族をまとめていくための共通の言語，道具，宗教など文化・文明の素地を整えるに至ったと考えられる。

ジャレド・ダイアモンドの調査によると，日本も含めた東南アジア，中国，メソポタミア，インドを含むユーラシア大陸が最も早く食料生産を行って定住農耕生活に至ったことが分かる。いわゆるユーラシア大陸は陸続きであったり，舟でも陸伝いで移動がしやすく，食料や絹や織物の交換が早くから行われていた。こうして「シルクロード」と呼ばれる東西を行き交う道が生まれ，人類は自分たちの生活を向上させようと努力に努力を重ねていったにちがいない。ウイルスを含む様々な病原菌との闘い，民族間の絶え間ない争いが繰り返されてきた。

その後，ヨーロッパにおいて大船団が登場し，この数百年の間は西側に位置するヨーロッパ文明が優位に立ち，圧倒的な力で栄えてきた。先に見た「人間中心主義」がまさにそれである。それより東のユーラシアの中心辺りの地域が歴史に登場することは少なかったのである。

しかし今，世界は急速に西欧中心の一極化から多極化へと向かい，特にユーラシア大陸のこれまで顧みられなかった地域が注目を浴びているのだ。堀江則雄氏は『ユーラシア胎動――ロシア・中国・中央アジア』[(4)]で，まさに沸き立つ地域と表現している。

ユーラシア地域の成立

ユーラシア大陸の中でも，バルカン半島から西はEU（欧州連合）に属しているが，トルコ以東を「ユーラシア地域」と呼ぶことにする。

ユーラシア地域に属するのは，ロシア，中国，中央アジア（カザフスタン，ウズベキスタン，トルクメニスタン，タジキスタン，キルギス），インド，パキスタン，イラン，イラク，モンゴル等，多数の国である。

この地域は，13～14世紀のモンゴル帝国以来，久しぶりに今，脚光を浴びて

シルクロードには，ラクダに代わって列車とハイウェイが人と物を運ぶ

いるのだ。第１に，石油や天然ガスの無数のパイプラインがユーラシア西部からヨーロッパへと張り巡らされている。これは今や東部へも延びている。「エネルギー資源」による交流の成長である。

第２に，中国から中央アジア，ロシアを経て，ヨーロッパに至る「ユーラシア鉄道」と，上海から新疆ウイグル自治区，中央アジア，トルコからヨーロッパへと至る「高速道路」の新シルクロードといった交通ルートが建設されていること。これらによって人と物，文化の移動は大陸を東西に貫いて可能になっているのだ。昔からの交流がずっと楽に現実となった。

これは，第２次世界大戦後の米ソ二極化が旧ソビエトの崩壊によって終焉し，新興国家の台頭や経済のグローバル化，国境を越えた人の移動，とりわけインターネットや携帯電話の普及と，その力は予想を遥かに超えた変化をこの地域にも与えたのだ。

特にエネルギー資源を持つロシアをはじめとするユーラシアの諸国と，世界の工場，市場になりつつある中国とインドの存在感が強まっていることを告げているのだ。

もともとこの地域は，帝政ロシアと清という巨大な２国が300年もの間，対立しながら支配を続けた地域であった。大戦後はソ連と中華人民共和国となって，両国による対立と緊張が続いてきた。それが1991年のソ連の解体によってロシアになるや，ソ連に押さえ込まれていた中央アジアやカフカース，トルコ系諸民族の独立により新しい国が誕生した。

また，1990年代から中国も「改革・開放」路線により，市場経済化を強めたことによって大きな変化が起こった。

まず，中国とロシアの国境4300 km をはじめ，各国間の国境が「互恵の精神

ウズベキスタン首都タシケントの国際会議場
地域の安定と経済協力のための会議が行われる。

に立った双方の譲歩」の原則によって策定されたことが大きい。それまで紛争の種であったこの問題が解決されて「安定と発展」のベルトに変わりつつあり（堀江則雄氏），これが人と物流を促し，交易を導いているという。

そして，その基にはしっかりと自国の文化を持ち，異なる文化・文明と交流を行っているのだ。

非主流の民族の登場

この地域には，西欧中心主義からすると外れてきたユーラシア草原の遊牧民が多数存在してきた。シルクロードが栄えていたころは名前も登場していたフス，突厥（とっけつ）といった民族で，主にチェルク（トルコ）化，イスラーム化した人々で，今日1億数千万人はいるといわれる。1991年のソ連解体後，これらの人々が中央アジア5カ国として独立し，独立国家として歴史に登場してきたのだ。

堀江氏によると，これらの国々では，旧ソ連時代のロシア人は徐々にいなくなり，民族言語，民族文化の振興，国民経済の構築に力を入れ，「国民国家」を目指している。しかし，チェチェンの独立戦争，ウイグル人やチベット人の独立・自立運動等，様々な問題も抱えている。

ロシアには西欧でもなくアジアでもない「ユーラシア主義」を求める思想や運動が見られ，クリミア，ウクライナ等の問題が起こっている。

この地域の主役は，何と言っても中国である。最近では，経済の成長著しい上海が，中国，ロシア，中央アジアのカザフスタン，タジキスタン，キルギス，ウズベキスタンの6カ国を束ねて，2001年6月に「上海ファイブ」を基に「上海協力機構（SCO）」が創設され，多国間の地域協力組織として機能している。文化的にもロシア（スラブ文化，ロシア正教），中国（中国文明），中央アジア各国（トルコ文化，イスラーム教）と各々異なっているが，むしろ多様な文明間の相互尊重を基本に対等な交流，調和的な共存，共同発展を掲げている。その精神は

かつてウズベキスタン・ブハラは学問の中心でもあった

「相互信頼，互恵，対等，対話，多様な文明の尊重，共同発展の可能性」であり，「国連憲章の目的と原則を順守し独立，主権，領土保全を相互に尊重して相互内政不干渉を貫き，武力の行使及び武力による威嚇を行わない」（後略）である。

発足当初は，お互いの国境やテロの監視と経済協力が主であったが，目的を果たし，インド，パキスタンが加盟申請し2020年現在，SCOは8カ国となった。毎年持ち回りで会議を開いているが，オブザーバー参加国も増えていてこの地域でのアメリカへの対抗軸としての力を維持している。中国はこの地域固めの上に「一帯一路構想」を習近平国家主席が2013年に提唱し，現在も進めている。アジア―ヨーロッパ―アフリカ大陸をつなぐ巨大経済圏構想だ。今もシルクロードといわれる東西の通商ルートを更に拡大して経済のグローバル化を図ろうと「大ユーラシア・パートナーシップ構想」を提唱し融資もして実現を図っている。ちなみに「一帯」とは陸路を意味し，「一路」とは海路を意味する。

この一帯は中国では5ルートあり中央アジアを経由してヨーロッパへつながる。「一路」は中国沿岸部から東南アジア，スリランカ，アラビア半島沿岸部，アフリカ東海岸―ヨーロッパへと続く「21世紀海上シルクロード」で2ルートある。陸路，海路ともに地域を結ぶ道路，鉄道，港湾，ターミナルなど物流システムの構築が必要だ。中国国内ではすでに高速道路や重慶とヨーロッパ間の直通貨物専用鉄道が開通して高速で交易品を運んでいる。「世界の工場」といわれる中国の製品の販路が拡大し，EU側の経済活性化にもプラスになっている。

なんといっても巨大プロジェクトで，資金が必要だ。「アジアインフラ投資銀行（AIIB）」が中国の主導で作られ，ついで「シルクロード基金」が用意されて，途上国に融資を始め，工事が始まった。一説には中国国内の景気浮上策として考えられたともいわれる。2019年の時点で，中国政府は125カ国の国々と覚書を交わし，EU 諸国では16国が参加している。

ただし，スリランカが施設を担保に借り，借入金返済の代わりに99年の運営権を渡すことになり，計画を見直す国も出ている。

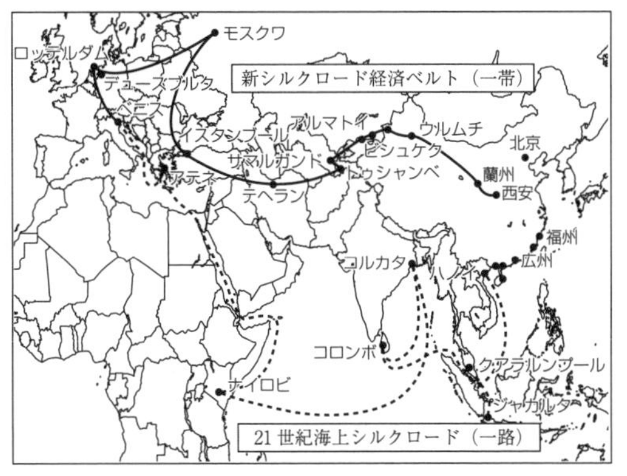

一帯一路構想

出所：中国中央電視台（CCTV），2015年３月８日。

地球市民と平和の可能性

地域の平和的共生，ひいては世界の平和的共生こそ人類の悲願であった。そのために第一次世界大戦後には「国際連盟」が，そして第二次世界大戦後には「国際連合」が作られてきた。またかつて国家間の戦争に明け暮れたと言ってよいヨーロッパには「ヨーロッパ連合」(EU) ができ，現在27カ国が加盟している。

今日，グローバル化社会の中で，国家を超えたグローバル・エシックスの可能性が論じられている。正直，地球上には実に問題が多く，いきなり全地球的な動きは難しい。しかし，ヨーロッパに EU が成立し，ユーラシア地域に SCO が協力機構としてあることを思えば，協調に向かって一歩一歩前進していく可能性を信じたい。

カントの願いに基づいて第一次世界大戦後に国際連盟ができたにもかかわらず，またも世界大戦が起こり，最後は原子爆弾の投下という悲惨きわまりない結果を招いた。そして1945年には国際連合（国連）が発足し，国際連合憲章が誕生した。国連は，その目的を⑴国際的な平和と安全の維持，⑵人民の同権および自決の原則の尊重，⑶人種，性，言語，又は宗教による差別をなくすべての者のために人権及び基本的自由を尊重（以下省略），などとしている。

こうした国連の精神に則って，1948年には「世界人権宣言」が採択された。ここでは人間は理性と良心を授けられており，すべて人は，人種，皮膚の色，性，言語，宗教，政治上その他の意見，国民的もしくは社会的出身，財産，門地その他の地位またはこれに類するいかなる事由による差別をも受けることなく，この宣言に掲げるすべての権利と自由とを享有することができる（第２条-１）。以下，奴隷制度および奴隷売買の禁止ほか，基本的人権というべき項目が掲げられている。社会的弱者に手を差し伸べ，また性差等にも目を向けてきた。にもかかわらず，こうした「国連憲章」や「人権宣言」では解決できないような問題で私たちは悩まされ続けている。例えば，国際的テロはなにも国家によるものではないので，これに国連は対応しにくく，同じくテロを予防するために攻撃をしかけたり，身柄を拘束するなど「人権宣言」に抵触しそうなことを行っているのが現実である。

しかし「人権宣言」は着実に浸透し，グローバルな次元と各地域の次元とで人権を国際的に保護することが進んでいる。民族や人種を越えて人類が共生するための思想となっている。また，カントが提起した「永遠平和のために」は今もなお平和のためのエネルギーとなっている。

文明の共生を考える

シルクロードという用語は1877年にドイツの地理学者が，その著『中国』で初めて使ったと言われているが，東西交渉史の研究が進むにつれて，歴史的にも地理的にも範囲を広げ，「西から東へは玉の道であり青銅の道であり鉄の道でもあった。さらに天文学や暦，そして仏教などの宗教もこの道を通って西から東へと伝えられた。シルクロードはユーラシア大陸を東西南北，網の目のように結ぶ，太古の時代から連綿と続く文化交流の道なのである[(5)]。」

東西南北にわたる文化の伝播こそ，ユーラシア大陸の強みであった。

特に日本はユーラシア大陸から衣服，食料，建築技術，文字，仏教，儒教その他を移入して日本の風土に合わせて日本文化として生活してきたに違いない。奈良の正倉院にシルクロード経由のペルシャやインド，シルクロード各地からの品物があるのは，そのことを如実に物語っている。まさに文化・文明の共生の実例であり，こうした広い東西の交流はまさに人類の宝である。

ユーラシア大陸のうち，私たちが先に取り上げたトルコ以東，日本までのユーラシア地域には，少なくとも４つの文明が存在する。⑴中国文明，⑵ヒンズー文明，⑶ロシア文明（スラブ文化，ロシア正教），⑷イスラーム文明である。この中から人口数の多い⑴と⑷の２つの文明を取り上げ，共生を探ることとする。

(1)中国文明の共生思想

中国文明は河南省という黄河地域のコムギなど穀物生産地に誕生した。首都鄭州市は，今も中国の大動脈の鉄道と高速道路が交差する交通の要衝である。ここ河南に歴代の王朝の都がおかれた。日本との関係も深く，西暦57年には倭の奴国の使者がここの洛陽で後漢の皇帝から金印を授かった（現在は国宝になっている）。また倭の女王・卑弥呼の使者が三国時代の皇帝から金印を授かったのが，239年という。

中国文明はすでに金属を精錬し，器具をつくり，おそらく大規模な宮殿や神殿をもち，文字が用いられていた。青銅器の製品の数々は強大な支配力を象徴している。中国文明の成立には国家プロジェクトによって出土品の解明が行われることが期待されている。

春秋戦国時代になると文字史料も多くなり，孔子・孟子等の儒教思想家も出た。中国はその後，漢王朝ばかりでなく，多民族の王朝が立ったが，今なお中国文明を中国人が伝え発展させている。河田悌一氏は中国思想界の「定点観測[(6)]」を1949年以来継続されておられ，今般，1973年の文化大革命の終焉から2009年までをまとめて刊行された。この国ではマルクスや西欧の思想も取り入れてきたのであるが，やはり「儒教」が根強く，特に1990年代後半からはグローバル化，2001年からは21世紀を生きるために儒教は重要な精神的支柱として儒教による「調和社会の建設」が掲げられている。儒教は中国文明の精神的支柱であり，中華思想のよりどころである。もちろん，老荘思想も仏教も一部に生き続け，西部ではトルコ系住民がイスラーム教を信仰しているが，しかし河田氏によると，「儒教」は「まず第一はマルクス主義，社会主義を補完する中国固有の価値としての再評価。第二は，中国のみならず，台湾，韓国，ベトナム，日本など，いわゆる東アジアの共通する普遍的価値としての再評価。第三は，現在の胡錦濤政権の政策である「調和社会」を実行する際の応用理論としての再評価である。」（河田著185頁）。

「ある論者は，儒教のなかから《現代の民族精神の合理的要素》を発掘すべきことを主張。また別の論者は，儒教の《人を以て，本となす“仁”》，《和を以て貴となす“和”》，《礼を以て序となす“礼”》，《世を経め用を致す“用”》の４つを現代の民族精神の基礎となるべきだとのべる」（河田著187頁）。

外から見ると中国は一貫して「中華思想」と呼ぶ中国中心主義にみえる。目下，強大な軍事力国家を目指し，軍備の増強を行っていると言われる。それと現在の中国社会の悩みはなんといっても富裕層と貧民層の矛盾と，賄賂等が横行する不公平社会と職業倫理の不徹底である。職業倫理をいかに根づかせ，社会的信用を確立するかが中国社会の大きな課題である。本来，共生思想というべき平和的な調和思想の儒教倫理で住みやすい社会をと願わずにはいられない。

⑵イスラーム文明の共生思想

イスラーム文明に属する人は今日では13億人もおり，2025年には人類の５人に１人はイスラーム教信者になろうと言われている。

ユーラシア地域においてもイスラーム教の人々がどんどん増えている。インドネシア，マレーシア，シンガポール，中国の新疆ウイグル自治区，インド，中央アジア５カ国，中東諸国，ロシアの一部，パキスタン等々で10億人近い信者になろうとしている。

イスラーム教は典型的な一神教だ。唯一の神（ザ・ゴッド）がアッラーと呼ばれる。イスラームが強調しているのが神への「絶対帰依」であり，イスラームとは「神にすべてを委ねる」の意味である。イスラーム教は神の前にすべての人が平等であり，基本的には他者に対して慈悲深く助け合いの精神にあふれている。

そして簡単な信仰告白「アラーの他に神はなし。ムハマドは神の使徒なり」をアラビア語で唱えることで入信できる。１日５回の礼拝，喜捨と言って恵まれない人にお金を贈ること，断食を１年に１カ月，決められた期間行う（ラマダーン），そしてメッカへの巡礼が信者のつとめである。男性，女性の別は厳しく，女性は髪と肌を出さないように布で覆わなければならない。

現地調査で感じたことは，ユダヤ教，キリスト教，イスラーム教を「アブラハム系宗教」として兄弟関係を強調して共生を保とうとしていることである。宗教上の争いを避け，平和的な共存を図ろうとしている。

他の宗教に比べて信仰者が若年層に多いので，まもなくキリスト教徒を抜いて世界第１位になろうとしており，ユーラシア大陸ばかりでなく世界各地で増えている。また，イスラーム原理主義者と呼ばれる中には「イスラム国」など過激派がおり，テロを行う脅威があることである。

いかに平和的に共生していくか，イスラーム関係者にも強く願いたい。

3　現代社会の共生理念

改めて考えてみると，私たちがこの地球に生まれ，生命を全うするにはなんと多くの人びと，社会の力，自然の恵みによっているかを気づかずにはいられない。まさに，時間的にも空間的にも「共生」しているのが私たちである。縁があってこうして生き，多くの恩を感ぜずにはいられない。

「共生」についてはすでに椎尾弁匡師が「願わくば衆生と共に安楽国に往住せん」と呼びかけられたのに始まり，最近では竹村牧男氏が『共生のかたち』で詳しく述べておられる[(7)]。そして「今日の共生は人が自覚的，主体的に自らの意志でその関係を創造していくべきものと思われる」との立場に私も賛同する。

「共生とは何か」をここでまとめてみると，(1)自分の「いのち」が過去から現在を共に生きる存在であることを深く考えること，(2)1人で生きているのではなく，様々な違う人々，例えば高齢者，病者，障がい者，子ども，性の違う人々と共に生きている。(3)文化・文明が重要でその違いを尊重し合い共に生きる。(4)国や民族，人種を超えたグローバル化社会で平和に生きる。(5)地球規模の環境問題を考える。(6)自然と共生する科学技術の在り方といった諸問題となる。どれも簡単ではないのだが，この第1章において，それぞれの問題にどう取り組んでいくかの方向だけは示したつもりである。

自分の存在は想像以上に広く重く，ひとりではないことを知った今，改めて自分の価値を知り，大切にする心を強くし，多様な人々と共に豊かな社会を築いていくことに全人類が努めていかなくてはならない。

共生していくために私たちは，お互いが信頼し合えるよう「誠実」であることがまず大切である。そして相手を認め大事にし人権を相互に尊重することだ。相手を認める「寛容」こそ人間として具えていきたい徳と言えよう。また，各種の「対話」「交流」「コミュニケーション」を盛んにすることである。

国際的に活躍されているベトナムの仏教者ティク・ナット・ハン師[(8)]の書物に「慈悲のマインドフルネス」――すべてを包む包容力というべき究極の優しさ，智慧と忍耐，辛抱，我慢を人々が持つことが提唱されているが，強く共感するものであった。

人類はホモ・サピエンスとして一つの仲間なのであり，瞬時につながる私たちの地球において「地球市民」として「同じ人間ではないか」という視野を持つことにしよう。今や世界市民より地球市民として共同体に協力しようとする態度や行動をとることを考えていこう。

前節で見てきたように人類は文化・文明的に共存して暮らしてきた。その人類が工業化に行き詰まり，環境問題や平和構築で苦しんでいる今，わが国も当時の先進地域からの恩恵と偉大な歴史を振り返り，日本人が培ってきた「和」の精神に立って，優れた技術を提供し，自然を愛し，美を愛する生き方と共に何よりも勤勉さをもって信頼を得，困った人には救いの手を差し伸べる温かい生き方を一人ひとりが心がけることが「共生」につながると考える。他者を思いながら，人とつながって生きるなら，きっと生き生きとした人生，生活となると信じている。そうした社会の仕組み作りにも全力をあげなくてはならない。

「共生」は座っていても実感は薄いものである。家族のために皿を洗うのでもよい，とにかく他者のために動く中で分かってくるので家族やコミュニティ，災害地で手伝ってみることが必要と思う。できれば異文化・異文明の中へ飛び込んでみることをお勧めして，第１章を終わりたい。

コラム１　ユダヤ教・キリスト教・イスラーム教の関係

神は３教とも同じ唯一神である。ただユダヤの人々は，この神を「ヤーベ」と呼び，神がユダヤ民族を守り，救世主を送って繁栄をもたらしてくれると信じ，かつてユダヤ教神殿のあった「エルサレム」の神殿の壁に再興を誓ってやまない。

このユダヤ教から「イエス」を救世主として信じることでキリスト教が成立した。神を「天の父」と呼び，「神の愛」と「隣人愛」を説くことで，ユダヤ人以外の人々の信仰を得て普遍宗教へと成長するのだが，「エルサレム」を聖地としてゆずらない。

こうした流れの中で７世紀に，アラビアのメッカに住む商人ムハマドが神の啓示を受けたということで始まるのがイスラーム教である。ムハマドは預言者と言われ，神は「以前にも伝えたのに，人間たちがきちんと守っていないから」また伝えるとしている。これは，かつて神がユダヤ人の指導者モーゼに対して人間の道徳を含む「十戒」を伝えたのに，人間は守らず，次はイエスを通して『新約聖書』の形で示したのに，それも守らないので，ムハマドに最後の言葉を伝えるということで『コーラン』を示したことになっている。３教はアブラハム系一神教と言われる。

◆◆◆◆◆◆ 課題 ◆◆◆◆◆◆

1．本章を参考に「共生して生きている私」を具体的に考えてみよう。
2．ユーラシア大陸，特に今回取り上げた「ユーラシア地域」の歴史と現状を調べて，文化・文明の共生について考えてみよう。

註

(1)　佐藤雅彦師は東京都文京区の浄土宗浄心寺住職で，大正大学，武蔵野大学講師。主著に『いのちに寄り添う道』『また会える「さようなら」』。「いのちの授業」は2011年7月に文京学院大学で行われたもの。
(2)　1953年生まれ。ハーバード大学教授。コミュニタリアニズムの代表的論者として知られる。
(3)　ジャレド・ダイアモンド著，倉骨彰訳『銃・病原菌・鉄〈上・下〉』。1万3000年にわたる人類史の謎を究明し，1998年度のピューリッツアー賞，コスモス国際賞を受賞。
(4)　堀江則雄『ユーラシア胎動――ロシア・中国・中央アジア』岩波書店，2010年。SCO については，堀江氏に負うところが大きい。
(5)　長澤和俊『シルクロード入門』東京書籍，2005年，25頁参照。
(6)　河田悌一『定点観測――中国哲学思想界の動向』関西大学出版部，2011年。
(7)　竹村牧男・松尾友矩編著『共生のかたち』誠信書房，2006年，序章参照。
(8)　ティク・ナット・ハン著，蒔田一照訳『法華経の省察』125頁参照。

参考文献

堀江則雄『ユーラシア胎動――ロシア・中国・中央アジア』岩波書店，2010年。
河田悌一『定点観測――中国哲学思想界の動向』関西大学出版部，2011年。
竹村牧男・松尾友矩編著『共生のかたち』誠信書房，2006年。
ジャレド・ダイアモンド著，倉骨彰訳『銃・病原菌・鉄』草思社，2010年。
ムハマド・ユヌス著，猪熊弘子訳『貧困のない世界を創る』早川書房，2008年。
寺田俊郎・舟場保之編著『グローバル・エシックスを考える』梓出版社，2008年。
バフハマン，ニーダーベルガー編著，舟場保之・御子柴善之訳『平和構築の思想』梓出版社，2011年。
カント著，中山元訳『永遠平和のために／啓蒙とは何か』光文社，2006年。
長澤和俊『シルクロード入門』東京書籍，2005年。
東京国立博物館『誕生！中国文明』読売新聞社，2010年。
宇山智彦『中央アジアを知るための60章』明石書店，2005年。
ヘイデン著，西義之訳『シルクロード』中央公論新社，2003年。
サミュエル・ハンチントン著，鈴木主税訳『文明の衝突と21世紀の日本』集英社，2000年。
ティク・ナット・ハン著，藤田一照訳『法華経の省察』春秋社，2001年。

（島田燁子）

第2章
共生の倫理

人間が「共生」するためには，ルールが必要である。社会において，人間が守るべきルールのことを「倫理」という。そこで本章では，共生の倫理について考えてみることにしよう。

まず，共生の倫理や共生の思想について，近年における議論を概観する（第1節）。次に，社会におけるマクロなレベルでの共生の倫理として「正義論」を考察する（第2節）。そして，ミクロなレベルでの共生の倫理として「ケアの倫理」を検討する（第3節）。

ラファエロ・サンティ『正義の女神』
（バチカン美術館蔵）

1　共生についての議論の紹介

「共生」とは何であろうか。それはさしあたり，「異なるものが，共に生きること」を意味する。共生に対する問題意識や，共生についての規定は，前章に示されている通りであるが，共生の思想や共生の倫理については，これまでの議論の蓄積があり，それらを踏まえることが有益であり，必要でもある。そこで，第1節では，4人の論者による共生についての近年の議論を紹介したい。

会話を通した相互承認としての共生

まず，法哲学者の井上達夫の議論を見てみよう。井上は「多様な生が物語られる宴としての「共生」を可能にする共通の作法」として，「会話」を挙げている[(1)]。

井上によれば，会話とは，同じ行動をする人間の結び付きではなく，異なる行動をしながらも共生を営む人間の結び付きである。そして井上は，人間の共生の最も根源的な作法として「会話の作法」を提示している。その内容は，「互いに相手を客体としてではなく，語りかけられ，聞かれ，答え返されるべき人格として承認し合うこと」であり，「尊敬と配慮に値する独立した人格としての地位を各人に承認すること」であり，端的に言えば，お互いを人格として承認することである。井上は，このような会話の作法を，「正義とは各人にその権利を帰そうとする意志である」という「正義」の古典的な定義の再解釈として提起している。

また井上たちは，共生と単なる調和や協調を区別する。共生という言葉からは，「「みんな仲よく生きる」とか，「互いに優しく，気配りしあって生きる」とかが，意味されていることが多い。つまり「調和」ないし「協調」のイメージが，この言葉に重ねられているのである。しかし，我々の言う《共生》は，これとは違う[(2)]」。

さらに井上たちは，社会的な共生と，生態学的な共棲を区別することを提案している。「我々の言う《共生》とは，異質なものに開かれた社会的結合様式である。それは，内輪で仲よく共存共栄することではなく，生の形式を異にす

表２－１　会話を通した相互承認としての共生

・独立した人格同士の相互尊重や相互承認 ・他者に開かれた豊かな関係の形成

る人々が，自由な活動と参加の機会を相互に承認し，相互の関係を積極的に築き上げてゆけるような社会的結合である。（中略）安定した閉鎖系としての「共生」は，symbiosisの旧来の訳語に従って「共棲」と表記し，「共生」という言葉は，我々の言う《共生》すなわち，異質なものに開かれた社会的結合様式を意味するものとして使うことを，提案したい」。井上たちの言う共生とは，異なる者同士が，相互に承認する関係を作り上げられるような開かれた社会的な結びつきのことである。

そして井上は，生態学における「共生（symbiosis）」と，人間の社会における「共生（conviviality）」を区別した上で，後者の共生は，「共同体」において自分と他人が溶け合うことではなく，異なる他者との「対立緊張を引き受けつつ，そこから豊かな関係性を創出しようとする営為である」と規定し，それが会話や社交を通じて成り立つと述べている。そして，そのような共生は，異なる者の共生であり，それぞれが異なる者である権利と，対等に承認される要求とを統合しようとする企てであって，被差別者を「同化」することとは根本的に異なると論じている[(3)]。

このように井上は，異なる者同士が会話を通して相互に尊重し承認することで，豊かな関係が形成され，共生が成立すると考えている。

多様性を祝福する文化としての共生

次に，哲学者の花崎皋平の議論を見てみよう。花崎も，生態学的な共生と，社会的な共生の２種類を区別する必要があるという。共生は，「科学技術文明がもたらした環境危機の深刻化から，生態系に対する人間の非破壊的で持続可能な関係を求める言葉として用いられるようになった。（中略）このエコロジカルな〈共生〉思想と国際化社会の矛盾や葛藤を克服する課題から生じた思想としての〈共生〉とは区別される必要がある[(4)]」。そして，社会における共生とは，異なる者同士が，日常生活において，社会的に平等で，文化的に非排他的な関係をつくることであるという。

また花崎は，人間について，以下のような認識から出発する。「私たちはみな，（中略）善への可能性と同時に悪への可能性を持つ。そういう危うい存在であり，傷つけられるともろい壊れやすいものである。そうであればこそ，他者の助けや励ましや自戒をうながす批判が必要である。悪と抑圧を最小にする方法は，そういう危うい存在であるお互いの対等性にもとづく自治にしかない[(5)]」。つまり人間は，弱く傷つけられやすい存在であり，また他人を傷つけてしまうかもしれない存在であるが，そうであるからこそ，そのような者同士で，他者と共生する可能性が開かれるということである。

さらに花崎は，自然と人間が持つ多様性と，その多様性が持つ創造性を肯定する思想を，現実を批判し変革する哲学に鍛え上げること，つまり「あるべき共生の関係と多様性を祝福する文化へのねがいを育て（中略），生活の具体的な場で共生を実現するための生き方の流儀を運動の諸経験からみちびきだし，それを「共生のモラル」「共生の哲学」へと練りあげる作業」を課題としている[(6)]。

花崎は，共生の思想の課題を「多数者が少数者の文化や生活習慣を排除したり，同化吸収するのではなく，多文化主義に立脚する市民・民衆関係をつくり出すこと」と言い直している。多文化主義とは，「先住民族の権利回復や移民など国境を越える民衆移動の増大によって必要になってきた社会的統合の理念であるが，これからの〈共生〉の思想としては，さらにそれを越えて文化の相互浸透，相互影響を歓迎する倫理と思想を醸成することが求められている[(7)]」。花崎によると，まずは少数者の文化や権利が尊重される必要があるが，さらに，例えば閉鎖的な文化集団がそれぞれ孤立するのではなく，文化同士が相互に影響し合うようなあり方が望まれるのである。

その上で花崎は，以下のように現状を分析する。女性解放運動や反差別運動，環境破壊に対する住民運動，科学技術による身体や生命の管理を批判する市民運動など，「草の根の民衆や市民が，自分たちでネットワーク組織をつくって自己決定権を主張する（中略）そうした運動から生命倫理，環境倫理，国際人権の倫理などが生み出されつつあるのが現代である。これらをひとつにくくって「共生の倫理」と称しても不当ではなかろう[(8)]」。つまり，差別に反対する活

表2-2　多様性を祝福する文化としての共生

・異質な者同士の平等で排他的でない関係 ・多様性や創造性，文化の相互浸透の肯定

動などを通して，少しずつ「共生の倫理」が作られつつあるということである。

会話を通した相互尊重や相互承認としての共生の作法という井上の議論が，個人と個人の共生を主眼とするのに対して，文化の多様性や文化同士の相互浸透を祝福する共生の思想という花崎の議論は，集団と集団，文化と文化の共生にも焦点を合わせている。

異なる者同士の相互交流としての共生

続いて，社会学者の栗原彬の議論を見てみよう。栗原は，共生の形態や注意すべき点について述べているので，これを整理し直しながら紹介したい[(9)]。

まず，共生の形態の第1は，「生命体の共生」である。「生命体は，個体としても種としても，他の生命体との「共に生きる」関係なしには存立し得ない」のであり，「生態系は，（中略）重層的な共生系を構成している」。たしかに人間も，生物の一種として，他の生物と共生しないと生きていけない。

第2は，「人間と自然との共生」である。そこでは，自然を人間が利用する資源や手段として見なす「人間中心主義」的な「保全」から，自然にそれ自体としての価値を認めて人間の活動を規制する「人間非中心主義」的な「保護」を経て，「生態系との共生」という考えが重要になる。

第3は，「根本的な強いられた共生」である。人間の乳幼児は，誰かに育てられないと生存も成長もできない。その意味で，人生は育ててくれる誰かとの共生から始まる。しかし人間は，別の意味では，1人で生きなければならない。そして人間は，そのような1人で生きる孤独を埋めるために，共生を求める存在でもある。

第4は，「二次的な強いられた共生」である。近代社会における人間は，「国家と市民社会という強いられた共生体に権利と義務とを背負わされて組み込まれる」。近代人は，国家や社会の中で生きていくしかない。その国家や社会は共生を可能にする場であるのと同時に，共生を強制する場でもあり，また共生を抑圧する場にもなりえる。

第5は，「内発的な行為としての共生」である。人間は，他者の呼びかけに応答せずにはいられないし，転びそうな人を見ると，はっとして考えるよりも先に手を差し出すような感受性を持っている。そのような人間が持つ応答可能性や感受性が，共生のための自発的な行為を生み出す。

第6は，「制度化された内発的な行為としての共生」である。「ボランティア」や「ケア」がその例である。そこでは，他者に関心を持ち，他者を支配するのではなく，他者を気づかって行為するという形で共生が作られる。

次に，共生に関して注意すべき点の第1は，「共生への呼びかけは，最初，社会的に排除され，差別されてきた人々から発せられた」ということである。つまり共生とは，困っている人々や弱い立場にいる人々の声に耳を傾け，差別や不平等，排除や抑圧に対抗する「関係の編み直し」や「関係の組み替え」の「戦略」であり，すべての人が生きやすい社会を目指すものである[(10)]。

第2は，「ある人々にとっての共生が，他の人々にとっては逆差別や逆排除になることがある」ということである。不利な立場に置かれていた人と共生するには，その人を通常よりも優遇しなければならないこともあるだろう。そのことが，かえって他の人々に対する著しい差別や排除を生まないように，注意しなければならない[(11)]。

第3は，共生社会はピラミッド型の社会からは作られず，「いくつもの共生のパターン（中略）のネットワークからしか共生社会は生まれない」ということである。共生は支配や抑圧からは生まれない。共生社会は，階層的な上下関係の秩序からできるものではなく，様々な共生が重なり合ってできるのである。

第4は，「重層的な共生社会の構築に向けて」個人にも，企業にも，自治体にも，国家にも，国際社会にも，それぞれできることがあるということである。それぞれの主体が，それぞれの場面で，共生のためにできることをするのが重要である。

さらに栗原は，異なる者同士が，同一化や均質化するのではない仕方で，お互いに影響し合い，考えや文化を共有するといった意味で，共生を「自律性を伴う相互性」と呼んでいる。そして，そのようにして各人がお互いの生きる力を活性化し，それぞれの世界を豊かにする，開かれた交流や結び付きといった

表2-3　異なる者同士の相互交流としての共生

・自立性を持つ異なる者同士のお互いの活性化 ・共生の形態 生命体の共生：生命体は，共生しないと生きていけない 自然との共生：生態系に対する持続可能な関係 根本的な強いられた共生：人間は，育てられなければ，生きていけない 二次的な強いられた共生：人間は，社会や国家の中でしか，生きていけない 内発的な行為としての共生：内発的な共生のための行為 制度化された内発的な行為としての共生：内発的な共生のための行為の制度化

意味で，共生を「異なる存在の間の，相互開示的，相互活性的な異交通」と言い表している。つまり，栗原の言う共生とは，異なる者同士が，自律しながらお互いを活性化し，お互いの世界を豊かにする関係である[(12)]。

栗原は，共生に関して様々な論点を指摘しつつ，異なる者同士がお互いを活性化する相互交流として，共生を論じている。

共生のための正義とケア

最後に，倫理学者の川本隆史の議論を見てみよう。川本は，「社会の正義を「共生」の作法ないしルールへと転換する手間仕事」を自らの課題としながら，「孤独と共生」「ケアと共生」「教育と共生」「臨床と共生」「エコロジーと共生」の5つのテーマを挙げて，共生を論じている[(13)]。

まず川本は，共生の出発点には，生命同士の対立や孤独があることに注意を促している[(14)]。川本によると，私たちは「〈共生〉そのものの出発点にある「お互いがお互いの生命の直接の侵犯者であること」や「孤独」というあり方をついつい見過ごしがち」であるという。

それでは「互いに生命を侵犯しあう者どうし」で，どのように生きればよいのか。この問題への川本の応答は，「日常生活を「ていねいに」，注意深く生きるだけでも，「共生」と「孤独」，そして「連帯」の困難さと喜びを深く味わうことができる。これが《共生の技法》なのだ」ということである。

次に川本は，この「共生の技法」に関して，「注意深く生きる」ということから，「注意，配慮という意味での「ケア」こそがその技法のポイントだと考えられ」るとして，「ケアの倫理」を取り上げている[(15)]。

ケアの倫理については第3節で取り上げるが，さしあたりそれは，川本によれば，他者の呼びかけに応じて，他者の苦しみを減らそうとすることであるという。そこで「この世界にしかと存在する苦しみを少しでも減らそうと努め，他者のニーズに応えていこうとする「ケアの倫理」から，「共生の技法」を学ぼう」というのが，川本の提案である。

続いて川本は，教育，臨床（生命や医療・看護），環境といった個別のテーマにおける共生について，具体的に論じている。

教育に関しては，広い意味での次世代の育成と，学校における教育が取り上げられている[16]。

まず川本は，エリクソン（1902-94）の「ライフサイクル論」を紹介している。それは，人生のそれぞれの時期に固有の「危機」や「課題」と，それを乗り越えるための「活力」があるとして，その課題や活力に応じて，人生を，乳児期，幼児期，幼年期，学童期，青年期，前成人期，成人期，老人期の８つの段階に分けて解明しようとした仮説である。

そこで川本は，第７段階の成人期の課題が「次世代の育成」であり，そのための活力が「ケア」であるとされていることに注目し，「エリクソンが「次世代育成」と「ケア」でもって特徴づけた成人期の課題こそ，広義の〈教育〉の営みに当たるものだ」として，学校における教育だけでなく，広い意味で次世代を育成することの意義を論じている。

また，学校における教育については，川本は以下の３点の指摘をしている。第１は，よい学校は問題のない学校ではなく，「問題が生徒，教師，親の間で共有され問題として議論され続ける」学校である，ということである。第２は，学校を「一人ひとりの差異が響き合う共同体」であり「大人と子どもたちが育ちあう場所」に変革する，ということである。そして第３は，「異質な教育観と多様な意見が共存できる条件を整えること」である。

生命や医療に関しては，「自己決定権」が万能ではないという論点と，看護における「他者の受容」という論点が挙げられている[17]。

川本は，医療における患者の自己決定権の重要性を認めつつも，「安楽死」の問題における「死の自己決定権」という考えに反対し，「延命至上主義にも安楽死の容認にもはまらない仕方で，自己決定権の真価を問い質していきたい」と表明している。そして，「「自己決定権」を支持しながら同時にこれを万能視できない両極感情の底には，「他者があることによって生きているという感覚」がある」と述べている。つまり，自己決定権は万能ではないと考えるのは，他人が存在することで，自分も存在するという感覚があるからだという。

また川本は，病院を意味する「ホスピタル」の語源が，「客をもてなすこと（歓待）」にあることを指摘する。看護においては「仲間ではない人間との出会いと受容が，自分たちの生き方の歪みを反省させる契機と」なり，「またさらに，他人が負う傷や苦しみに直面することで自分も傷つ」くが，「その場から立ち去らずあえて歓待性を発揮する」ことが求められるという。川本は，そうした「「ホスピタリティ」と「ヴァルネラビリティ（傷つき易さ）」との密接な関連性」を強調し，「〈他者〉が在ることの受容」や「個別性」，「歓待性」といった原理を臨床の実践に組み込むことの重要性を唱えている。

環境に関して川本は，「エコロジー」の２つの意味の説明から始めている[(18)]。その１つは，「自然との共生」を目指す社会運動や思想であり，もう１つは生物の生活環境や生物同士の関係を研究する「生態学」である。

そして川本は，生態学の４つの法則を紹介している。１つ目の「あらゆるものは，他のすべてのものに結びつけられている」とは，生物同士や生物と環境との相互関係や相互依存性を表現している。２つ目の「すべてのものは，必ずどこかに行くと決まっている」とは，汚染物質は必ずどこかで悪影響を及ぼすということを表している。３つ目の「自然が一番よく知っている」とは，生態系は絶妙なバランスを保っているということであり，人間の介入に警告を与えている。４つ目の「世の中にタダの昼食なんかない」とは，人間が自然から何かを得る時には，必ずツケを支払う必要があるということを示している。

また川本は，環境教育に関して２つの指摘をしている。第１は，祖父母の世代，両親の世代，自分の世代とで，人間と自然との関係がどのように変わったかを調べるといった，地道な作業の重要性である。第２は，専門的な統計や資料と，各個人の生活や消費との関係に対する想像力や感性を磨くといった，思考の運動の重要性である。

さらに川本は，生命倫理と環境倫理を結びつける論点として，「⑴世代間の関係の結び直し，⑵生殖テクノロジーへの抵抗，⑶生命のささえあいの再創

表2-4　共生のための正義とケア

・財の分配における正義の倫理 ・他者への責任に応答するケアの倫理

造」の3点を挙げている。

川本は，このように個別のテーマにおける共生を論じた後で，共生を成り立たせる鍵として，「内発的義務」という概念を取り上げている[19]。内発的義務とは，「か弱い存在，愛する存在に向けて，「かばう」，「世話をする」，「元気づける」行為へと踏み切らせ，相手が感謝するかどうかに関わりなく，そこから深い充足感を汲みとれる自発性のこと」であるという。そして，共生の倫理の鍵は，「「あなたを苦しめているものは何ですか」［という質問］を他者への「内発的義務」として問い続けていくこと」であるという。

そして川本は，共生の倫理の課題として，「公平・平等という価値を重んじる「正義の倫理」と，応答性・非暴力を根本に据える「世話の倫理」との二つを統合する」こと，つまり，「正義の倫理」と「ケアの倫理」の両立や統合を挙げている。そして川本は「《共に生きる》という課題に立ち向かうためには，集計された財（豊かさ）の分配を論究するマクロ的なアプローチと，目の前で苦しんでいる他者にどう応対すべきかを考え抜くミクロ的なアプローチとの両者を使いこなさねばな」らないと論じている[20]。前者の社会における制度や分配の問題を扱うのが「正義論」であり，後者の他者に対する配慮や責任の問題を扱うのが「ケアの倫理」である。これらについては，第2節と第3節で，それぞれ改めて取り上げる。

川本の議論の特徴は，様々な領域や様々な場面における共生について通覧していることと，共生の倫理の目標として，正義の倫理とケアの倫理の両立を挙げていることである。

特に川本の議論に見られたように，共生の倫理について考えるためには，正義とケアが重要である。というのは，自分自身が傷つきやすい存在であり，また他人を傷つけやすい存在でもある人間が，共に生きるために必要なのが，正義とケアだからである。

そこで，第2節ではマクロな共生の倫理，制度的な共生の倫理である正義論について，第3節ではミクロな共生の倫理，具体的な共生の倫理であるケアの倫理について，その内容を見てみよう。

2　マクロな共生の倫理としての正義

さて，異なる者が共に生きるためには，一定のルールを守らなければならない。そのような社会におけるルールを「倫理」と言う。共生は，差別や排除と対立する。差別や排除は，不公平で不公正なことである。そこで「共生の倫理」は，「正義」にかなった「公正」なものでなければならない。

そのような，正義にかなった公正な社会のしくみを考えるのが，「正義論」である。正義論は，社会における制度や豊かさの分配という次元で，共生の倫理を考えるものである。そのような現代の正義論の出発点になったのは，倫理学者のロールズ（1921-2002）の『正義論』（1971年）である。そこで本節では，ロールズの『正義論』の要点を簡単に確認してみたい。

公正としての正義

まず「正義」というのは，古くから「等しい者を等しく扱うこと」であると言われてきた。つまり，同じ条件の人を同じように扱い，差別しないということである。しかし，このような正義の定義は形式的である。正義にかなっているというのは，より具体的にはどのようなことであろうか。

1つのケーキを2人で分ける場面を考えてみよう。どのような分け方をすれば，2人とも納得するだろうか。例えば，1人がケーキを切り，切らなかったもう1人が先に自分の取り分を選ぶ，という方法がよいのではないだろうか。

先に選べる人は，より大きい方を選ぶだろう。切る人は，後に選ぶのだから，自分の取り分が少なくならないように，なるべく半分ずつに切るだろう。このようにすれば，2人が選ぶケーキの大きさは，だいたい同じくらいになるだろうし，このような方法で分けることに，2人とも納得するだろう。

この方法なら，不公平や不公正はない。つまり，このようなケーキの分け方が，「公正」な（フェアな）分け方である。そして，その分け方に2人とも納得するなら，その分け方が「正義」にかなっているということになる。さしあたり，このように考えることができる。

このように，「正義にかなっている」ということの核心は，「公正であること」にあると考えるのが，「公正としての正義」という考え方である。そしてロールズは，自分の利益の増進を目指す自由で合理的な人々が，平等に納得して受け入れるような原理を考えるという仕方で，「正義の原理」について考えることを「公正としての正義」と呼んでいる[21]。

正義の2原理

それでは正義の原理とは，どのようなものであろうか。社会においては，自分と他人とで，利害が一致することもあれば，利害が対立することもある。そこで，社会のおかげで生まれる利益と，社会を維持するための負担を，公正で適切に分配しなければならない。

また，人生において必要なものは，利益だけではない。ロールズは，「合理的な人間であれば誰でもが欲すると推定されるもの」，つまり「人がどのような合理的な人生計画を抱いていようとも，役に立つ」ものを「基本財」と呼び，権利，自由，機会，所得と富，自尊心を挙げている[22]。

このような社会における利益と負担や，誰の人生にとっても必要なものである基本財を，適正に分配するために考えられたのが，ロールズの言う「正義の原理」である。「それらの原理が，社会の基礎的諸制度における権利と義務との割り当て方を規定するとともに，社会的な協働がもたらす便益と負担との適切な分配を定めるのである[23]」。

ロールズは，その正義の原理を2つに分けていて，「正義の2原理」と呼んでいる。第1原理は，すべての人が，平等に自由を持つべきだということであり，「平等な自由の原理」とも呼ばれる。第2原理は，さらに2つに分かれ，その1つは，最も恵まれない人々の利益になるような不平等は，正義にかなうということであり，「格差原理」とも呼ばれる。そしてもう1つは，有利な地位や職業に就く機会が，全員に開かれているべきだということであり，「公正な機会均等の原理」とも呼ばれる。

表２-５　正義の２原理

第１原理 　各人は，平等な基本的自由の最も広範な〔手広い生活領域をカバーでき，種類も豊富な〕制度枠組みに対する対等な権利を保持すべきである。ただし最も広範な制度枠組みといっても〔無制限なものではなく〕他の人びとの自由の同様〔に広範〕な制度枠組みと両立可能なものでなければならない。 第２原理 　社会的・経済的不平等は，次の２条件を充たすように編成されなければならない。 　(a)　そうした不平等が各人の利益になると無理なく予期できること，かつ 　(b)　全員に開かれている地位や職務に付帯する〔ものだけに不平等をとどめるべき〕こと(24)。

原初状態

では，なぜ人々は，正義の２原理に賛成すると言えるのであろうか。ロールズは，「原初状態」を想定して，正義について考えることを提案している。

原初状態とは，「誰も社会における自分の境遇，階級上の地位や社会的身分について知らないばかりでなく，もって生まれた資産や能力，知性，体力その他の分配・分布においてどれほどの運・不運をこうむっているかについても知らない」という状態である。この自分について知らないということを，ロールズは「無知のヴェール」と呼んでいる(25)。

例えば，本書を読んでいるあなたは，男性に生まれるか女性に生まれるか分からない。裕福な境遇に生まれるか，貧しい境遇に生まれるかも分からない。どんな能力を持っていて，何に向いているのかも分からない。つまり，誰もが，どのような立場や状況に生まれるか分からない。そのような状態を想定して，自分がそのような状態にあるなら，どのように考えるかの思考実験をしてみよう，ということである。

そうすれば，それぞれの人は，例えば，男性に有利な社会でも女性に有利な社会でもなく，富裕者に有利な社会でも貧困者に有利な社会でもなく，誰にとっても公平な社会を望むだろう。すると人々は，正義の２原理に合意するだろう，というのがロールズの見解である。

ロールズは，直接に共生という言葉を多用しているわけではない。しかし，共生のために必要な正義とはどのようなものか，ということについて意義深い議論を提示している。さらに，もし自分がどのような境遇に生まれるか分からなかったとしたらどう考えるかという想定は，自分とは異なる他人と共に生きるために，重要な発想ではないだろうか。

3　ミクロな共生の倫理としてのケア

ロールズの『正義論』は，大きな反響を呼んだが[26]，ロールズの議論が見落としている問題があるという批判もあった。その中で，ロールズを直接に批判しているわけではないが，「正義の倫理」に異論を提出したのが，心理学者のギリガン（1936-）の『もう一つの声』（1982年）である。

ギリガンは，人間の発達には，正義の倫理だけでなく，「ケアの倫理」が必要であると唱えた。正義の倫理が，社会における制度的な共生の倫理であるのに対して，ケアの倫理は，他者に対する具体的な共生の倫理である。

ケアというのは，看護や介護との結び付きを思わせる言葉であるが，「世話」や「配慮」，「思いやり」や「気配り」などといった，いくつかの訳語が考えられ，より広い意味合いを持った言葉でもある。では，ケアの倫理とはどのようなものであろうか。

正義の倫理とケアの倫理の対比

ギリガンによると，正義の倫理が「権利」や「規則」を重視するのに対して，ケアの倫理は「責任」や「人間関係」を重視する。ケアの倫理においては，「道徳の問題は，競争関係にある諸権利よりは，むしろ葛藤しあう諸責任から生じてくるのであり，その解決には形式的で抽象的な考え方よりも，むしろ前後関係を考えた物語的な考え方が必要とされることになります。この思いやりの行動にかかわる道徳の概念は，公正にかかわる道徳の概念が道徳性の発達を権利や規則の理解に結びつけているのと同様に，道徳性の発達を責任と人間関係を中心とするものにしています[27]」。

さらにギリガンは，正義の倫理を権利の倫理，ケアの倫理を責任の倫理と言い換えた上で，「公平」と「公正」を区別して，公平を「平等」と，公正を「差異」と結び付けて，以下のように論じている。「権利の倫理は平等にもとづき，公平ということの理解にかかわるものです。一方，責任の倫理は公正の概

表２-６　正義の倫理とケアの倫理

正義の倫理：権利や規則を重視する，形式的・抽象的に考える 　平等や公正に基づく，自己と他者を尊重する，平等から出発する ケアの倫理：責任や人間関係を重視する，文脈的・物語的に考える 　他者のニーズに基づく，共感や配慮を尊重する，非暴力から出発する

念，すなわち，要求は各自異なるものであるとの認識を拠り所とするのです。権利の倫理は，自己と他者の主張を均衡させて，それぞれを尊重することを明らかにするものですが，責任の倫理は，共感と心くばりを生むところの理解にその基礎をおいています[28]」。

そしてギリガンは，正義の倫理は「平等」に基づき，ケアの倫理は「非暴力」に基づくと述べている。「正義の倫理が平等の前提――すべての人間は同じようにとりあつかわれるべきであるということ――から出発する一方，心くばり［ケア］の倫理は，非暴力の前提――何人も傷つけられるべきではないということ――にもとづいています[29]」。

このようにギリガンは，平等に基づいて権利や規則を重視し，抽象的に道徳や倫理を考える正義の倫理とは異なり，非暴力に基づいて責任や人間関係を重視し，具体的に道徳や倫理を考えるケアの倫理が存在すると主張している。

正義の倫理とケアの倫理の統合へ

ところでギリガンはさしあたり，正義の倫理を男性と，ケアの倫理を女性と結びつけている。「女性は道徳問題を権利や規則の問題としてではなく，むしろ人間関係における思いやりと責任の問題として考えているのです。男性は正義としての道徳概念の発達を，平等と相互関係の論理に結びつけているのにたいして，女性は自分たちの道徳的思考の発達を，責任と人間関係を理解することにおける変化に結びつけているのです[30]」。つまりギリガンは，正義の倫理が男性的であり，ケアの倫理が女性的であると述べている。

しかしギリガンは，正義の倫理とケアの倫理の違いが，男性と女性の違いに固定されるとは考えていない。むしろギリガンは，正義の倫理とケアの倫理が，相互に補い合うものであると主張している。「発達は，両性のいずれにとっても，これらの異なった見解がたがいに補足しあう関係にあるということからもわかるように，権利と責任の統合から成り立っているように思われます[31]」。

女性は，他人の苦悩を緩和する責任を重視するが，次第に苦悩やケアが，すべての人間に関わる普遍的で抽象的なことだと理解するようになり，ケアの倫理が持つ自分を責める気持ちを和らげるようになる。「女性は，権利と責任を，人間関係の心理的な論理を理解したうえで統合させていきます。こうした理解は，すべての人びとが思いやりを示されることをもとめていると主張することによって，自己批判的な道徳に潜在している自滅性を和らげていくのです[32]」。

男性は，自分と他人の権利を尊重するが，ケアが重要であることを理解して，他人に対する無関心を修正するようになる。「男性は，思いやりを示すことにもっと積極的な責任をもとめることを経験することを通して得られた，その認識から不干渉の道徳という潜在的無関心を正し，自分の注意を論理から選択の結果に向けていくのです[33]」。

このように，女性はケアの倫理の限界を，男性は正義の倫理の限界を認識するようになる。「女性は，不平等性には固有の暴力が存在することをみるようになるのにたいして，男性は，人間の生活に存在する差異を認識して［い］ない正義の概念の限界をみるようになるのです[34]」。

つまり，男性にとっても，女性にとっても，正義の倫理とケアの倫理の両方が必要であるというのがギリガンの主張である。「責任と権利のあいだの緊張関係が，人間の発達の弁証法を支える柱を［だと］理解することは，（結局は結びつくことになる）二つの異なる様式の経験の統合をみるということです[35]」。

自分自身が傷つきやすく，他人を傷つけやすい存在である人間が，どのように共生するのかという問題に対して，ケアの倫理は，示唆深い視点や議論を提供している。また，正義の倫理とケアの倫理は統合されるべきものであるというギリガンの指摘も重要である。

正義の倫理もケアの倫理も，ともに重要であることは言うまでもない。一方で，正義だけの倫理では，血の通わない冷たい倫理になってしまうおそれがある。他方で，ケアだけの倫理では，目の前の問題に追われて，より大きな問題を捉え損ねるおそれがある。正義の倫理とケアの倫理は，ともに補い合うべきである。来るべき共生の倫理もまた，正義の倫理とケアの倫理を両立するようなものであることが望まれるであろう。

本章では，共生の倫理について，原理的に理論的に考えてきた。共生が具体的で実践的な課題であることは間違いない。しかし，課題が具体的で実践的であるからと言って，ただ行動すればよいのではない。共生に向けた一つひとつの行動を空回りさせず形だけで終わらせないために，それをより豊かで着実なものにするために，共生の思想や共生の倫理について粘り強く考え続けることが必要ではないだろうか。

◆◆◆◆◆◆ **課題** ◆◆◆◆◆◆

1．自己と他者の相互承認や相互尊重は，どのように成り立つか考えてみよう。
2．正義にかなった社会とは，どのような社会か考えてみよう。
3．他者を気づかうとは，どのようなことか考えてみよう。

註

⑴　以下は，井上達夫『共生の作法――会話としての正義』創文社，1986年，246-258頁を参照。
⑵　以下は，井上達夫・名和田是彦・桂木隆夫『共生への冒険』毎日新聞社，1992年，24-25頁を参照。
⑶　井上達夫「共生」廣松渉他編『岩波 哲学・思想事典』岩波書店，1998年，343-344頁。
⑷　花崎皋平「共生の思想」木田元他編『コンサイス 20世紀思想事典 第2版』三省堂，1997年，273-274頁。
⑸　花崎皋平『増補 アイデンティティと共生の哲学』平凡社ライブラリー，2001年，42頁。
⑹　花崎，前掲書，211-212頁。
⑺　花崎，前掲項目，274頁。
⑻　花崎，前掲書，404頁。
⑼　以下は，栗原彬「共生」大庭健編集代表『現代倫理学事典』弘文堂，2006年，183-185頁を参照。
⑽　この段落については，栗原彬「共生ということ」栗原彬編『講座 差別の社会学 4　共生の方へ』弘文堂，1997年，11-32頁も参照。
⑾　これに関連して栗原は，例えば「少数民族」や「障害者」などの「少数者」を尊重する「アイデンティティへの自由」と同時に，そのアイデンティティを固定化しない「アイデンティティからの自由」も重要であると指摘している。栗原，前掲論文，20頁。
⑿　栗原彬，前掲論文，11-32頁を参照。
⒀　川本隆史「講義の七日間――共生ということ」川本隆史『岩波 新・哲学講義6 共に生きる』岩波書店，1998年，1-66頁。川本隆史『共生から』岩波書店，2008年。
⒁　以下は，川本隆史『共生から』18-32頁を参照。

⒂　以下は，川本，前掲書，31-46頁を参照。
⒃　以下は，川本，前掲書，47-60頁を参照。
⒄　以下は，川本，前掲書，61-76頁を参照。
⒅　以下は，川本，前掲書，77-90頁を参照。
⒆　以下は，川本，前掲書，91-101頁を参照。
⒇　川本，前掲書，43-44頁。
㉑　ジョン・ロールズ著，川本隆史・福間聡・神島裕子訳『正義論 改訂版』紀伊國屋書店，2010年，16頁。
㉒　ロールズ，前掲書，86頁。
㉓　ロールズ，前掲書，７頁。
㉔　ロールズ，前掲書，84頁から作成。
㉕　ロールズ，前掲書，18頁。
㉖　ロールズの議論がきっかけとなった，様々な議論の応酬や論争の経緯については，以下の２冊が日本語で読める。チャンドラン・クカサス著，山田八千子・嶋津格訳『ロールズ――『正義論』とその批判者たち』勁草書房，1998年。スティーヴン・ムルホール著，谷澤正嗣・飯島昇藏訳者代表『リベラル・コミュニタリアン論争』勁草書房，2007年。
㉗　キャロル・ギリガン著，岩男寿美子監訳『もう一つの声――男女の道徳観のちがいと女性のアイデンティティ』川島書店，1986年，25-26頁。なお，この訳書では，「ケア」に「思いやり」や「心くばり」など，いくつかの訳語があてられている。
㉘　ギリガン，前掲書，290頁。
㉙　ギリガン，前掲書，305頁。
㉚　ギリガン，前掲書，127頁。
㉛　ギリガン，前掲書，176頁。
㉜　ギリガン，前掲書，176頁。
㉝　ギリガン，前掲書，176-177頁。
㉞　ギリガン，前掲書，177頁。
㉟　ギリガン，前掲書，305頁。

参考文献

川本隆史『ロールズ――正義の原理』講談社，2005年。
ウィル・キムリッカ著，千葉眞・岡崎晴輝訳者代表『新版 現代政治理論』日本経済評論社，2005年。
川崎修・杉田敦『現代政治理論　新版』有斐閣アルマ，2012年。
塩原良和『共に生きる――多民族・多文化社会における対話』弘文堂，2012年。
中山元『正義論の名著』ちくま新書，2011年。
神島裕子『正義とは何か――現代政治哲学の６つの視点』中公新書，2018年。
浜渦辰二編『〈ケアの人間学〉入門』知泉書館，2005年。
ファビエンヌ・ブルジェール著，原山哲・山下りえ子訳『ケアの倫理学――ネオリベラリズムへの反論』白水社文庫クセジュ，2014年。

（吉田修馬）

第3章
人権の思想

前章では，「共生の倫理」を検討したが，共生を考える上で重要になるのが「人権」である。というのは，他者と共生をするためには，何を人権として認めるか，そして何を特権として認めないかが問題になるからである。また，異なる背景や価値観を持つ他者と共生する上で基本になるのは，お互いの人権を尊重することである。さらに，私たちが困っていることを訴えたり，異議を申し立てたりするときに，最終的な拠り所になるのも人権である。

人権は，安易に振り回すべき言葉ではないし，気の重くなる言葉でもある。しかし，人権の思想を知り，人権について考えを深めることは，他者と共生するために有益であるし，また不可欠でもある。そこで第3章では，共生からさかのぼって，人権について考えてみよう。

以下ではまず，人権の種類や特性を整理する（第1節）。次に，人権という考えの出発点となった「自然権」の思想を概観し，人権の基礎となる「人格の尊厳」という考えを紹介する（第2節）。さらに，人権に対する考えが深化し，しだいに人権の対象や内容が拡大していった過程を確認する（第3節）。そして，現代における人権に関する課題や展望を提示する（第4節）。

ウジェーヌ・ドラクロワ「民衆を導く自由の女神」
（ルーヴル美術館蔵）

1　人権とは

「人権」とは何であろうか。それは「人間の権利」のことであり，人間が人間として生まれながらに持っていて，奪われることがない権利のことである。人権は，国家や他人が侵害してはならない権利という意味で「永久不可侵の権利」とも呼ばれる。

人権とは何かを過不足なく定義することは難しい。というのは，人権の内容はこれまで拡大してきたし，これからも議論されていくべきだからである。しかし，議論をするためにも共通の了解が必要である。そこで第1節では，(1)人権の種類，(2)人権の特性を整理することで，その内容を明らかにしたい。

人権の種類

人権には，国家や憲法がなくても人間が持っている権利という意味と，憲法が実際に保障する権利という意味がある。したがって，人権は「憲法上の権利」と同じであるとは限らない。しかし人権には，憲法によって保障されることによって，実際の効力を持つという面もある(1)。そこでここでは，「日本国憲法」(1946年）において規定されている権利を大まかに整理してみよう（以下のカッコ内の数字は「日本国憲法」の条文を示す)。

日本国憲法における人権に関わる原則としては，基本的人権の尊重（11条)，個人の尊重と生命・自由・幸福追求の権利（13条）がある。そして，日本国憲法で保障されている人権はさしあたり，(1)平等権，(2)自由権，(3)社会権，(4)参政権，(5)請求権の5種類に大別して考えることができる。

平等権とは，等しく尊重され配慮される権利である。具体的には，「法の下の平等」(14条)，両性の本質的平等（24条)，参政権の平等（44条）などがある。これは，すべての国民が人種や性別，考えや地位などによって差別されないということを意味する。例えば，個人はそれぞれ個性を持つが，人間としては誰もが同じように尊重されるということである。

自由権とは，国家から干渉されない自由を確保する権利であり，精神の自由，身体の自由，経済活動の自由の3種類に分類される。精神の自由とは，思想・

良心の自由（19条）のような内心の自由と，表現の自由（21条）のような内心を外に表す自由である。身体の自由とは，正当な理由なしに身体を拘束されない自由であり，刑事被告人の権利（37条・38条）もこれに含むことがある。経済活動の自由は，職業選択の自由（22条）や財産権（29条）などであるが，公共の福祉によって制限されることがある。例えば，誰もが勝手に医師や弁護士になると困るので，一部の職業に就くには免許や資格が必要である。

社会権とは，人間らしい生活を営む権利である。「健康で文化的な最低限度の生活を営む権利」である生存権（25条），教育を受ける権利（26条），働く権利と働く人の権利である労働基本権（27条・28条）の３種類がある。例えば，より人間らしい生活をするには，働いて生計を立てる必要があり，働くためには，教育を受ける必要がある。これらを保障するのが社会権である。

参政権とは，政治に参加する権利である。具体的には，選挙権（15条・93条），最高裁判所の裁判官の国民審査権（79条），特別法の住民投票権（95条），憲法改正の国民投票権（96条）がある。

自由権が個人が国家に干渉されない「国家からの自由」であるのに対して，社会権は国家が個人の自由を保障する「国家による自由」であり，参政権は個人が国家に参加する「国家への自由」である[(2)]。

請求権とは，主に人権の侵害を救済するための権利である。具体的には，国や地方公共団体に希望を表明する請願権（16条），裁判を受ける権利（32条・37条），国などに損害賠償や刑事補償を求める権利（17条・40条）がある。参政権や請求権は，基本的人権を確保するための権利でもある。

これに加えて，人権に対する考え方の深化や，社会や経済の変化に伴って，新たに生まれた権利があり，これを「新しい権利」と言う。行政やマスメディアなどに情報の開示を求める知る権利，私的な生活を公開されないプライバシーの権利，良好な環境を享受する環境権，自分のことを自分で決める自己決定権などが代表的である。これらは日本国憲法には明記されていないが，幸福追求権や生存権が新しい権利の根拠となると考えられている。

このように，人権として認められるべき権利は，大まかには，平等権，自由権，社会権，参政権，請求権，新しい権利の６種類に分類できる。ただし，これらの権利を濫用してはならず，公共の福祉のために利用する責任がある（13

表3-1　人権の種類

(1)平等権：法の下の平等，両性の本質的平等，参政権の平等
(2)自由権：精神の自由，身体の自由，経済活動の自由
(3)社会権：生存権，教育を受ける権利，勤労の権利，労働三権
(4)参政権：選挙権，国民審査権，住民投票権，国民投票権
(5)請求権：請願権，裁判を受ける権利，国家賠償請求権，刑事補償請求権
(6)新しい権利：知る権利，プライバシーの権利，環境権，自己決定権

条)。つまり他人の人権を侵害してはいけないし，権利は義務を伴うのである。

人権の特性

人権の概念は，様々に議論されうるがさしあたり，(1)制度性，(2)道徳性，(3)普遍性，(4)平等性，(5)不可譲性，(6)切り札性，(7)一応性，(8)歴史性，という８つの特性が挙げられる[(3)]。

制度性とは，憲法や国際文書が制度的に保障する，という特性である。つまり，国家の憲法や，国家間や国際機関の条約などによって制定され，条文として文章に表されるものという側面である。

道徳性とは，国家や憲法がなくても人間が持っている権利としての人権の性格，という特性である。国家がなくても人間が持っている権利を「自然権」と言う。その意味で，道徳性は自然権としての人権という側面である。自然権については第２節で改めて取り上げる。

普遍性とは，人間であれば誰でも持っている，という特性である。つまり，人権は，年齢や性別，身分や立場，出身地や国籍を問わず，あらゆる人が有するものである。

平等性とは，人間が等しく持っている，という特性である。例えば，ある人が持つ人権と，別の人が持つ人権が異なるべきではなく，誰もが同じ人権を持つべきである。

不可譲性とは，人権は譲ったり譲られたり，奪ったり奪われたりすることがない，という特性である。例えば，戦争に敗れても人権は奪われないし，人権を渡す約束というようなものは無効であり無意味である。

切り札性とは，人権は多数派の決定や社会全体の利益のために犠牲にされてはならない，という特性である。これは，マイノリティの権利や，マイノリテ

表3-2　人権の特性

制度性，道徳性，普遍性，平等性，不可譲性，切り札性，一応性，歴史性

ィとの共生を考える上で重要である。

一応性とは，人権は一応の要求をするのみであって，例えば裁判での救済といった具体的な場面では，調整され制約されることもあるという特性である。

歴史性とは，人権は歴史を通じて変化し発展する，という特性である。先ほどの分類を使って大まかに言うと，人権は，自由権，参政権，社会権の順に拡大してきた。人権の拡大については，第3節で取り上げる。

ここでは，人権を6つの種類と8つの特性に整理することで，現代における人権の内容を示した。今しがた述べた通り，人権は歴史的に発展してきたものである。それでは，人権はどのように発展してきたのであろうか。そこには，どのような思想的な背景や歴史的な状況があったのであろうか。第2節では，人権の成り立ちについて見てみよう。

2　人権の成り立ち

第1節でふれたように，人権の出発点になったのは，「自然権」という考えである。それでは，自然権とは何であろうか。さしあたり自然権とは，人間が生まれながらに持っている権利である。また，自然権という考えは，人間が「人格」として尊重されるという考えと結び付く。

そこで第2節では，⑴人権の出発点である自然権を唱えた3人の思想家を，そして⑵人権の基礎をなす「人格の尊厳」という考えを取り上げよう。

人権の出発点としての自然権

⑴ホッブズ

まず，近代的な自然権の思想は，イギリスのホッブズ（1588-1679）とともに始まる。主著の『リヴァイアサン』（1651年）は，ピューリタン革命（1640-60年）の混乱期に書かれ，平和を確立することを課題にしている。

ホッブズは，政府や国家がない「自然状態」を想定して，自然状態における

年表3-1　自然権の思想と市民革命

1640	ピューリタン革命（イギリス）（-1660）
1651	ホッブズ『リヴァイアサン』
1688	名誉革命（イギリス）（-1689）
1689	「権利の章典」（イギリス）
1690	ロック『統治二論』
1748	モンテスキュー『法の精神』
1762	ルソー『社会契約論』
1775	アメリカ独立戦争（-1783）
1776	「ヴァージニア権利章典」「アメリカ独立宣言」
1785	カント『道徳形而上学の基礎づけ（道徳形而上学原論）』
1789	フランス革命（-1799），「フランス人権宣言」

表3-3　ホッブズの思想

自然権：自分の生命を守るために，あらゆることを行う自由
意義：自由で平等な人間像，自然権が自然法に優先

人間がどのような存在かを考えることで議論を進めている。ホッブズによれば，人間は「自己保存」を目指していて，自然状態における人間は「自然権」を持っている。それは「各人が，（中略）かれ自身の生命を維持するために，かれ自身の意志するとおりに，かれ自身の力を使用することについて，各人がもっている自由」である[(4)]。つまり，ホッブズが論じる自然権とは，自分の生命を守るために，あらゆることを行う自由である。

またホッブズによれば，人間の能力はおおよそ平等である。そのためにかえって競争や不信が生じ，自然状態は「各人の各人に対する戦争」の状態になる。そこで，平和のための規則である「自然法」を人々に守らせ，平和と安全を保障するために，「国家」という共通の権力が設立される。このように，自然状態から始めて，人々の約束によって国家の設立を説明する考えを「社会契約説」と言う。

このようなホッブズの議論には，2つの意義がある[(5)]。第1は，人間を自由で平等な存在であると捉えたことであり，第2は，自然法に対して自然権を優先させたことである。

(2)ロック

次に，ホッブズの影響を受けつつ，ホッブズとは異なる自然権の思想を作り

表３-４　ロックの思想

自然権：生命，自由，財産に対する所有権 意義：古典的な自由主義の定式化，抵抗権の正当化

上げたのがロック（1632-1704）である。主著の『統治二論』（1690年）は，国王の専制に反対して書かれ，名誉革命（1688-89年）の直後に公表されている。

ロックによれば，自然状態は，自分と人類の保存を命じる「自然法」が支配する平和な状態である。また，自然状態における人間は自由で平等であるが，その自由は自然法の範囲内の自由である。

そして，自然法は「全人類に対して，すべての人間は平等で独立しているのだから，何人も他人の生命，健康，自由，あるいは所有物を侵害すべきではないということを教える[(6)]」。これに対応した，自分の生命，自由，財産に対する「所有権」が，ロックが考える自然権である。

このようなロックの議論には，２つの意義がある[(7)]。第１は，人権の基礎になる自由主義的で個人主義的な思想を作り上げたことである。第２は，「抵抗権」を正当化したことである。ロックによれば，政府は，所有権の保障を目的として，人々の「信託」の結果として成立する。したがって，政府が所有権を保障せず，信託に反する場合には，人々は政府を解体して，新しい政府を設立できる。この権利が抵抗権である。ロックの思想は，アメリカ独立革命（1775-83年）に影響を与えた。

(3)ルソー

さらに，自由で平等な個人を出発点にして，社会契約説を推し進めたのが，スイス出身で，フランスで活躍したルソー（1712-78）である。主著の『人間不平等起源論』（1755年）や『社会契約論』（1762年）は，当時の絶対王政の社会を批判し，それに代わる社会の原理を構想したものである。

ルソーによれば，自然状態における人間は，自己保存を目指す「自己愛」と，他人が苦しむのを嫌う「憐れみ」だけを持っていて，自由で平等であり，独立して自足している。しかし人類は，社会を作らないと生存できなくなる。そこで「各人が，すべての人々と結びつきながら，しかも自分自身にしか服従せず，以前と同じように自由である[(8)]」ために社会契約を結ぶという。

表3-5　ルソーの思想

自由観：自然的な自由と市民的な自由の区別 意義：人民の主権の定式化，権利の平等

この社会契約によって，人々は，無制限の権利である自然的な自由を失う代わりに，自分で自分の主人になる「道徳的な自由」を得て，身体的な不平等を，「権利の平等」に置きかえる。そして，社会契約によって設立された，人民全員が主権者であるような国家こそ，正しい国家である。

このようなルソーの議論には，2つの意義がある[(9)]。第1は，自分で自分の主人になる個人の自由と，自分たちで自分たちのことを決める集団の自治を，連続的に捉えることで，「人民の主権」という考えを定式化したことである。第2は，人権の基礎となる「権利の平等」という考えを明確に提示したことである。ルソーの思想は，フランス革命（1789-99年）に影響を与えた。

以上のように，ホッブズやロックやルソーは，自然権や，自然状態における自由や平等に基づいて，社会や政治を議論することで，人権の思想の出発点を作った。そして実際に，ロックやルソーの自然権の思想は，アメリカ独立革命やフランス革命の原動力となり，「アメリカ独立宣言」（1776年）や「フランス人権宣言」（1789年）に結実した[(10)]。これらの宣言の具体的な内容については，第4章で論じられる。

人権の根拠としての人格の尊厳

ここまで，人間はどんな権利を持っているのか，という問題について見てきた。だがそもそも，なぜ人間は人権を持っていると言えるのか，なぜ人権は重要なのか。こういった問題に応えて，人権に思想的な基礎や根拠を与えたとされるのが，ドイツのカント（1724-1804）の『道徳形而上学の基礎づけ（道徳形而上学原論）』（1785年）である[(11)]。

カントは，存在するものを「物件」と「人格」に分けている。人格とは，「理性的な存在者」，すなわち，理性によって法則を作り，自分で立てた法則に自分で従うことのできる存在のことである。カントは，自分の立てた法則に自分で従うことを「自律」と呼び，人間が自律的な存在であると論じている。

表3－6　カントの思想

自由観：自分で立てた法則に自分で従うことのできる自律としての自由
意義：人権の根拠としての人格の尊厳

そしてカントは，「君自身の人格ならびに他のすべての人の人格に例外なく存するところの人間性を，いつでもまたいかなる場合にも同時に目的として使用し決して単なる手段として使用してはならない」という法則を，人間が人間として守るべき法則として提示している[(12)]。つまり人間は，他人を自分の目的のための単なる手段として扱ってはならず，それ自体で目的を持っている人格として扱わなければならない，ということである。

さらにカントは，他の何かと交換できるものと，他の何かと交換できないものを区別している。物件は，何かのために役立つものである。それに対して人格は，単に何かのために役立つだけでなく，それ自体として価値を持っている。カントは，このような内的な価値を「尊厳」と呼んでいる。

カントの考えでは，人間は人格として存在していて，人格は尊厳を持っている。つまり，人間は誰もが，他の誰かと置き換えられるような存在ではないのであり，そこに人格の尊厳がある。人間は人格として尊重されるべきであるというカントの議論は，人間は権利を持っていて，人権が尊重されるべきであるということに根拠を与えている。

3　人権の拡がり

自然権は，市民革命を経て，公的に認められるようになった。例えば「アメリカ独立宣言」(1776年) では，奪われることのない権利として，「生命，自由，幸福追求」が挙げられている[(13)]。また「フランス人権宣言（人間と市民の権利の宣言)」(1789年) では，人間が自由で平等な存在として捉えられ，自然権として「自由，所有権，安全および圧制への抵抗」が挙げられている[(14)]。このように，「幸福追求権」や財産権を中心とする「自由権」は，18世紀末には人権として認められ始めた。

だがこれらは，様々な人権の一部でしかない。そこで次第に，自由権を中心

年表3-2　人権の拡大(1)

1789	ベンサム『道徳と立法の原理序説』
1832	第1回選挙法改正（イギリス）
1837	チャーティスト運動（-1858),「人民憲章」（イギリス）
1848	二月革命，男子普通選挙（フランス）
1859	ミル『自由論』
1867	第2回選挙法改正（イギリス）
1874	自由民権運動（-1890）（日本）

とする人権だけでは不十分であると考えられるようになっていった。これには，大まかに分けて，2つの背景や流れが存在した。

1つには，人間の権利であるはずの人権の恩恵を実際に受けることができたのは，裕福な白人の男性だけであった。そこで19世紀には「参政権」の拡大を要求する運動が高まり，徐々に男子普通選挙が定着し，次いで20世紀には男女普通選挙が実現していった。こうして，人権の対象が次第に拡大した。

またもう1つには，産業革命の進展や資本主義の発達に伴って，貧富の格差が拡大した。そこで19世紀から20世紀にかけて，経済的な自由を制限してでも，人間らしい生活を営む「社会権」が保障されるべきである，と考えられるようになっていった。こうして，人権の内容も次第に拡大した。

以上のように人権は，自由権から参政権や社会権へと拡がっていった[15]。第3節では，このような(1)人権の対象の拡大と，(2)人権の内容の拡大について，その思想的な背景や歴史的な状況を見てみよう。

人権の対象の拡大

(1)ベンサム

参政権の拡大という主張に1つの理論的な根拠を与えたのは，「功利主義」という思想である。功利主義を広めたのは，イギリスのベンサム（1748-1832）の『道徳と立法の原理序説』(1789年）である。ベンサムは自然権の思想を批判して「功利原理」を唱え，それに基づいて道徳や権利を考えている。

ベンサムによれば，功利原理とは，「その利益が問題になっている人々の幸福を，増大させるように見えるか，それとも減少させるように見えるかの傾向によって，また同じことを別のことばで言いかえただけであるが，その幸福を

表3－7　ベンサムとミルの思想

意義：参政権の拡大の根拠としての最大多数の最大幸福 　　　人権の根拠としての最大多数の最大幸福

促進するようにみえるか，それともその幸福と対立するようにみえるかによって，すべての行為を是認し，または否認する原理を意味する[(16)]」。つまり，関係者の全体の幸福を増やすのが正しい行為であり，減らすのが不正な行為である，という原理である。ベンサムは後に，功利原理を「最大幸福の原理」と言い換えて，その目標を「最大多数の最大幸福」と言い表している。

そしてベンサムの考えに従えば，それぞれの人が幸福を追求し，社会全体の最大幸福を促進するために，個人の権利が保障されるべきである。つまり，人権は自然権であるから認められるべきなのではなく，個人や社会全体の幸福を増進するために権利が保障されるべきである，ということになる。

またベンサムは，誰をも特別扱いせずに，どの関係者も同じように幸福を求める１人として数えることを重視している。この主張は，選挙権の拡大という主張に理論的な根拠を与えた。そしてベンサムは，実際に選挙権の拡大を求める改革運動の指導者として活躍した。

⑵ミ　ル

次に，ベンサムの功利主義を受け継ぎつつ，それを修正したのが，ミル（1806-73）である。ミルは選挙に当選して議員として活動し，実際に第２回選挙法改正（1867年）に際して，参政権の拡大を主張している。またミルは，少数者の権利という問題に取り組み，『自由論』（1859年）で，いわゆる「（他者）危害原則」を提唱している。

その原理とは，ミルによれば，次のようなものである。「人類がその成員のいずれか一人の行動の自由に，個人的にせよ集団的にせよ，干渉することが，むしろ正当な根拠をもつとされる唯一の目的は，自己防衛であるということにある。また，文明社会のどの成員に対してにせよ，彼の意志に反して権力を行使しても正当とされるための唯一の目的は，他の成員に及ぶ害の防止ということにある[(17)]」。つまり，他人に危害を加えない限り，個人の自由をできる限り認めるべきである，というのがミルの考えである。

またミルも，個人の自由が，個人や社会全体の幸福を促進すると考えている。

年表3－3　人権の拡大(2)

1844	マルクス「ユダヤ人問題によせて」,『経済学・哲学草稿』[18]
1848	マルクス，エンゲルス『共産党宣言』
1883	疾病保険制度の成立（ドイツ）
1889	「大日本帝国憲法」
1919	「ワイマール憲法」（ドイツ）
1925	普通選挙法の成立，男子普通選挙の実現（日本）
1942	ベヴァリッジ『社会保険および関連サービス』

そして「個性の自由な発展」を特に重視している。

このようなベンサムやミルの議論には，２つの意義がある[19]。第１は,「最大多数の最大幸福」という考えによって，参政権の拡大に理論的な根拠を与えたことである。第２は，人権の保障は，個人と社会全体の幸福を増進するためにも重要であるという考えを提示したことである。つまり，人権は自然権であるから保障されるべきなのではなく，人権は個人と社会全体の幸福を増やすために保障されるべきである，という考えである。「最大多数の最大幸福」を目指す「功利主義」の思想は，自然権の思想とは異なる形の人権の思想である。

人権の内容の拡大

(1)マルクス

19世紀から20世紀にかけて，参政権が拡大し，普通選挙が実現するようになった。しかしその一方で，貧富の格差や過酷な労働といった「社会問題」が深刻化していった。そこで，労働者の権利の拡大を目指し，不平等の是正を主張したのが，マルクス（1818-83）に代表される「社会主義」の思想である。

まずマルクスは,「フランス人権宣言」で認められた人権が，利己的で孤立的な人間の権利でしかなく，不十分であったことを批判する。「いわゆる人権，つまり公民の権利から区別された人間の権利は，市民社会の成員の権利，つまり利己的人間の権利，人間および共同体から切り離された人間の権利にほかならないということである[20]」。

またマルクスによれば，当時の労働者は，自分らしさを発揮するような労働ができないので，人間らしい生き方ができない状態を強いられていた。「疎外された労働は，人間の類的存在を，すなわち自然をも人間の精神的な類的能力

表3-8　マルクスの思想

人権批判：フランス人権宣言の人権は，利己的な人間の権利でしかない
意義：人間らしくない労働の批判，労働者の権利の拡大の主張

をも，彼にとって疎遠な本質とし，彼の個人的生存の手段としてしまう。疎外された労働は，人間からかれ自身の身体を，同様に彼の外にある自然を，また彼の精神的本質を，要するに彼の人間的本質を疎外する[21]」。「疎外された労働」とは，自分らしさを発揮できないような労働であり，「人間的本質を疎外する」とは，人間らしく生きられないということである。つまり，自分らしさを発揮できないような労働をするしかない労働者は，人間らしい生き方ができない状態に追い込まれざるをえないということである。

このようなマルクスの議論には，２つの意義がある。第１は，それまでに認められた人権が，実は単なる利己的な人間の権利でしかないことを批判したことである。第２は，労働と人間らしく生きることを結び付けて考えて，労働者の権利の拡大を主張したことである。

⑵社会権と福祉国家

そして社会主義の影響もあって，新たな思想も生まれた。その１つは，個人が自由を発揮する条件を整えることが，国家の役割だと考える「新自由主義」の思想である[22]。もう１つは，国家による市場の調整によって労働者の権利を拡大しようとする「改良主義」の思想である。

また，19世紀の後半から20世紀の初頭にかけて，各国で社会保険などの社会政策が次第に実現されていった。いわゆる「ワイマール憲法」(1919年）では，人間らしく生きる権利である「社会権」の保障が明記された。

そして20世紀の半ばには，「福祉国家」が誕生した。福祉国家とは，社会保障や雇用政策などによって，国民の最低限の生活を保障しようとする国家のことである。この福祉国家の理念を提示したのは，ベヴァリッジ（1879-1963）の『社会保険および関連サービス（ベヴァリッジ報告)』(1942年）である。その基本的な考えは，国民の最低限の生活を保障する社会保険を作るというものである。このように福祉国家が成立することで，生存権を中心とする社会権も保障されるようになった。

ただし社会保険制度の成立には，帝国主義の時代の競争のために，人間を管理しようとする発想から生まれた側面がある。また20世紀になって，各国で次第に女性の参政権が実現したが，この背景には戦争が総力戦となり，女性も戦争に貢献するようになったことがある。さらに第２次世界大戦（1939-45年）の最中に発表された『ベヴァリッジ報告』は，戦争の遂行のために国民を健康にしようという着想がある。社会保障や福祉国家それ自体が悪いわけではないが，それらが成立した背景に対して無関心であってはならないだろう。

いずれにしても，18世紀には自由権が中心であった人権は，19世紀から20世紀の前半にかけて，参政権や社会権も含むものに拡大していった。

4　人権の再検討

最後に，現代における人権をめぐるトピックを，２つ取り上げたい。

１つは，人権という考えに対する批判である。それによれば，人権という考えは，西洋の文化の中で生まれたものであり，人権の普遍性を主張することは，西洋の文化の押しつけであり，一種の「西洋中心主義」や「文化帝国主義」であるという。このような人権批判に対する反論を紹介したい。

もう１つは，人権の展望である。現代の世界において，人権を考える上で何が問題になり，どのような課題があるのかを示した上で，その問題に対する展望をごく簡単に述べておきたい。

人権批判への反論

人権に対する典型的な批判は，以下のようなものである。西洋の価値観では自由や人権を重視するが，アジアの価値観では秩序や規律を重視する。また，経済の発展のためには，自由や人権よりも，秩序や規律が必要である。だからアジアでは，西洋ほどには人権は重要ではない，といった議論である。

このようないわゆる「アジア的価値」に対して，インド出身の経済学者のセン（1933-）が反論しているので，彼の議論をまとめてみよう[(23)]。

まず，秩序や規律を重視する権威主義の体制や，自由や権利の抑圧が，経済発展に有利であるという統計的な証拠はない。また自由や権利は，飢餓や災害を防止する効果があり，さらに，何かの役に立つかどうかと関係なく，それ自体として重要である。

加えて，アジアは多様であり，アジア全体が同じ価値観を持っているかのように扱うべきではない。またアジアの伝統にも，自由や寛容を重視する思想はある。逆に西洋の伝統にも，近代的な人権の思想と同じものはない。西洋においても，近代的な自由や権利は，比較的最近になって形成されたのである。[24]

センは，このように「アジア的価値」の人権批判に反論した上で，人権は人類に共通の人間性を基盤として形成されているのであり，他人の権利に関心を持ち，それに対応する義務を引き受けるべきである，と論じている。

たしかに，人権は西洋で生まれたものかもしれない。しかし，人権の思想は，人間の共通性に基づくものであり，西洋の文化を超えて，人類全体にとって価値があるだろう。

これからの人権への展望

では，現代の世界において人権を考える上で，どんな課題があるだろうか。

その１つは，「少数者の権利の保障」である。人権は，人間が人間として持っている権利であるという意味では，全人類に共通のものである。しかし，それぞれの人が持つ人権が，実際に保障されるためには，何よりもまず，少数者の権利がより手厚く保護されなければならない。そこで，どうすれば少数者の権利を保障できるかが，１つ目の課題である。

もう１つは，「国際的な人権の保障」である。いわゆる「グローバル化」が進行している現代の世界においては，１つの国家の中だけで人権を保障するだけでは不十分である。そこで，どうすれば国際的に人権を保障できるかが，２つ目の課題である。

本書でこれから登場する議論のいくつかは，これらの課題に応えるようとするものでもある。

人権とは何か。人権はなぜ重要なのか。人権の成立や拡大には，どのような思想的な背景があったのか。人権をめぐる現代の課題は何か。本章では以上のような観点から，人権や人権の思想を考えてきた。人権について知ることは，他者と共生するために不可欠である。しかし人権と向き合うことは難しい。人権に期待しすぎるのではなく，失望するのでもなく，人権を敬遠するのではなく，拒否してしまうのでもなく，人権とうまく向き合うためには，人権について考え，人権の思想を知ることが重要なのではないだろうか。

◆◆◆◆◆◆ 課題 ◆◆◆◆◆◆

1．人権として認められるべき権利にはどんなものがあるか考えてみよう。
2．なぜ人権は尊重されなければならないのか考えてみよう。
3．人権の保障をより確かにするには，どうすればよいか考えてみよう。

註

古典的な文献については，翻訳が何種類かあるものがある。その場合には，入手しやすいと思われるものを利用した。

(1) 人権と憲法上の権利の違いについては，駒村圭吾「人権は何でないか――人権の境界画定と領土保全」井上達夫編『人権論の再構築』法律文化社，2010年，3-27頁を参照。また，国家は人権を保障する存在でもあるが，人権を抑圧する存在にもなりうる。市場も共同体も国際社会も，同様に，人権を保障しうる場でもあるが，人権を抑圧しうる場でもあるという指摘がある。井上編，前掲書，x-xv 頁。
(2) ここでは，自由の概念や意味について詳述できないが，他者や国家から干渉や介入されない「消極的な自由」と，自分で自分のことを決めたり，社会に参加して自分らしさを発揮したり磨いたりする「積極的な自由」の２種類を区別する議論がある。アイザイア・バーリン著，小川晃一他訳『自由論』みすず書房，1971年。
(3) 以下の説明は，深田三徳『現代人権論――人権の普遍性と不可譲性』弘文堂，1999年，107-116頁と，これを整理し直した川本隆史『共生から』岩波書店，2008年，119-120頁をもとにしている。
(4) トマス・ホッブズ著，水田洋訳『リヴァイアサン（1）』岩波文庫，1992年，216頁。
(5) これに加えて，各人が利己的にふるまうとかえって各人の利益にならないというのが，ホッブズの着想である。これは，現代におけるゲーム理論の「囚人のジレンマ」や，環境倫理で言及される「共有地の悲劇」という議論にいかされている。
(6) ジョン・ロック著，加藤節訳『完訳 統治二論』岩波文庫，2010年，298頁。
(7) さらに，ロックは，自分の身体は自分のものであり，自分の労働の成果は自分のものであると主張して，所有権の根拠を労働に求めている。ここで，ロックは，「共有物として他人にも十分な善きものが残されている場合には」（ロック，前掲書，326頁）という「ロック的ただし書き」を加えている。これは，「持続可能性」を考える上でも重要な議論である。
(8) ジャン＝ジャック・ルソー著，桑原武夫・前川貞次郎訳『社会契約論』岩波文庫，1954年，29頁。
(9) 加えてルソーは，「イギリスの人民は自由だと思っているが，それは大まちがいだ。彼らが自由なのは，議員を選挙する間だけのことで，議員が選ばれるやいなや，イギリス人民はドレイとなり，無に帰してしまう」（ルソー，前掲書，133頁）と言う。ルソーの着想は，間接民主制（代議制）は，直接民主制的な要素によって補われなければならないとする，現代の様々な参加型デモクラシー論にいかされている。

⑽　なお，自然権の思想に対する代表的な批判として，イギリスのバーク（1729-97）による批判がある。バークは『フランス革命についての省察』（1790年）で，社会は伝統や慣習によって維持されると主張し，フランス革命を，自然権という抽象的な原理に基づいて社会を作ろうとするものとして批判した。そしてバークの批判に対して，自然権の思想とフランス革命を擁護したのが，イギリスのペイン（1737-1809）の『人間の権利』（1792年）である。

⑾　ここでは詳述できないが，カントの倫理学は義務を重視していて，現代では「義務論」と呼ばれている。そして，カントの義務論の倫理学とは対照的に，目的や結果として幸福を重視するのが，後で述べるベンサムやミルの「功利主義」の倫理学である。

⑿　イマヌエル・カント著，篠田英雄訳『道徳形而上学原論』岩波文庫，1976年，103頁。

⒀　高木八尺・末延三次・宮沢俊義編『人権宣言集』岩波文庫，1957年，114頁。

⒁　高木他編，前掲書，131頁。

⒂　事典類でも，自由権，参政権，社会権という順に，人権の歴史的な拡大の過程を説明している。例えば，樋口陽一「人権」廣松渉他編『岩波 哲学・思想事典』岩波書店，1998年，813-814頁。山脇直司「人権」加藤尚武編集代表『応用倫理学事典』丸善出版，2007年，482-483頁。

⒃　ジェレミー・ベンサム著，山下重一訳「道徳と立法の原理序説」『世界の名著38 ベンサム／J・S・ミル』中央公論社，1967年，82頁。

⒄　ジョン・ステュアート・ミル著，塩尻公明・木村健康訳『自由論』岩波文庫，1971年，24頁。

⒅　『経済学・哲学草稿』はマルクスの死後に発見され，1932年に公刊された。

⒆　さらにベンサムは，同性愛者など，少数者の権利の問題にも取り組んでいる。なお，福祉国家論の先駆者の一人であるチャドウィック（1800-90）は，ベンサムから大きな影響を受けている。またミルは，第2回選挙法改正に際して女性参政権を主張し，後に『女性の解放』（1869年）を書いている。

⒇　カール・マルクス著，城塚登訳「ユダヤ人問題によせて」『ユダヤ人問題によせて ヘーゲル法哲学批判序説』1974年，42頁。

(21)　カール・マルクス著，城塚登・田中吉六訳『経済学・哲学草稿』岩波文庫，1964年，97-98頁。

(22)　ここで言う19世紀後半の「新自由主義」は，ロックのような「古典的自由主義」と対比された「ニュー・リベラリズム」であり，1980年代に登場した「ネオ・リベラリズム」とは異なる。前者は社会的な自由主義であり，後者は自由放任的な自由主義である。

(23)　以下の説明については，アマルティア・セン著，大石りら訳『貧困の克服――アジア発展の鍵は何か』集英社新書，2002年，62-99頁を参照。

(24)　西洋とアジアを対比して，アジアをひとまとまりの存在とするような見方は，裏返しの西洋中心主義である，というのが，センの見解である。

参考文献

加藤尚武『現代倫理学入門』講談社学術文庫，1997年。
大庭健『善と悪——倫理学への招待』岩波新書，2006年。
品川哲彦『倫理学入門——アリストテレスから生殖技術，AI まで』中公新書，2020年。
小坂国継・岡部英男編著『倫理学概説』ミネルヴァ書房，2005年。
小松光彦・樽井正義・谷寿美編『倫理学案内——理論と課題』慶應義塾大学出版会，2006年。
柘植尚則編著『入門・倫理学の歴史——24人の思想家』梓出版社，2016年。
村松茂美他編『はじめて学ぶ西洋思想——思想家たちとの対話』ミネルヴァ書房，2005年。
山岡龍一『西洋政治理論の伝統』放送大学教育振興会，2009年。
宇野重規『西洋政治思想史』有斐閣アルマ，2013年。
國分功一郎『近代政治哲学——自然・主権・行政』ちくま新書，2015年。
ジョン・ロールズ他著，中島吉弘・松田まゆみ訳『人権について——オックスフォード・アムネスティ・レクチャーズ』みすず書房，1998年。
浜林正夫『人権の思想史』吉川弘文館，1999年。
鷲見誠一『人権の政治思想——デモクラシーの再確認』明石書店，2009年。
辻村みよ子『人権をめぐる十五講——現代の難問に挑む』岩波現代全書，2013年。
田上孝一編著『権利の哲学入門』社会評論社，2017年。
重田園江『社会契約論——ホッブズ，ヒューム，ルソー，ロールズ』ちくま新書，2013年。

（吉田修馬）

第Ⅱ部

多文化との共生

── 共生化が進む地球社会の現状 ──

第4章
人権保障の国際化

私たちが普段何気なく使っている「権利」という言葉には，どのような歴史が秘められているのだろうか。現代的な人権の概念は，ヨーロッパとアメリカで生まれたが，当初，参政権や公職に就く権利は，財産を所有する男性のみに与えられたきわめて限定的なものであった。人権が普遍的な意味を持つようになったのは，国際社会が第二次世界大戦中のナチスによるユダヤ人に対する残虐行為を目の当たりにしてからである。1948年に国連で採択された世界人権宣言は，人権が国際的レベルで，すべての人に保障されることを明記した最初の法的枠組みとなった。

本章は，国際的な人権の保障が，戦後どのように発展してきたのかを紹介した後，人権の観点から，国際社会が世界の民族紛争や内戦に対してどのように対応してきたかを事例から見ていく。また，グローバリゼーションの進展に伴う市民権概念の変容について触れ，市民権と人権の関係について考える。

独立宣言を起草する建国の父たち

1　国際的な人権保障

近代における人権の成立と展開

近代的な人権の概念は，ヨーロッパおよびアメリカにおける宗教改革や市民革命の中で生まれたが，その理論的支柱となったのが，17〜18世紀に登場した社会契約説の思想であった。ロックは，人はすべて生まれながらに生命，自由，財産の権利を持っているとして，自然権の概念を提唱した。ルソーは市民の主権は支配者や神からの贈り物ではなく，自由の追求を通して得られるものだと主張し，市民革命に影響を与えた。

18世紀，イギリスはアメリカ植民地からの税収を増やすために，各種の間接税を課していた。1765年には，本国政府が印紙税法を制定し，植民地での公文書，新聞，出版物に課税し，印紙の形で納税させることを義務づけたが，このような不公正な課税に対して，植民地側から強い反発が起こった。9つの植民地から代表者が集まり，印紙税法の不当を訴えて廃止を請願する印紙税法会議が開催されたが，その時の植民地側の論拠となったが，「代表なければ課税なし」という理念であった。

アメリカ植民地とイギリス本国との間に戦争が開始され拡大していくなかで，1776年にトマス・ペインは君主制を批判し，独立の必然性を主張したパンフレットを植民地で出版した。『コモン・センス』と呼ばれるこのパンフレットは多くの人に読まれ，独立をためらっていたアメリカ植民地人の考えに大きな影響を与え，イギリスとの和解は不可能であるという認識が広まっていった。

生まれながらの権利を最初に明文化した成文憲法は，1776年6月に制定されたアメリカのヴァージニア憲法であった。独立戦争が進行していくなかで，各植民地は自らの統治機構を樹立する課題に直面し，ヴァージニアは他の植民地に先駆けて憲法を制定した。これを皮切りに，ペンシルヴェニア，メリーランド，ノースカロライナや他の植民地でも憲法が制定されていった。これらの憲法には，統治機構に関する規定の他に，人権の保障に関する権利章典（Bill of Rights）の規定が設けられており，これが権利章典の元祖とされる。[(1)]

ヴァージニア権利章典（The Virginia Bill of Rights）の第1項では，「すべて人は生来ひとしく自由かつ独立しており，一定の生来の権利を有するものである」として自然権を規定している。また第3項は，「政府というものは，人民，国家もしくは社会の利益，保護および安全のために樹立されている。あるいは，そう樹立されるべきものである。（中略）いかなる政府でも，それがこれらの目的に反するか，あるいは不十分であることが認められた場合には，社会の多数のものは，その政府を改良し，変改し，あるいは廃止する権利を有する。（後略）」として，政府は人々の権利を保障するために作られていることを謳っている。このように，権利章典として人権に関する文書が整った形で現れたのは，18世紀の終わりに初めて成文憲法が作られたときのことであった。

1776年7月4日，13の植民地で組織された大陸会議で，ヴァージニア州の代議員トマス・ジェファソンが起草した独立宣言が公布された。アメリカの建国の父たちは，ロックらが提唱した自然権の精神を手本とした。独立宣言の冒頭には，以下のような条文が記されている(2)。

> われわれは，以下の事実を自明のことと信じる。すなわち，すべての人間は生まれながらにして平等であり，その創造主によって，生命，自由，および幸福の追求を含む不可侵の権利を与えられているということ。こうした権利を確保するために，人びとの間に政府が樹立され，政府は統治される者の合意に基づいて正当な権力を得る。そして，いかなる形態の政府であれ，政府がこれらの目的に反するようになったときには，人民には政府を改造または廃止し，新たな政府を樹立し，人民の安全と幸福をもたらす可能性が最も高いと思われる原理をその基盤とし，人民の安全と幸福をもたらす可能性が最も高いと思われる形の権力を組織する権利を有するということ，である。

このように独立宣言には，個人の生命，自由，幸福の追求は奪うことのできない権利であり，政府がそれらの権利を保障すること，そしてそれらの権利が保障されない場合には，新たな政府を樹立する権利があると規定したのである。

アメリカの独立戦争の成功に刺激されたフランスでは，フランス革命によって「人および市民の権利宣言」（1789年）が宣言された。アメリカ独立戦争に従軍した兵士が帰国に際して，アメリカの独立宣言やヴァージニア権利章典など

アメリカ合衆国憲法

の文書を持ち帰り，これらが翻訳され，フランス人権宣言の思想的基盤となった。[(3)] フランス人権宣言は，アメリカの独立宣言のなかで主張された自由と平等の精神を再確認し，さらにそれを拡大したのである。この人権宣言の精神は，その後広く各国の憲法のモデルとして取り入れられ，大きな影響を与えてきた。

フランスの「人および市民の権利宣言」は，1791年のフランス憲法のはじめに置かれ，これを機に成文憲法に人権の規定が伴うという慣行が成立した。

しかし，すべての人々の権利の保障という点では，さらなる修正が加えられる必要があった。アメリカ合衆国憲法については，1865年に奴隷制禁止を規定した修正条項が付け加えられ（修正第13条），1868年には解放黒人に市民権が与えられ（修正第14条），1870年には第14条で期待されたものの達成できなかった黒人参政権が保障されたが（修正第15条），これらの修正条項は南北戦争終結の賜物であった。[(4)] 修正第14条第１項では，「いかなる州も法の適正な過程[(5)]によらずに，何人からもその生命，自由または財産を奪ってはならない」として，各州政府の権限に制限を加えた。女性参政権については，1920年に「合衆国またはいかなる州も，性を理由として合衆国市民の投票権を奪い，または制限してはならない」として認められた。修正条項はその後も追加され，現在27カ条の修正条項から成っている。

国際的な人権擁護の拡大――国連憲章と世界人権宣言

20世紀に入ると，支配者の権力から人間の権利を保護するという考えは，ますます広く受け入れられるようになった。しかし，第２次世界大戦以前は，人権は国内問題であり，他国の人権問題に口出ししてはならないという不干渉の原則があり，個人としての人権が国際社会の問題とされることはなかった。第２次大戦後，ナチスがユダヤ人に対して行った人間の尊厳を踏みにじるような野蛮な虐殺行為に対して，国際社会が国内問題であるとして何の対応もとらなかったことが惨禍をもたらしたという反省から，人権を国際的に擁護していくことの気運が高まった。

第２次世界大戦後の新しい世界秩序の要として，連合国は1945年のサンフランシスコ会議で国際連合を創設した[(6)]。人権が普遍的なものであり，国際的に擁護していくべきだという価値を国連の基本文書に盛り込むことに重要な役割を果たしたのは，女性，労働組合，民族組織，宗教団体を代表するおよそ40の非政府組織（NGOs）と小国の代表団らであった。これらの代表団は，明確な言葉で人権を定義づけるよう強く求め，その結果，国連の基本文書である国連憲章（Charter of the United Nations）に人権に関するいくつかの規定が盛り込まれることになったのである[(7)]。

国連憲章は加盟国の権利と義務を規定するとともに，国連の主要機関や手続きを定めている。憲章の前文では，「われら連合国の人民は，われらの一生のうち二度まで言語に絶する悲哀を人類に与えた戦争の惨害から将来の世代を救い，基本的人権と人間の尊厳及び価値と男女及び大小各国の同権とに関する信念をあらためて確認し，正義と条約その他の国際法の源泉から生ずる義務の尊重とを維持することができる条件を確立し，一層大きな自由の中で社会的進歩と生活水準の向上とを促進すること（後略）」と規定している。また，同憲章では国際連合の目的として，「国際の平和及び安全を維持すること」（第１条１項）や「（前略）並びに人種，性，言語又は宗教による差別なくすべての者のために人権及び基本的自由を尊重するように助長奨励することについて，国際協力を達成すること」（第１条３項）を掲げている。このような目的に沿って，条文の中では，人権一般を尊重する加盟国の義務とその保護のために加盟国が共同および個別で行動をとる義務を表明している。このように国連憲章は，人権侵害に対して加盟国が国際的に協力して関与していくことが盛り込まれているという点で画期的なものであった。しかし同憲章には人権の具体的な内容が明確には示されていなかった。そこで人権の保障を効果的なものにするために，

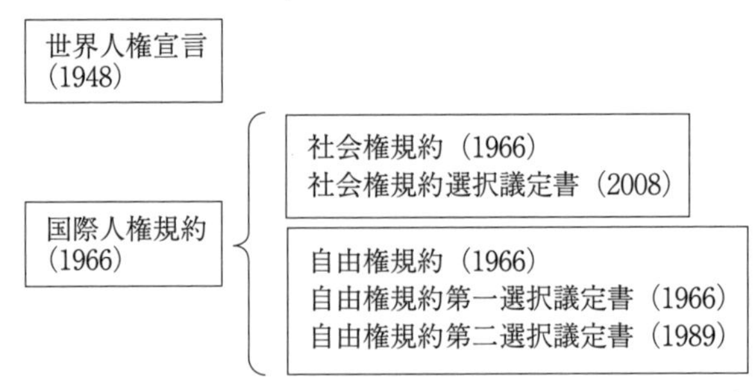

図4-1　国際人権章典（International Bill of Human Rights）

1948年12月10日，国連総会で世界人権宣言（Universal Declaration of Human Rights）が採択された。世界人権宣言は，史上初めて国際的なレベルで権利の章典が明文化されたという意味で画期的な意義をもつ。

世界人権宣言は，国連の主要機関である経済社会理事会の下部機関の人権委員会によって構想された。宣言は，法的拘束力のある2つの人権規約，実地措置（締約国が条約の規定を守っているかどうかを監視するための仕組み）とともに国際人権章典（International Bill of Human Rights）を構成する。世界人権宣言は人権法の集大成であり，すべての国の人々が享受すべき基本的な市民的，政治的，経済的，社会的，文化的権利を内容としている。第1条は，「すべての人間は，生まれながらにして自由であり，尊厳と権利について平等である。人間は理性と良心を授けられており，同胞の精神をもって互いに行動しなくてはならない」と述べ，人間であるがゆえに権利を持つという西洋啓蒙思想の理念を反映している。宣言は法的拘束力のない総会決議として採択されたが，その理念は広く世界に受け入れられ，多くの国の憲法の中に取り込まれており，国際慣習法としての重みを持つものとされている。

国際人権保障の進展と権利保護の実施

世界人権宣言の内容に法的拘束力を持たせるために，国連人権委員会は国際人権規約の作成にとりかかり，長期に及ぶ審議を経た後に，2つの規約が起草された。1つは，「経済的，社会的，文化的権利に関する国際規約（International Covenant on Economic, Social and Cultural Rights）」（社会権規約），もう1つは「市民的，政治的権利に関する規約（International Covenant on Civil and Political

Rights)」(自由権規約）である。自由権規約には実施措置として個人による通報制度が設けられた（第一選択議定書)。両規約は，世界人権宣言制定から18年経った1966年12月16日の第21回国連総会において採択された。

規約の締約国は，規約で規定されている個人の権利を尊重し，保障する義務を負う。そして，第一選択議定書により，締約国の個人が主張する権利の侵害については人権委員会において個々の報告の検討結果に基づいて審議され，締約国に必要な勧告が行われる。また1989年には，自由権規約に関連して，死刑廃止を目的とする第二選択議定書が採択された。

社会権規約は，1976年1月3日に発効し，2020年8月現在の締約国数は171カ国，自由権規約は1976年3月23日に発効し，2020年8月現在の締約国数は173カ国である(8)。2008年には社会権規約の選択議定書が採択されている。日本は両規約とも1979年6月21日に批准し加盟しているが，いずれの選択議定書の締約国にはなっていない。先述のように，もともと世界人権宣言と国際人権規約はともに，国際人権章典として構想されたもので，宣言と国際人権規約は密接な関係にある。国際人権規約は，世界人権宣言に示された諸権利を詳細に規定し，この宣言にない若干の権利も盛り込んでおり(9)，現代の人権諸条約の中でも最も基本的で包括的な文書とされる。社会権規約が規定する内容には，以下のような権利が含まれる(10)。

・公正かつ好ましい条件のもとで働く権利（第7条)
・社会保障（第9条)，適切な生活水準（第11条)，到達可能な最高水準の身体，精神の健康を享受する権利（第12条)
・教育を受ける権利（第13条)，文化的自由と科学進歩の恩恵を享受する権利（第15条)

一方，自由権規約は，移動の自由（12条)，法の前の平等（26条)，公正な裁判（14条)，思想および良心と宗教の自由（18条)，意見と表現の自由（19条)，平和的な集会（21条)，結社の自由（22条)，選挙への参加（25条）などを定めている。また，社会権規約は，締約国に漸進的に義務を実施するものとするのに対し，自由権規約は即時的な義務を負うものとされる。この人権規約をもとに，

表４－１　国連が中心となって採択された主要な人権条約

名　称	採択年	発効年	締約国数	日本
ジェノサイド犯罪の防止および処罰に関する条約	1948	1951	152	
経済的，社会的及び文化的権利に関する国際規約（社会権規約）	1966	1976	171	1979
経済的，社会的及び文化的権利に関する国際規約（社会権規約）の選択議定書	2008	2013	24	
市民的及び政治的権利に関する国際規約（自由権規約，Ｂ規約）	1966	1976	173	1979
市民的及び政治的権利に関する国際規約第一選択議定書（個人通報）	1966	1976	116	
市民的及び政治的権利に関する国際規約第二選択議定書（死刑廃止）	1989	1991	88	
女子に対するあらゆる形態の差別の撤廃に関する条約（女子差別撤廃条約）	1979	1981	189	1985
女子に対するあらゆる形態の差別の撤廃に関する条約選択議定書	1999	2000	114	
難民の地位に関する条約	1951	1954	146	1981
難民の地位に関する議定書	1967	1967	147	1982
児童の権利に関する条約	1989	1990	196	1994
児童の権利に関する条約選択議定書（武力衝突）	2000	2002	170	2004
児童の権利に関する条約選択議定書（児童売買等）	2000	2002	176	2005
あらゆる形態の人種差別の撤廃に関する国際条約	1966	1969	182	1995
拷問等禁止条約	1984	1987	170	1999
拷問等禁止条約選択議定書	2002	2006	90	
障害者権利条約	2006	2008	182	2014
障害者権利条約選択議定書	2006	2008	97	
あらゆる移民労働者とその家族に関する条約	1990	2003	55	

（注）国際連合　https://treaties.un.org/Pages/Treaties.aspx?id=4&subid=A&clang=_en を基に作成（2020年８月31日現在）。

さらに多様な条約が成立した。

表4-1は，国連で採択された主要な人権条約の概要を示したものである。日本はこれらの条約の中で，社会権規約，自由権規約，女子差別撤廃条約，難民の地位に関する条約，児童の権利に関する条約，人種差別撤廃条約，拷問等禁止条約，障害者権利条約を批准し締約国となっている。

ところで，人権条約の国内的実施には主として2つの方法がある。1つは人権条約を実現するため特別に国内法を制定（改正）すること，もう1つは人権条約をそのまま裁判等で適用することである。条約の締結にあたって，国内法との齟齬が生じないよう既存の国内法との整合性を図るが，例えば日本は難民条約への加入にあたっては出入国管理及び難民認定法や国民年金法，児童手当三法の，女性差別撤廃条約の批准にあたっては男女雇用機会均等法や国籍法などの制定・改正を行った。[11]

2　紛争と人権

民族紛争と国際社会の対応

人権を国際的に保障する世界人権宣言などが成立した第2次世界大戦後も，世界各地では国家間の紛争や内戦などによって，非常に多くの人々が殺害されたり，迫害を受けたり，避難民となったり，過酷な状態に置かれてきた。一国内における深刻な人権侵害に対して，国際社会は人道的な理由で介入を行い，紛争終結後の復興支援を行ってきた。[12]ところで介入（intervention）とは，「国際社会の諸主体（国家，国際機構，NGOなど）が武力紛争や人道危機に直面している相手国の統治・管轄の範囲内とされる事項に対し，平和の回復・復興という合目的的な理由により，強制的・非強制的な手段を用い，国境を越えておよぼす関与」とされる。[13]別の定義によれば，介入とは他国の国内問題に影響を与える外部の行動を意味し，強制力の度合いに応じて，小さいものから順に演説，放送，経済援助，軍事顧問派遣，反対勢力支援，封鎖，限定的軍事行動，軍事侵攻など強制力の大きなものまで広範囲に及ぶ。[14]ここで演説とは，例えばブッシュ前大統領が1990年に，イラクの人々にサダム・フセインを打倒するよう呼びかけたことなどが挙げられる。

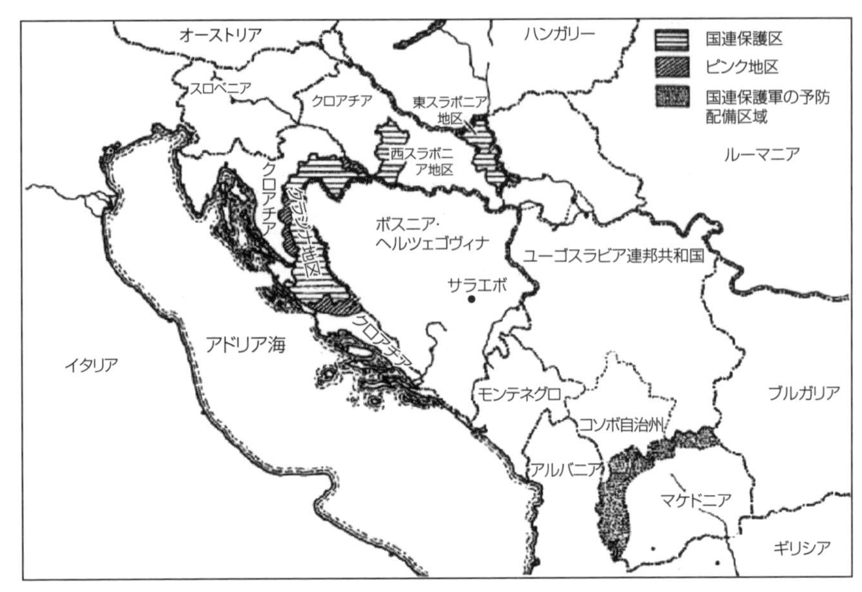

図4-2　旧ユーゴスラビア

本節では，第2次世界大戦後，一国内における紛争で非人道的な行為によって，人権を侵害されている人々の人間としての尊厳を守るために，国際社会がどのような役割を果たし，そして介入に伴ってどのような問題が生じたのかをボスニア・ヘルツェゴヴィナの民族紛争の事例を通して論じる。その際，関係国・機関の対応について，そのプロセスを詳細に分析するというよりも，人権の国際的な保障という観点から，国内で発生した人道上の問題について国際社会がどのように関与し，それがどのような意味を持つのかを検討する。

多民族国家の旧ユーゴスラビアでは，第2次世界大戦後強力な指導者であったチトー大統領の下で，国家連合に近い連邦制が採用され，6共和国と2自治州が等しく経済主権をもっていた。しかし，1980年にチトーが死去し，80年代を通じて進行した経済危機に国民の間の不満が高まった。こうしたなか，1991年6月にスロベニアとクロアチア両共和国議会が独立宣言を採択し，1992年1月に欧州共同体（EC）が両共和国の独立を承認したことにより，旧ユーゴスラビアは事実上解体する。次いで独立を目指したボスニアでは，ムスリム人（44%），セルビア人（31%），クロアチア人（17%）の3勢力の対立が表面化した。

1992年3月，セルビア人がボイコットするなかで，独立の是非を問う住民投票が行われ，独立賛成が圧倒的多数を占めて独立が宣言され，西側諸国がこれを承認した。一方，セルビア人は1992年1月にボスニア内でセルビア共和国の独立を宣言し，緊張が高まり内戦へと発展した。

この紛争では，3民族の間で領土拡大をめぐる戦闘が激化し，そのなかで，民族浄化と称される残虐な行為が行われた。民族浄化とは，「ひとつの地域を支配している民族的グループが，他の民族の構成員を抹殺すること」であり，殺人のほか，悪質な嫌がらせ，差別，暴力行為，拷問，レイプ，裁判なしの処刑，強制移住，財産の略奪，宗教施設の破壊など，様々な手段を含むという[(15)]。

内戦が続くなか，国連とEC（現EU）は国連保護軍（UNPROFOR）を派遣したり，和平会議の開催を通じて対応した。国連憲章には，「国際の平和及び安全」を維持するため，加盟国の主権は平等という前提があり，内政不干渉・武力不行使・領土不可侵という「3つのノー」を加盟国が遵守するよう定めている[(16)]。しかし，紛争地域で「平和に対する脅威，平和の破壊又は侵略行為の存在」（憲章第39条）が認められれば，強制措置によって加害国に集団的な制裁を加えることができる。国連のボスニア・ヘルツェゴヴィナへの介入は，こうした国連憲章に基づいた措置であった。

1992年，1993年に国連とECによる領土分割を前提とする和平案が提示されたものの，民族間の勢力争いのため成立しなかった。国連とECによる交渉が難航するなか，1994年3月にはアメリカ主導により，領土を2分割する和平案が提示された。同年5月にはアメリカ，ロシア，イギリス，フランス，ドイツによる「連絡調整グループ」が形成され，交渉が重ねられた。そのようななか，1995年7月には，国連が安全地域に指定していた東ボスニアのスレブレニッツアがセルビア軍に占拠され，6000人のイスラーム教徒が殺されるという第2次世界大戦後ヨーロッパで最悪の人権侵害が起きた。同年8月，NATO軍はセルビア人勢力に本格的な空爆を開始し，セルビア人勢力は大きな打撃を受けた。同年11月，アメリカのオハイオ州デイトンで和平会議が開催され，紛争当事国ボスニア，セルビア（新ユーゴスラビア），クロアチアの3首脳による合意が成立し，翌月にパリで和平協定が調印され，内戦が終息に向かうことになる。

国際社会による紛争介入の意味

ボスニア・ヘルツェゴヴィナの民族紛争に対する国際社会の関与については，様々な評価があるだろう。紛争の解決を困難にした一因は，歴史的な経緯から民族・宗教集団が複雑であったことが関係していたと言える。ここでは，国際社会，特に国連が果たした役割を中心に，その意味について述べたい。

ボスニア・ヘルツェゴヴィナの紛争では，平和に対する脅威や平和の破壊の存在が国連憲章第39条に基づいて認定されたことに，一定の評価を認める見方がある[(17)]。すなわち，第39条が認定されたことにより，一国国内で発生した深刻な人道上の問題に対して，国連憲章第７章に基づく措置をとることが可能であることが示されたこと，また，紛争地域での人道援助活動を支援する目的で，現地に派遣される平和維持活動の実行が確立されたことなどである。他方，この紛争の終結に向けて，国連と EC が和平会議を開催したり，紛争当事者勢力と交渉を重ねたりしたが，思うような成果が出せずにいたことに対して，アメリカ主導で和平交渉が進み，最終的に和平協定が結ばれることになった。また，スレブレニッツアで起きた民間人に対する虐殺を防ぐことができなかったことについて，現地に派遣された国連保護軍がセルビア人勢力の攻撃に十分な対応をしていなかったという問題点が指摘されている。この点については，国際的な平和と安全を維持する国連の目的に関わってくる問題であり，著しい人権侵害について，武力による行使も認められるのか，あるいは非軍事的な手段に止めるのか議論を呼ぶところとなる。ただし，国連の平和維持活動（PKO）自体については成功した例もあり，一概には言えないところがある。以上のように，問題を残しつつも第２次世界大戦後，人権の国際的な保障は国連憲章をはじめとして拡充され，今日では，一国内における著しい人権侵害に対して，国際社会はそれを国内問題として看過することは許されなくなっている。

3　グローバル化と市民権概念の変化

市民権とは何か

市民権（citizenship）という言葉は，論者によって様々な意味で用いられる多義的な言葉である。市民権とは，一般には国家の成員を意味する国籍を表す言葉である。また，国家の成員としての資格に結び付いた一連の権利と義務をも意味する。市民権研究の基礎を築き，この分野にきわめて重要な貢献を果たしたのが，イギリス人の社会学者T・H・マーシャルで，1949年に行った講演をまとめた論文「市民権と社会階級」は多くの注目を集めてきた。マーシャルはイギリスの歴史的な発展に基づいて，市民権を市民的要素，政治的要素，社会的要素の3つに類型化した。

> 市民的要素は個人の自由のために必要とされる諸権利から成り立っている。すなわち，人身の自由，言論・思想・信条の自由，財産を所有し正当な契約を結ぶ権利，裁判に訴える権利である。（中略）政治的要素とは，政治的権威を認められた団体の成員として，あるいはそうした団体の成員を選挙する者として，政治権力の行使に参加する権利のことを意味している。この権利に対応する制度は議院および地方議会である。社会的要素とは，経済的福祉と安全の最小限を請求する権利に始まって，社会的財産を完全に分かち合う権利や社会の標準的な水準に照らして文明市民としての生活を送る権利に至るまでの，広範囲の諸権利のことを意味している。これと最も密接に結びついている制度は，教育システムと社会的サービスである。[(18)]

これら3種類の権利のうち，まず18世紀に市民的権利が確立し，その後19世紀には政治的権利，そして20世紀に入って社会的権利が確立したという。このうち，政治的権利と社会的権利については，時代的に重なりあいが見られる。マーシャルは市民的権利に，働く権利を含めている。

マーシャルの市民権論は後の研究に大きな影響を与えたが，他方で批判の対象にもなってきた。マーシャルに対する批判をレビューし分析したデレック・ヒーターは，それらの批判を5つに整理している。[(19)]第1に，マーシャルは社会的権利を福祉国家の土台を形成する堅固なものと見なしていたふしがあり，それをさらに発展させる必要があると考えなかったという点で近視眼的だったこと。第2に，その議論が男性の市民権のみに関心を向けていたという点で偏狭だったこと。第3に，社会的権利の進歩は続き，社会がより平等になると想定していたのではないかという点で楽観的だったこと（しかし，この予想に反して，イギリス社会の貧富の格差は拡大してしまった)。第4に，市民権が3つの形態からなるという点で単純過ぎるということ。加えて，この3類型に関連してヒーターは，マーシャルの議論のなかで相互に補完的と見なされた市民的権利と社会的権利について，市民的権利が確立しようとするのは国家に抵抗する権利であり，他方，社会的権利が確立しようとしたのは国家によって提供される権利であり，両者は潜在的に相容れない可能性があり，マーシャルが両者を異なるものだという事実を認識できなかった点を弱点として指摘している。第5に，マーシャルの依拠した市民権の発展図式が歴史的事実と異なるという点を挙げている。例えばマーシャルは政治的権利を19世紀に達成されたとするが，これは完全な男子普通選挙権が1918年に与えられたという事実を見過ごし，社会的権利が20世紀に達成されたということについても，すでに18世紀には貧者救済制度があったという事実が過小評価されていると指摘している。

一方，ヒーターはこれら5つの批判に対して，マーシャルを擁護するという立場から，それらの批判に検討も加えている。例えば楽観主義という批判について，マーシャルはその論文の中でイギリスの社会制度に内在する階級の利害の妥協を図ることが困難であることに触れているとして弁護している。また市民権の3類型が単純であるとの批判については，この3類型が市民の地位や市民としての条件の複雑さを理解するに当たって，最も有益な思考枠組みとして確固たる位置を占め続けていると擁護する。さらにイギリスの市民権獲得をめぐる過程の説明が整然としすぎているという批判についても，マーシャルがしばしば社会的闘争について言及していると述べている。さらにヒーターは，マーシャルの業績が特筆される理由として，その議論が，戦後イギリスにおける福祉国家の形成や1980年代，90年代に社会的サービスの提供をめぐって福祉国家が抱えこむことになった様々な問題とつながっていることを指摘している。

市民権概念の変容

従来市民権は，固有の領土を持ち主権を有する国民国家の構成員に付与されることを前提としてきた。しかし，20世紀後半，EU 誕生によって EU 市民が誕生する一方，国境を越える人の移動が活発化し，移住した先で定住する人々が増えるにしたがって，従来の市民権概念では十分対応できないという認識が広まってきた。その主要な論点は，従来の市民権は，国民と外国人という二分法に基づく国民国家型市民権制度を前提としていたが，外国人のなかに定住する者が増えている今日，制度と現実の間に不整合が生じていて，従来の市民権概念に代わる新しい市民権論が議論されるようになってきた。そこで新たな市民権論についてどのような議論が展開されてきたのか，その特徴はどのようなものかを考察していく。

超国家的地域の市民権を代表するのが，EU 市民権であろう。1992年に調印され（当時 EC12カ国），1993年に発効したマーストリヒト条約によって，EU 加盟国国籍を持つ者はすべて EU 市民権を有することになった。現在の加盟国は27カ国である。その主な内容は，(1)加盟国の領域内を自由に移動し居住する権利，(2)居住先加盟国の国民と同じ条件で地方議会選挙および欧州議会選挙の選挙権と被選挙権を有する，(3)国籍を有する加盟国が第三国に代表を置いていない場合，他の加盟国によって外交的な保護を受ける権利，(4)欧州議会への請願権および EU オンブズマンに不服を申し立てる権利などが定められている。このように EU 市民は，出身国の国籍を根拠に付与される権利に加えて，EU 加盟国の領域内を自由に移動し，居住する権利をもち，居住国の地方議会選挙と欧州議会選挙の参政権を有することになった。逆に，主権国家は領域内における国民以外の EU 市民に対して，一定の権利を付与することになったが，このような権利は，そのようなナショナルな市民権と区別され，ポストナショナルな市民権と呼ばれる[20]。他方，EU 市民権は国家ではなくマーストリヒト条約という国際協定によって認められた権利であること，これに伴う義務が定められていないとことなどから，その正統性について問題を抱えているという見方もある。

ヒーターは，市民権概念が複雑化する今日，一元的な市民権に還元されない多元的な市民権という考え方で，EU 市民権を説明している。EU 市民権は個人→（州）→国家→ EU という階層性が存在し，個人はそれぞれのレベルの社会集団に対して自己を同一化することが求められるが，人間の適応力がそれぞれの社会集団へのアイデンティティ同定を可能にすると論じる。EU 市民権は，国民国家の相対化を促すものとして作用しているのかもしれない。

新しい市民権論を生み出しているもう一つの要因が，国境を越える人の移動の活発化とその結果として，ヨーロッパで増えたデニズン（denizen）への権利の保障であろう。デニズンという用語は，スウェーデンの政治学者トーマス・ハンマーによって使われ始めたものであり，「合法的な永住者の資格を有する外国籍市民」を意味する[21]。以下，デニズンとは何か，デニズンがなぜ新しい市民権論を浮上させているのかについて論じる。

西欧先進諸国は第２次大戦後，経済復興のために，積極的に外国人労働者を受け入れる政策を採用し，1950年代から60年代の高度経済成長期にはとりわけ多くの外国人労働者を受け入れた。第一次オイルショックが起きた1973年にフランスが，1974年に旧西ドイツが労働者の受入を停止したとき，外国人労働者の全体数はいくらか減少したが，その後多くの外国人労働者が家族を呼び寄せ社会に定着していった。アジアやアフリカの植民地解放により独立した国々から，旧宗主国であるイギリスやフランス，オランダ，ポルトガルへ移民が送り出された。また，冷戦の影響で旧東ドイツ，ポーランド，チェコスラバキアなどの国々から西ヨーロッパに移民が流れた。

ハンマーは，国民と外国人という二分法では説明できない新しい事実として，デニズンの概念を用いて一時的な滞在者と区別される永住を認められた外国人の存在に注目する。デニズンは，住所を有している国の国民ではないが，そこに永住する権利が認められている。すなわち，まず住所があり，完全な居住権があることが基準となる。ある国にいる外国人の多くは，旅行者や短期滞在者，外国人労働者であり，永住市民の資格を得ようとしていないし，実際そのような資格を持っていないので，デニズンではない。一方，ヨーロッパでは1980年代に，長期滞在している外国人労働者に対して，一定の条件をもとに合法的地位を与える正規化が進められた結果，デニズンの数が増加した。デニズンには，就労や居住に関する権利，地方選挙における参政権など多くの面で権利が認められている。従来，国民にのみ認められてきた諸権利が，完全ではないが国籍に依らずに永住市民に保障されるようになったのである。

人権と市民権

ここまで人権と市民権の概念とその展開について別々に論じてきた。人権と市民権は共に，人間の基本的諸権利を保障する概念であるが，双方の関係性については曖昧な部分が多いように思われる。そこで，ここでは人権と市民権概念の関連を理解するために，それぞれが依拠する根拠と具体的な保障のあり方について比較検討を加えてみたい。

前述のように，市民権は国家の構成員としてもつ一連の権利と義務を表す言葉であり，国籍と同義的に用いられる。すなわち，その根拠はある国の国民であることに基づくものとなる。それはほとんどの国家憲法の中で謳われるようになり，日本国民であれば，日本国憲法で規定されている諸々の権利を享受し，同時に義務を負うことになる。古典的な国民国家型の市民権概念では，これらの権利は排他的で，その国の国民のみが有する権利となる。批判はあるものの，イギリス社会を事例として後の研究に大きな影響力をもってきたマーシャルの市民権の発展図式が示すように，市民権は国家の成員に付与されることを前提としてきたのである。しかし，グローバル化の進展は，EU 市民権やデニズンなど，これまでにない新たな市民権論を提起してきた。

一方，人権は18世紀にアメリカのヴァージニア権利章典やアメリカ独立宣言，フランス人権宣言のなかで，すべての人間が，人間であるがためにもつ普遍的な権利として謳われた。しかし，市民権とは異なり，国際社会が人権をより積極的に擁護するという認識は当時見られなかった。国際社会が人権擁護に本格的に取り組むようになるのは，第２次世界大戦でナチスのユダヤ人に対する人間の尊厳を踏みにじるような人権侵害の行為が明らかになってからである。戦後「ジェノサイド犯罪の防止および処罰に関する条約」や世界人権宣言が採択され，これ以降も種々の国際人権条約が採択されることで，今日では国際条約を根拠に，人権を保障するための国内法が制定されるなど国際社会の人権に対する影響力が増している。さらに，人権条約の締約国に条約に基づく規定の実施状況について定期的に報告書を提出することを義務づけるなど，条約遵守を監視する仕組みも存在する（報告制度等）。

以上，人権と市民権をキーワードにその発展過程を跡づけながら，両者の類似点と相違点について考察してきた。人権は，国際的な人権条約の採択を通じて発展してきたのに対し，市民権も時代の変化に伴い変容を余儀なくされてきた。具体的にはEU 市民権やデニズンのような新しい市民権概念の登場が，市民権論に新たな議論を提起しているのである。今日，私たちは，一国の成員としては市民権を付与され，人間であるという理由で国際的な人権保障の対象となるという重層的な権利を享受している。しかし，このような重層的な権利を世界中のすべての人々が享受できているだろうか。そして，時代の要請に応じて国内外で進展してきた人権の枠組みは，今後どのように変化していくのだろうか。市民権と人権，国民国家と国際社会，それらが互いにどのような影響を及ぼし合って変貌していくのか注意深く見守っていきたい。

◆◆◆◆◆◆ 課題 ◆◆◆◆◆◆

1．ある国の抑圧的な指導者によって著しい人権侵害を受けている人々に対して，国際社会はどこまで，どのような方法で介入することが許されるか考えてみよう。
2．近年，グローバリゼーションの進展に伴い，ある国の国民であることを根拠に付与される権利に加えて，EU 市民やデニズンであることを根拠に他国に居住する権利や地方参政権が認められるようになった。このような動向をどう捉えればよいか考えてみよう。

註・参考文献

⑴　高木八尺・末延三次・宮沢俊義編『人権宣言集』岩波書店，2009年。
⑵　米国大使館レファレンス資料室『米国の歴史と民主主義の基本文書』2008年。
⑶　フランス人権宣言は，ジョージ・ワシントンの親友であり戦友でもあったラファイエット侯爵によって起草された。
⑷　米国大使館レファレンス資料室，前掲書。
⑸　法の適正な手続と適正な内容（due process of law）によらずに，何人からもその生命，自由または財産を奪ってはならない。
⑹　サンフランシスコ会議には，50カ国の代表が参加し，国連憲章と新たに設立される国際司法裁判所の法律が作成され，６月26日に満場一致で採択された。1945年10月24日，国連憲章に調印した安全保障理事会の常任理事国５カ国を含む原加盟国の大半がこれを公式に承認したことを受けて，国際連合が正式に誕生した。
⑺　国際連合広報局『国際連合の基礎知識』関西学院大学出版会，2009年，353頁。
⑻　国際連合　https://treaties.un.org/Pages/Treaties.aspx?id=4&subid=A&clang=_en
⑼　例えば，自決権（社会権，自由権両規約第１条），児童の権利（自由権規約第24条）など。
⑽　国際連合広報局，前掲書，355-356頁。
⑾　阿部浩己・今井直・藤本敏明『国際人権法第３版』日本評論社，2009年，18-20頁。
⑿　1990年代以降の国連の平和維持活動の主なものとして，カンボジア（1992-93年），ソマリア（1992-93年），ソマリア（1993-95年），ルワンダ（1993-96年），ハイチ（1996-97年），東チモール（1999-2002年）などがある。

(13)　星野俊也「紛争・復興と国際的介入」『紛争と復興支援——平和構築に向けた国際社会の対応』有斐閣，2004年，6-7頁。
(14)　ジョセフ・S・ナイ・ジュニア著，田中明彦・村田晃嗣訳『国際紛争——理論と歴史』有斐閣，2007年，194-196頁。
(15)　最上俊樹『人道的介入』岩波新書，2001年，71頁。
(16)　星野俊也，前掲書。
(17)　望月康恵「ボスニア・ヘルツェゴビナと人道的加入」『人道的介入と国連』国連研究第2号，2001年，97-114頁。
(18)　T・H・マーシャル・トム・ボットモア著，岩崎信彦・中村健吾訳『シティズンシップと社会的階級』法律文化社，2001年，15-16頁。
(19)　デレック・ヒーター著，田中俊郎・関根政美訳『市民権とは何か』岩波書店，2002年。
(20)　鈴木規子『EU 市民権と市民意識の動態』慶應義塾大学出版会，2007年。
(21)　トーマス・ハンマー著，近藤敦監訳『永住市民と国民国家』明石書店，1999年。

（小林宏美）

第5章
貧困と向き合う

無学，貧困，そしてテロリズムと闘いましょう。本を手に取り，ペンを握りましょう。それが私たちにとって最も強力な武器なのです。
１人の子ども，１人の教師，１冊の本，そして１本のペン，それで世界を変えられます。

――国連で演説したノーベル平和賞受賞者マララ・ユスフザイさん（16歳）

世界には，今日も貧困のために十分な食事がとれないまま眠りについている人々が８億人もいる。また，貧困のために初等教育を受けられない子どもたちは5700万人おり，特に少女たちは教育の機会を奪われている。

貧困のために，多くの子どもたちが過酷な労働をさせられ，少女たちは10代前半で望まない結婚をさせられている。

しかし，今や貧困は開発途上国に限ったことではない。貧富の格差は先進国と開発途上国のみならず，先進国における貧困も深刻である。

貯蓄グループメンバーの子どもたち

日本の子どもの6人に1人が貧困であり，空腹で眠れない子ども，お腹いっぱい食べたいと願う子どもたちがいる。貧困のために友達と同じような遊びをすることができず，学校で孤立し，通うことが困難になっていく子どもたちもいる。

本章では，世界の貧困と日本の貧困状況を概観し，権利ベース・アプローチによって貧困問題を解決していくことについて考える。

1　貧困とは

絶対的貧困と相対的貧困

“貧困”は国・地域，機関によってさまざまな定義があるが，大きく分けて「絶対的貧困」と「相対的貧困」の2つの概念がある。「絶対的貧困（Absolute Poverty）」が，生活水準が絶対的な意味で低い状態を指すのに対し，「相対的貧困（Relative Poverty）」は，生活水準が他と比べて低い状態のことを指す。

絶対的貧困は，その国や地域の生活レベルとは無関係に人間が生きるのに必要な最低限の衣食住を満たす生活水準を下回っていることである。この基準としては，世界銀行が2015年10月に定めた1.90ドルという国際貧困ライン[(1)]（最低限の生活を送るのに必要な1日あたりの所得）が使われるようになった。

この基準によると，世界では1日1.90ドル未満で生活する人々の数は，2015年で約7億200万人にも上り，世界人口の9.6％（約10人に1人）が絶対的貧困層に該当するとされている。

これに対して「相対的貧困」は，ある国・地域の中で平均的な生活レベル（獲得収入）よりも著しく低い状態であり，OECD（経済協力開発機構）が用いる相対的貧困率は「手取りの世帯所得（収入－税および社会保険料＋年金等の社会保障給付）」を世帯人数で調整し，中央値（注：平均値ではない）の50％以下を貧困として計算する。

開発途上国の農村の貧困

世界の貧しい人々の多くが農村で暮らしている。ロバート・チェンバースは，農村における貧困状況にある人々は，5つの不利な状態におかれ，それぞれが幾重にも重なり，簡単には逃れられない窮乏化の罠に陥るとしている。その5つの状態とは，(1) 物質的貧困，(2) 身体的弱さ，(3) 不測な事態に対する脆弱さ，(4) 政治力や交渉力のなさ，(5) 孤立化，である。[(2)]

例えば財産を持たない貧しい人は，大病や葬式など不意に物入りになったときに「脆弱」であり，適切なやり方で対処できず，高利貸しから借金をせざるをえない。その結果，払わねばならない利息の金額はどんどん増え，大きな借金を抱えることになる。また貧しい人々は，社会的に低く見られ，発言力がなく，「交渉する力が弱い」。物質的貧困状態にある人は，多くの場合，村の中心に住むことができないが，子どもを学校に通わせるための制服や文房具，ラジオ，テレビ，自転車やバイク等を購入できないために重要な情報にアクセスができず，「孤立化」する。そして，情報のみならず，困ったときに頼ることのできる人的ネットワークにもアクセスできなくなり，貧困の罠から抜け出すことが困難になる。

しかし，この「孤立化」の問題は，開発途上国の農村に限られたことではない。人的ネットワークから切り離され，孤立するという「社会的排除」という状況は，先進国でもさまざまな人々が直面しており，もう一つの貧困のとらえ方として今日注目されている。

社会的排除（Social Exclusion）

ヨーロッパでは，グローバリゼーション時代の社会問題は，従来の「貧困」や失業，差別といった伝統的な用語では把握できないと考えられるようになった。つまり，かつての用語が特定集団を表していたのに対して，現代の貧困者や失業者などは特定階層にのみ関わるものではないという考え方である。その結果，資源の不足という貧困に代わる用語として，社会との関係が不十分で社会への参加が阻止されている状態を示す「社会的排除」という用語が使われるようになった。その後，日本でも「社会的排除」という言葉がさまざまな場面で使われるようになったが，この概念はいくつかの点で非常に有益である。[(3)]

第1に，社会的排除が常に「社会」との関係で用いられ，社会の中の個人を問うと同時に，その社会そのものを問う概念だからである。第2に，この言葉を使うことによって，誰がどのように排除しているのか，あるいはどのように排除が連鎖するのかを問うことが可能となる。

そして，第3に取り残された人々の社会参加やネットワークへの回復を，個人ではなく社会側の責任として取り組む視点を与えてくれる。それが，社会的排除の対語である「社会的包摂（Social Inclusion）」という概念である。

2　世界の貧困

ミレニアム開発目標（MDGs）と持続可能な開発目標（SDGs）

ミレニアム開発目標（Millennium Development Goals: MDGs）とは，2000年9月に採択された国連ミレニアム宣言と，1990年代に開催された主要な国際会議で採択された国際開発目標を統合したもので，2015年に達成期限を定め，貧困と飢餓の撲滅，すべての子どもへ初等教育の達成，ジェンダー平等の推進，幼児死亡率の削減など，8つの目標が定められた。

これらの目標達成に向けて，各国で様々な取り組みがなされ，ある程度の成果は見られたものの，依然として非常に多くの人々が極度の貧困の中で暮らしている。そこで，持続可能な開発を進めることにより，あらゆる貧困をなくすことを目標に，2015年9月，国連で持続可能な開発目標（SDGs）が採択された。これは，17の目標と169のターゲットで成り立っており，「誰一人取り残さない」世界の実現を目指している。それら17の目標は以下の通りである。

目標1：あらゆる場所のあらゆるかたちの貧困を終わらせる。目標2：飢餓を終わらせ，栄養を改善し，持続可能な農業を進める。目標3：あらゆる年齢のすべての人の健康な生活を確保し，福祉を推進する。目標4：全ての人への衡平な質の高い教育と生涯学習の機会を提供する。目標5：世界中で女性と少女が力をつけ，ジェンダー平等を実現する。目標6：全ての人に持続可能な水の使用と衛生設備（トイレ，下水道など）を保障する。目標7：全ての人が，安くて安定的に発電してくれる，持続可能なエネルギー（太陽光，風力などの再生可能なエネルギー）が使えるようにする。目標8：みんなが参加できる持続可能な経済成長を促進し，全ての人が職をもち，働きがいのある人間らしい仕事ができるようにする。目標9：災害に強いインフラをつくり，みんなが参加できる持続可能な産業化を進め，新しい技術を生み出しやすくする。目標10：国内及び国家間の格差と不平等を減少させる。目標11：まちや人々が住んでいるところを，だれもが受け入れられ安全で，災害に強く持続可能な場所にする。目標12：生産と消費のパターンを持続可能なものにすることを促進する。目標13：気候変動とその影響を軽減するために緊急対策を講じる。目標14：海と海洋資源を守り，持続可能な利用を促進する。目標15：陸の生態系を保護し，森林の持続可能な管理，砂漠化への対処，土地の劣化，生物多様性の喪失を止める。目標16：平和的で，誰一人のけ者にされない社会と，すべての人が法律に基づいた手続きをとれるようにするあらゆるレベルで効果的で説明責任ある能力の高い行政を実現する。目標17：目標達成のために必要な行動を強化し，持続可能な開発に向けて世界の国々が協力する。[(4)]

MDGsとSDGsの違いは，MDGsが問題は開発途上国にあり，先進国は国際協力を通じてその解決を図ろうとしていたのに対し，SDGsは，先進国にも存在する，貧困をはじめとして人権や環境破壊などの課題を共に問題解決をしていこうとするものである。また，人権が保障され公正な世界をつくることを目指しており，ターゲット8.7あらゆる形態の児童労働の撤廃，ターゲット16.2子どもに対するあらゆる形態の暴力の撤廃など具体的なターゲットが定められている。

2015年10月，それまで１日1.25ドルと定められていた国際貧困ラインが，１日1.90ドルと変更された。これは世界銀行が，2011年の購買力平価（PPP）に基づいて設定したものである。世界銀行によると，１日1.90ドル以下で暮らす極度の貧困層の数は，1990年に世界で18億9500万人だったが，2015年には７億3600万人に減少した。同様に世界の貧困率は，1990年の36％だったのが，2015年には10％にまで減少した（世界銀行ホームページ）。

しかし減少したとはいえ，現在も，日本の人口の７倍にあたる人が１日にわずか200円あまりの所得で暮らしている。とりわけサハラ以南アフリカにおける貧困率は，41.1％にも上る。この地域の貧困層の数は４億1300万人であり，世界で最大であるだけでなく，この30年間で貧困者の数が増えた唯一の地域となっている。サハラ以南アフリカに次いで貧困層の人口が多い地域は南アジアで，インドの貧困層は1億7000万人以上にも上り，貧困率は13.4％となっている。その貧困層の人口の割合は世界の貧困層の約４分の１にもあたる。

最貧困層の人々は，具体的にはどのような課題に直面しているのだろうか。

「世界の食料安全保障と栄養の現状」報告書（2018）によると，世界の飢餓人口の増加は続いており，８億2100万人，９人に１人が飢えに苦しんでいる。

ユニセフとWHOの共同報告書『衛生施設と飲料水の前進：2017年最新データと持続可能な開発目標（SDGs）基準』によると，世界人口の約10人に３人にあたる21億人が安全な水を自宅で入手できず，世界人口の10人に６人にあたる45億人が安全に管理されたトイレを使うことができない。安全に管理されたトイレを使用できていない45億人のうち，23億人は未だに基本的なトイレさえ使用できていない。そのうち，８億9200万人は屋外で排泄している。

貧富の格差

今日，先進国と途上国の間で，またそれぞれの国の中で，先進国と途上国の区別なく，前例のないほど格差が拡大している。富裕層と貧困層との格差のみならず，農村やスラムに暮らす人々と比較的裕福な都市住民との格差，地域間，性別などに見られる格差を解消するための取り組みはますます重要になっている。

南アジアでは，体重不足の子どもの割合が最富裕地区の25％に対し，最貧地区では60％に達している。

先進国では，ほとんどの出産に熟練医療従事者が立ち会っているのに対し，開発途上国では，出産時にこのようなケアを受けられる女性が全体の半分にも満たない国々がある[(5)]。

タンザニアでは，最富裕層の56％が出生登録されているのに対して，最貧困層で出生登録されているのは，わずか４％である。

これらの要因として，貧困および貧困による教育の欠如の問題が深く関わっている。

国際NGOオックスファムは，毎年１月に開催される世界経済フォーラムに先駆けて，世界の経済格差に関する報告書を発表している。2017年に発表された報告書「99％のための経済」によると，世界で最も豊かな８人が世界の貧しい半分の36億人に匹敵する資産を所有している。2018年の報告書「資産ではなく労働に報酬を」によると，2017年の１年間に世界で新たに生み出された富の82％を世界の最も豊かな１％が手にしている一方で，世界の貧しい半分の37億人が手にした富の割合は１％未満だった。

オックスファムは，格差の原因として，グローバル企業や最富裕層が，自らの利益に資するように政治に働きかけ，経済ルールを操り，民主主義を損なうようなやり方で富を蓄積していることを指摘している。

６カ国（ブラジル，インド，南アフリカ，スペイン，イギリス，アメリカ）で行った世論調査の結果，約60〜80％の人々が，国の法律が一部の富裕層に都合よくつくられていると感じているという。またインドでは，非常に逆進性が高い税制と，富裕層と政府の癒着の結果，過去10年間で億万長者の数が10倍に増えた一方で，貧困層向けの政府支出は低いままである。

アフリカでは，グローバル採掘企業が，納税や特許料の支払いをたくみに回避しているという。これは，政府に適正に納められていれば政府の貧困対策に使えたはずの資金が，グローバル企業の手元に入っているということを意味する。

貧困は格差を是正しない限り解決しない。極端な経済格差は，少数に富と権力を集中させ，彼らが支配するルールの下での経済成長は残る大多数の人々に裨益しないため，格差がさらに拡大する。

オックスファムは各国政府に対し，格差の拡大傾向を早急に是正するよう働きかけている。また，ダボスで開かれる世界経済フォーラムの年次総会の出席者など富裕層に対し，「自分の富を政治的に利用しない」「自国政府に対し，税収を保健医療，教育，市民の社会保障へ使うよう働きかける」ことを宣言するよう求めている。

貧困による子どもたちへの影響

国連で子どもの権利条約が採択されてから2014年で四半世紀が経った。この条約は世界196カ国が批准し，最も多くの国の政府がコミットしている条約である。しかし，世界中の子どもたちはこの条約に謳われている権利を享受できていない。ユニセフの『世界子供白書2014』によると，2012年には660万人あまりの子どもが５歳未満で命を失ったが，その多くは予防可能な原因によるものであり，それは生存と発達という基本的な権利が実現されなかったことを示している。亡くなった推定660万人の５歳未満児のうち，17％は肺炎，９％は下痢によるものであった。亡くなった子どもの多くは，最も貧しい国や地域，そして社会の中でも最も不利な立場にある子どもたちの間に集中していた。ところが，肺炎や下痢の治療費は決して高くなく，治療効果も高いのである。

ユネスコ統計研究所によると，世界では初等教育就学年齢にあたる子どものうち，小学校に通えていない子どもは約5900万人にも上る。中等教育就学年齢を含めると（6歳から14歳），学校に通えていない子どもは約1億1200万人，5歳から17歳までの年齢で学校に通えていない子どもは3億300万人に上る（日本ユニセフ協会ホームページ2018）。

また，世界では1億5200万人の子どもが児童労働に従事しており，経済的搾取から保護される権利，学習や遊びの権利が侵害されている。

そして，世界では7億人以上の女性が18歳未満で結婚しており，そのうちの3人に1人以上の約2億5000万人の女子が15歳未満で結婚し，健康，教育，保護を受ける権利が侵害されているが，早すぎる結婚を強いられている少女の多くが貧困家庭出身である。

女子の権利と貧困

子どもの権利条約には，子どもが教育を受ける権利，健康に生きる権利，暴力から守られる権利，性的搾取・性的虐待から守られる権利，経済的搾取から守られる権利，人身売買から守られる権利などが謳われている。

しかし，貧困のために10代で早すぎる結婚（児童婚）を強いられる少女たちは，これらのほとんどの権利を侵害されている。10代で結婚する少女たちは学校をやめなければならず，身体が十分発達するのを待たずに多くの場合，同意もなしに性行為を強要され，早すぎる妊娠をし，リスクの高い出産を迎える。産道が狭いため危険なお産によりフィスチュラ（産科瘻孔）などの後遺症に苦しむことになったり，赤ちゃんが死産となったり，お産で命を落とすこともある。毎年思春期の女子の7万人が，妊娠・出産の合併症によって亡くなっている。

CWCの児童婚に関する冊子の表紙

多くの場合，十分な教育を受けられず，収入を獲得する仕事につけないまま，かなり年の離れた夫と結婚するために家庭内で発言権を得られず，家事の一切を引き受けなければならない。それに加えて，外に働きに出されることもあるが，教育を十分に受けていないため収入は低い。このような弱い立場にあるため，夫から身体的・精神的暴力を受けることも多く，ひどい場合は無理やり売春をさせられるときもある。なかには人身売買の被害に遭い，結婚させられた結果，家事労働や介護をさせられる少女たちもいる。

では，なぜこうした少女たちが早くに結婚させられるのか。貧困家庭にとって娘は負荷としか考えられないことが多い。食べていくのもやっとというような貧困家庭では，娘に十分な教育を受けさせることができない。したがって，親は娘が生産的な仕事につくことが考えられないため，娘が性的体験を持つ前の「価値」がある間に一刻も早く結婚させねばならないと考えるのである。

こうして早くに結婚させられた少女は，知識のないまま子育てをするため，子どもが病気になった際に適切な処置をとることができず，子どもを死なせてしまう危険性は教育を受けた母親より２倍も高くなる。例えば，知識がない親は，子どもが下痢で脱水症状になったり腸チフスに感染した際に，十分な水分や食事を与えないことがある。さらに自分が女子として差別を受けてきたために，娘には息子に与えるのと同様のケアを与えない傾向にある。つまり卵など栄養のある食事は娘には与えず，病気になったときには薬を与えず保健所にも連れていかない。あるいは，母親はそうしたくても，家庭内で発言権が与えられず，娘に対して息子と同様のケアをすることに対して決定権を得られない。社会的な関係も断たれているために（社会的排除），女性対象の生計を向上させるプログラムに関する情報や娘に教育を提供できるようなサービスに関する情報にもアクセスできないのである。

子どもの物乞いについて紙芝居を見せるピアエデュケーターの子ども

女子の権利が侵害され意思決定過程に参加できないために，女性が差別され貧困に陥るというこの悪循環を断ち切るためには，女子に対する価値を高める教育と啓発活動が必要である。すなわち貧困家庭に生まれた少女たちが教育を受けられるように社会全体が女子の価値を認め，女子への差別をやめ，女子に児童労働をさせずに教育を受けられるようにすれば，生産性の高い仕事に就くことができ，女子・女性は自尊感情が高まり，家庭内で発言・決定できるようになる。そうなると自分の娘を学校に通わせるようになり，その娘もいい仕事に就け，社会全体の女子に対する価値観が高まるという好循環が生まれる。

3　日本の貧困

厚生労働省の「国民生活基礎調査」によれば，2015年の日本の貧困線（等価可処分所得の中央値の半分）は122万円（名目値）となっており，相対的貧困率は15.7%である[(6)]。「子どもがいる現役世帯」（世帯主が18歳以上65歳未満で子どもがいる世帯）の世帯員についてみると相対的貧困率は12.9%となっているが，そのうち「大人が2人以上」の世帯員では10.7%に対し，「大人が1人」の世帯員では50.8%となっている。

子どもの貧困[(7)]

厚生労働省が2015年に発表した子どもの貧困率は13.9%。実に6人に1人の割合であり，国際的にみて，日本の子どもの貧困率は高いレベルにある。

ユニセフの子どもの貧困率の計算方法は，厚生労働省のものと若干異なるが，その推計（2012年）によると，日本の18歳未満の子どもの貧困率は14.9%である（2000年代半ば）。この数字は，先進35カ国の中で上から9番目

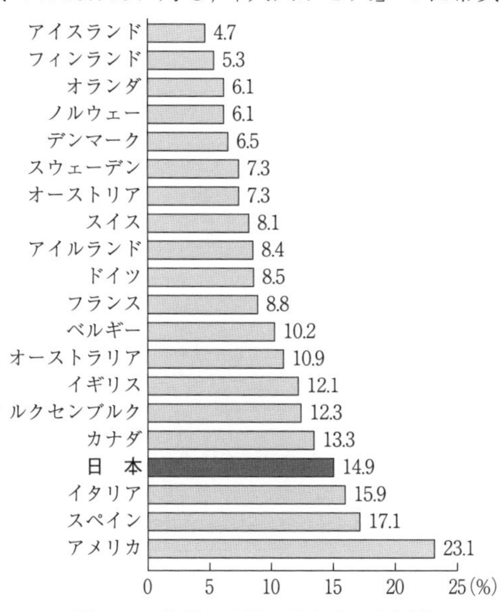

図5-1　先進20カ国の子どもの貧困率

（出所）UNICEF, *Measuring child poverty: new league tables of child poverty in the world's rich countries*, 2012，阿部彩『子どもの貧困Ⅱ』9頁。

の高さにある。これを１人あたり GDP が３万1000ドル以上の国に限ると，日本は20カ国中４番目に子どもの貧困が高い国となる（図５-１）。日本の子どもの貧困率は，５％に満たないアイスランドや５～10％に収まっているフィンランドやオランダ，ドイツなどに比べるとはるかに高いのである。

しかし，政府も社会もこのような状況を長い間，注目してこなかった。子どもの貧困の実態が日本で初めてマスメディアで取り上げられたり，対策について議論されたのが2008年であることから，この年は「子どもの貧困元年」と呼ばれている。この年，NHK の「クローズアップ現代」などで，貧困のために骨折しても病院に行けない子どもや，朝食を食べられず，学校の先生に牛乳を飲ませてもらっている子どもの姿が報道され，社会に衝撃を与えた。

子どもの貧困は以前から存在していたにもかかわらず，日本政府が初めて相対的貧困率を公表したのは2009年である。そして2011年には，1985年から2009年までの過去にさかのぼる貧困率の推移が発表された。

それによると子どもの貧困率は1985年の10.9％から2009年の15.7％へと上昇しているものの，貧困率の上昇はすでに20年以上も前から続いていることがわかる。貧困や格差についてまったく議論されておらず，日本社会は平等だと信じられていたころから子どもの貧困は存在しており，決して「新しい」社会問題ではなかったのである。

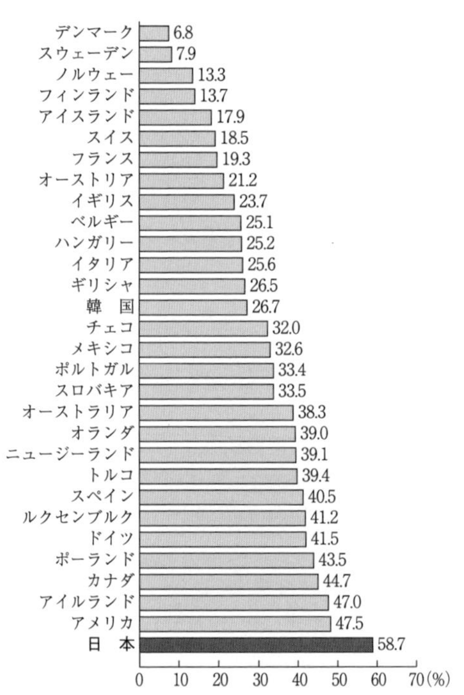

図５-２　ひとり親世帯の貧困率の国際比較
（出所）厚生労働省「子どもがいる現役世帯の世帯員の相対的貧困率の公表について」報道資料 2009年11月13日。阿部彩『子どもの貧困Ⅱ』10頁。

ひとり親世帯の子ども[8]

日本における子どもの貧困の中でも，ひとり親世帯に育つ子どもの貧困率は58.7%と突出しており，OECD諸国の中で最悪である（図5-2）。これは，ひとり親世帯の大半を占める母子世帯の貧困率が特に高いためである。

厚生労働省の調査（厚生労働省「ひとり親家庭の支援について」2014）によると，母子世帯は推計124万世帯，父子世帯数22万世帯である。これは子どものいる世帯全体の12%にあたるが，父子世帯の貧困率が約30%に対し，母子世帯の貧困率は50%以上となっている。

表5-1 海外のひとり親家庭の就業率

（%）

アメリカ	73.8
イギリス	56.2
フランス	70.1
イタリア	78.0
オランダ	56.9
OECD平均	70.6

（出所）OECD, Babies and Bosses, 2005年。「平成23年度全国母子世帯等調査結果報告」[(9)]。

シングルマザーの貧困

日本の母子世帯は，他の先進諸国に比べて就労率が高く，2011年は80.6%である（表5-1）。しかし，母子家庭の就労による収入は平均181万円であり，これは子どもがいる他の世帯に比べて400万円も低くなっている（父子世帯の平均収入は年間455万円）。

その要因として，働くシングルマザーの5割以上が低賃金の非正規雇用だということが挙げられる。母子世帯の8割以上が就業しているものの，子どもを抱えての正規就労は難しく，仕事を掛け持ちしている女性も少なくない。

図5-3は母子世帯，父子世帯のひとり親世帯で，親が働いていない世帯の子どもの貧困率と親が働いている世帯の貧困率を比較したものである。親が働いていない世帯の日本の子どもの貧困率は，OECD諸国の平均を少し下回っており，アメリカと比べるとかなり低い状況となっている。しかし，

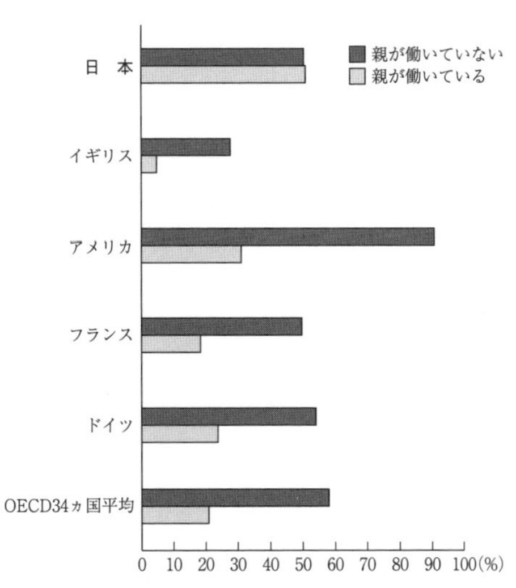

図5-3 子どもがいるひとり親家庭の貧困率

（出所）OECD Family Database（Last updated 01/05/2014）。

親が働いている場合の貧困率は，働いていなかったときと比べて他国では数値が大幅に低くなっているのに対し，日本だけがわずかだが，むしろ高くなっており，ひとり親世帯の親は働いても，貧困から抜け出せないという現状を示している。

再分配後に子どもの貧困率が上昇？

先進諸国は，政府が税金や社会保険料などさまざまな形でお金を集め，それを，年金や生活保護などの現金給付をはじめ，さまざまな形で国民に再分配する。その再分配の役割の１つが，裕福な層から貧困層へ所得移転をし，貧困を削減することである。先進諸国における子どもの貧困率を，再分配前（税・社会保険料の支払いや，年金・生活保護などあらゆる現金給付を受け取る前）と再分配後で比べると，再分配前の貧困率よりも再分配後の貧困率の方が低い。しかし日本では，2001年から2007年までのデータ（厚生労働省）を使った貧困率は，再分配後の方が再分配前より高いという逆転が起こっていた。つまり，政府の再分配によって，子どもの貧困率が上昇していたこととなる。このような逆転現象があったのは，OECD 諸国の中で日本だけであった。

2010年のデータでは，再分配前，つまり政府の介入前の子ども（18歳未満）の貧困率は16.6%，政府の介入後は15.7%となり，ようやく逆転現象が解消された。わずか0.9%ではあるが，再分配後の方が再分配前より低くなっている。

しかし算出方法がやや違うユニセフの推計によると，日本は依然として分配前より分配後の子どもの貧困率が高くなっている。これは，35カ国中，ギリシャに次いでワースト２位である（図５-４）。

こうした状況の中，阿部彩（2014）は，日本政府は子どもの貧困率の逆転現象を解消することを最優先の課題とすべきと主張する。すなわち，他の先進諸国に比べて大幅に劣っている日本の再分配の状況をせめて先進諸国並にすべきだというのである。そのためには，児童手当や児童扶養手当といった現金給付を拡充させることが不可欠だ。以下は，現金給付を受け取っているシングルマザーの声である。

「児童扶養手当，本当に助かっています。

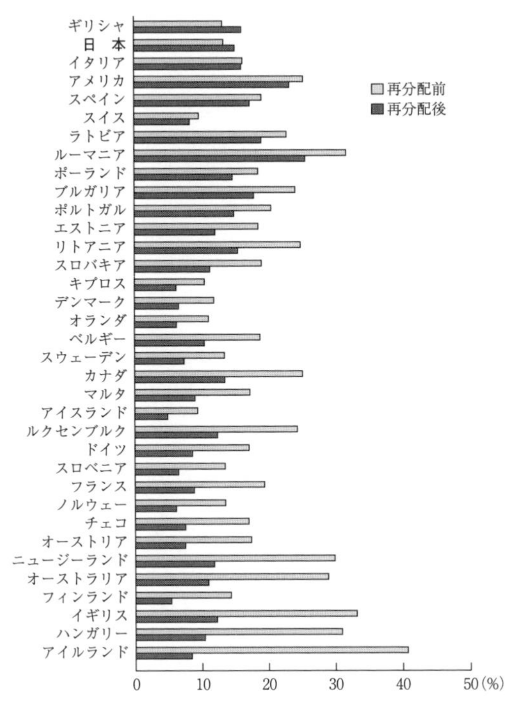

図5-4　ユニセフの推計による再分配後の子どもの貧困率の国際比較
（出所）阿部彩『子どもの貧困Ⅱ』156頁。

ですが，非正規雇用で給料は決して高くなく，余裕は全くありません。正社員を目指して求人を見てますが，本当に支援して欲しいのは，子育てしながらの勤務への理解です。子育てしながら，フル残業，県外出張などの勤務はとても無理。学校行事で外出や遅刻することもあるし，そこを加味してもらっての正社員ならいいのに。いい求人があっても，母子家庭というだけで落ちる気がします。」（NHK ハートネット「子どもクライシス」）

生活が苦しくなるのはわかりきったことなのに，なぜ離婚したのか，結婚しなかったのかとシングルマザーに対する批判的な論調はよく聞かれる。しかし，夫からの暴力によりやむをえず母子家庭になったケースも多い。大阪子どもの貧困アクショングループの2014年の調査によると，シングルマザーの７割が夫から DV を受けており，DV による結婚の破綻で経済的に困窮してしまうという背景が明らかとなっている。

以下は別のシングルマザーの声である。

「うちもDVで離婚して，小学生の男の子を育てています。非正規雇用です。震災直後，非正規雇用のため解雇されました。元夫から，家を新築したため，養育費が払えないと言われました。」（NHKハートネット「子どもクライシス」）

子どもの社会的排除を社会的包摂に

このようなひとり親世帯に対して私たちは何ができるだろうか。子どもにとって経済的貧困は，社会的排除に簡単に結びつく。友達がお小遣いで買い物に出かけようとするとき自分だけ買い物ができない，あるいは食事に行けないということから友達の輪に入れず，学校に行くのもつらくなる子どもは少なくないだろう。赤石千衣子（2014）は，貧困家庭の子どもが直面する問題と不登校の子どもが直面する問題の解決方法には共通点がみられると論じているが，それだけ近年，貧困のために不登校となっている子どもたちが増えてきているのではないだろうか。

東京都豊島区には，「豊島子どもWAKUWAKUネットワーク」というNPO法人がある[(10)]。このNPOは，子どもの貧困問題に注目し，地域の子どもを地域で見守り，その学びや暮らしを支え育てるために2011年に設立された。子どもが信頼できる大人や若者につながったとき，その子どもの人生が大きく変わる可能性があると信じ，さまざまな形の居場所づくりを行っている。その1つが「あさやけ食堂」である。ふだん1人でコンビニ弁当やおにぎりを食べている子どもが1人でも入ることができ，幼児から高校生までにぎやかに食事できるようになっている。そうして受け入れてもらえた子どもは自己受容ができるようになり，地域で人とつながることにより，より広い人間関係を築いていけるだろう。このような取組みによってこのNPOは，子どもを排除せず，包摂する社会づくりを行っているといえる。

4　権利ベース・アプローチ

権利ベース・アプローチと開発

1990年代の終わりごろから，国連や開発NGOの間で，開発や貧困問題への取り組みとして，権利ベース・アプローチ[11]の重要性が認識されるようになった。[12]

国連開発計画（UNDP）は，2000年発行の『人間開発報告書』において，人間開発と人権は，相互に強化し合い，すべての人々の福祉と尊厳の確保に，自尊心と他者に対する尊敬の念の醸成に貢献し，人権は貧困に立ち向かう人々に力を与えると論じている。

その後，ユニセフは，国連における開発援助枠組みの形成において，人権を広く重視する動き（主流化）を進め，権利ベース・アプローチの指針となる文献や実践的ハンドブックを数多く出版している。[13]そして2011年には，カンボジアのシェムリアップで世界中から貧困解決や開発問題に関わるNGOその他の団体が集まり，開発効果を話し合う世界大会[14]が開かれたが，そこで承認された国際枠組みの第1の原則として，権利ベース・アプローチが盛り込まれている。[15]

権利ベース・アプローチは，実践者や研究者によって定義が異なるが，国連は以下のように定義している。「人権に基づく開発に対するアプローチとは，規範的に国際人権基準に基づき，実践面で人権の促進と保護につながる人間開発の過程のための概念的枠組みである[16]」。

権利ベース・アプローチの特徴は，第1に，当事者自身を権利保有者とみなし，彼ら彼女らが直面している問題を権利侵害と認識すること，第2に，従来，介入するアクターが政府，国連機関，NGOなどに，対象者も当事者に限られていたのに対し，権利ベース・アプローチでは，周囲にいるすべての人々（ステークホルダー［stakeholder，利害関係者］と呼ぶ）の中から，権利を回復・実現する責務のある人々を責務履行者として特定し，それらの人々が責務を果たせるように能力強化を行う点である。つまり，介入の主体が外部者ではなく，地元の住民などより草の根レベルの人々であり，彼らは同時に能力強化の対象者ともなる。第3に，権利ベース・アプローチは，能力強化をすると同時にシステムを構築することを重視する。第4に，権利ベース・アプローチでは，当事者の主張する力・説明責任を問う力を強化し，参加を重んじるため，当事者が問題解決に引き続き取り組むようになり持続性が高まる。

子どもの貧困における具体的な取り組み

では，子どもの貧困に対して権利ベース・アプローチを採用するとどのように取り組むことになるのだろうか。基本的に，第１に状況を子どもの権利侵害とみなすこと，第２に子どもの権利を実現するために子どもが権利を主張できるようにすること，第３に子どもの権利を実現する責務を負っている人々の能力を強化することである。

第三世界と日本の両方において具体的にみてみよう。

カンボジアのある村のある貧困家庭の少女が出稼ぎに出されようとしている。その家庭の親は教育を受けておらず，ベトナムからきた商人に米の収穫を増やすためには農薬と化学肥料が必要と説得され，借金をして大量の農薬と化学肥料を買った。しかしその借金を返すことができるほど収穫は増えなかったために，借金返済のため娘を出稼ぎに出すことにしたのである。少女は小学校６年生。少女も地域住民も貧しい家庭では，娘が働くのは当然と考えている。娘を出稼ぎに出すにあたり親は，村長から紹介された人をブローカーと知らずに娘を引き渡す。その結果，少女は性産業に売られてしまう。

そうした状況に対して，従来のニーズベース・アプローチであれば，あるNGOが少女に奨学金を与えるという事業を行うだけだったかもしれない。それに対して，権利ベース・アプローチをとるNGOが行うべきことは以下のようなことである。まず，地域に子どもの権利を普及し，少女自身，親，地域住民が，少女が学校をやめて働きに出されるのは，教育を受ける権利の侵害，経済的搾取・人身取引から保護される権利の侵害にあたることを認識できるようにする（権利のレンズを通した状況分析および社会規範づくり）。そして，少女にも教育を受ける権利等があり，それらは主張してもいいことを少女が理解できるようにする（権利保有者のエンパワメント）。さらに，親が娘から権利を主張されたときに応えられるように借金をしなくてもすむ無農薬と自然肥料を使う農法や人身売買の手口，法律を学ぶ機会を提供する（責務履行者の能力強化）ということである。このようなアプローチによって取り組みが進んだ地域では，少女のさまざまな権利が守られ，少女が社会で力を発揮できるチャンスも得られるようになるだろう。

では，日本において子どもの貧困問題に権利ベース・アプローチで取り組むとはどういうことだろうか。例えば，地域住民がコンビニで毎日夕食におにぎりやパンを買っている子どもを見かけたとする。その子に話しかけたくても，自分個人のできることの限界を考えて躊躇する人は多いだろう。しかし，権利ベース・アプローチがとられている地域であれば，住民がその地域の子どもの権利を守る責任を自覚しており，どこに連絡をとればいいかを認識している。そして，関連 NPO や行政の担当部署に連絡をとってアドバイスを求める力がある。また，ほかにも関心を寄せ，何らかのアクションを起こしている地域住民をたやすく見つけることができ，適切なアクションを共にとっていくことができるだろう。先述した東京都豊島区地域がまさにそういうアプローチをとっているといえる。

このように世界でも日本でも，地域住民全体が貧困家庭の子どもを守るという意識を持ち，行動をとることが子どもの社会的排除を防ぎ，共に生きる社会をつくっていくことになる。そして権利ベース・アプローチにおいては，政府に対して，貧困家庭の子どもの権利を実現する法律と政策を求めるアドボカシー活動も重要である。

◆◆◆◆◆◆ 課題 ◆◆◆◆◆◆

1．世界の貧困もしくは国内の貧困の事例を調べ，「社会的排除」という考え方で説明してみよう。
2．子どもの貧困問題の解決において，大切な視点について調べよう。

註

(1)　国際貧困ラインは，2011年の物価をもとにして算出した，食糧や生活必需品を購入できる１日あたりの最低所得ライン。
(2)　ロバート・チェンバース著，甲斐田万智子・穂積智夫監訳『第三世界の農村開発——わたしたちにできること』明石書店，1995年。
(3)　岩田正美『社会的排除——参加の欠如・不確かな帰属』有斐閣，2008年。
(4)　SDGs 市民社会ネットワーク「基本解説　そうだったのか。SDGs」より。
(5)　なんとかしなきゃ「浮き彫りになった格差の問題」http://nantokashinakya.jp/references/episode/MDGs_followup/episode_03.html

(6) 厚生労働省貧困率の年次推移　http://www.mhlw.go.jp/toukei/saikin/hw/k-tyosa/k-tyosa13/dl/03.pdf
(7) この項の記述は，阿部彩『子どもの貧困Ⅱ――解決策を考える』岩波新書，2014年を主に参考にした。
(8) この項の記述は，赤石千衣子『ひとり親家庭』岩波新書，2014年を主に参考にした。
(9) http://www.mhlw.go.jp/seisakunitsuite/bunya/kodomo/kodomo_kosodate/boshi-katei/boshi-setai_h23/dl/h23_17.pdf
(10) NPO法人豊島子どもWAKUWAKUネットワーク http://toshimawakuwaku.com/
(11) 権利ベース・アプローチは，団体によって呼び方が異なり，国連は「人権に基づく（Human Right-Based）アプローチ」，イギリスの国際開発省や多くのNGOでは「ライツベースアプローチ」「権利に基づくアプローチ」，研究者によっては「人権基盤型アプローチ」「権利基盤型アプローチ」と呼ばれている。
(12) その背景には，ニーズ・ベース・アプローチをとってきた国際開発機関が貧困を廃絶するという約束を果たせてこなかったことを反省し，貧困と搾取の根本原因である「力の濫用」を問題にし，平等を促進することをめざす権利ベース・アプローチが不可欠と考えられるようになったことが挙げられる。
(13) ユニセフは，1998年には，A Human Rights Approach to UNICEF Programming for Children and Women: What It Is, and Some Changes It Will Bringを発表し，2001年に権利ベース・アプローチの手引書を発行した。
(14) 第2回CSO開発効果世界大会。CSO（Civil Society Organisation，市民社会組織）とは，市民の観点から自発的・公共的な活動を担いながら，社会変革をめざしている団体を総称したもの。共的利益や課題について行動するNPOに限らず，労働組合，宗教団体，弁護士グループ，研究グループ，自治会などの地縁型組織や社会の問題解決に向けたSB（ソーシャルビジネス）やCB（コミュニティビジネス）を行う社会的企業も含まれる。
(15) 国際協力NGOセンター「シェムリアップコンセンサスCSO開発効果に関する国際枠組み」2011年　http://www.janic.org/mt/img/activity/SiemReap_consensus.pdf を参照。
(16) The Office of the United Nations High Commissioner for Human Rights（OHCHR），Frequently Asked Questions on a Human Rights-Based Approach to Development Cooperation, OHCHR（http://www.ohchr.org/Documents/Publications/FAQen.pdf）.

参考文献

赤石千衣子『ひとり親家庭』岩波新書，2014年。
阿部彩『子どもの貧困Ⅱ――解決策を考える』岩波新書，2014年。
公益財団法人プラン・ジャパン，久保田恭代・寺田聡子・奈良崎文乃『わたしは13歳，学校に行けずに花嫁になる。』合同出版，2014年。

（甲斐田万智子）

第6章
差別と向き合う

私が両手をひろげても，
お空はちっとも飛べないが，
飛べる小鳥は私のように，
地面（じべた）を速くは走れない。
私がからだをゆすっても，
きれいな音は出ないけど，
あの鳴る鈴は私のように
たくさんな唄は知らないよ。
鈴と，小鳥と，それから私，
みんなちがって，みんないい。　　　　　　　　――金子みすず

私たちは，人と違う格好をしたり，人と違う行動をとったりすると他人からどう思われるか不安になる。また，自分と違う人と関わることについて，恐れを抱くこともあるだろう。しかし，違っているように見える人の誰もが温かく受け入れられる社会は，すべての人にとって暮らしやすい社会といえるのではないだろうか。

差別は，相手をよく知らないことから生まれることが多い。知ること，理解することで差別や偏見，恐れがなくなり，共に生きようとすることで一人ひとりの住む世界が広がり豊かになっていく。

この章では，差別を受けやすい人々について学び，私たち一人ひとりが社会的排除の問題にどう向き合っていけばいいかを考える。

1　多文化共生

外国にルーツをもつ人々——在留外国人

現在，どれだけの数の在留外国人が日本で暮らしているのだろうか。在留外国人とは，日本に定住している外国人のことであるが，定住という場合，おおむね5年以上の居住者を指す。このほか「外国籍住民」「在住外国人」や短期滞在者を含めた「滞日外国人」と表記されることもある。

日本における外国人には，「出入国管理及び難民認定法」によって在留資格が定められ，「外国人登録法」によって外国人登録が行われる。1980年代前半まで，日本における外国人登録者の大半は歴史的背景をもつ朝鮮半島出身の在日韓国・朝鮮人であった。その人口構成は日本人同様に高齢化・少子化が急激に進んでいる。一方，1980年代後半以降，東南アジア，南米出身の人々の数が急増した。日系ブラジル人に代表されるその人口構成は，20代から30代の生産年齢人口に集中し，定住化・永住化傾向が顕著である。

また，日本人の国際結婚が急増，外国人の親をもつ子どもが急増している。

2019年末の在留外国人数は，293万3137人で，前年末に比べ20万2044人(7.4%）増加し，過去最高となった[(1)]。

一方，厚生労働省によると[(2)]，2019年10月末時点の外国人労働者は，2018年と比べ，13.6％増の約166万88人となった。7年連続で増え，2007年以降で最多を更新した。国籍別ではベトナム（40万人）が大きく増え，トップの中国（約42万人）とほぼ同規模となった。ベトナムからの労働者は，技能実習生やアルバイトやパートとしても働く留学生が増え，26.7％増と最も伸び幅が大きかった。フィリピンやネパールなどアジア地域の増加が目立っている。在留資格別では技能実習が24.5％増の38万3978人となったほか，高度人材など「専門的・技術的分野」も18.9％増の32万9034人となった。

こうした背景から，外国人労働者の受け入れを拡大する改正入国管理法が2018年12月成立し，2019年4月から施行された。これにより，新しい在留資格「特定技能」の対象となる「14業種」で受け入れが可能となり，介護，宿泊，外食の「3業種」において外国人労働者の単純労働が許可されることとなった。

人身取引と批判される外国人技能実習制度

日本政府は，2014年に外国人労働者の活用を成長戦略にかかげ，積極的に外国人労働者を受け入れてきた。その背景には労働力不足があるが，それを解消するために利用されている外国人技能実習制度は，外国人を低賃金で強制労働させる人身取引であると国際的に厳しく批判されている。2019年度の外国人技能実習生は40万人以上に上り，その国籍は，ベトナムが約22万人で，以下，中国，インドネシア，フィリピンと続く[(3)]。

米国務省は，毎年6月に世界の人身取引（人身売買）に関する年次報告書を発表している。これは，米国が2001年以来まとめている報告書で，188カ国が対象となっている。日本は，2005年から2017年まで政府の取り組みが十分ではないとされる第2階層にランク付けされていたが，2018年に初めて4段階のうち最も良い第1階層に引き上げられた。しかし，2020年，政府の取り組みに真剣さや継続性に欠けるとされ，再び第2階層に引き下げられた[(4)]。これは，先進国では最低レベルである。

その理由として，人身取引の摘発や加害者を訴追した件数が前年より減ったことが挙げられる。また，技能実習制度に関して，強制労働の問題が継続して取り上げられているにもかかわらず，政府が人身取引として一件も認定していないと指摘されている。

このほか，JK ビジネスをはじめとする児童買春の問題があることも理由となっているが，加害者に対する刑罰が軽く，執行猶予や罰金刑のケースが多いと指摘されている。性的搾取および労働搾取を伴う人身取引事案を積極的に捜査・起訴し，加害者により重い刑罰を科すことが求められている。

報告書によってたびたび指摘されてきたのは，技能実習生に対する非人道的な扱いである。技能実習生たちは，当初の目的であった技能の習得もなく，劣悪な住居に大勢で住まわされ，移動の自由もコントロールされている。

ある縫製会社では，工場で働く中国人研修生に，次のように記された誓約書にサインをさせていたという[(5)]。

・無条件に会社の規則に従う。

・いかなる無理な要求もしない。

・いかなる動機によっても，ストライキや，もめごとを起こさない。
・携帯電話，パソコンの所持を禁じる。
・誰とも同居，結婚，妊娠を引き起こす行為をしない。(安田 2010：5)

このようにさまざまな自由が奪われ，他の日本人労働者よりもはるかに安い賃金（時給300円）で，日本人の同僚が帰宅したあとに何時間も働かされる。しかし，パスポートも預金通帳も取り上げられ，契約途中で仕事を辞めるときは研修を申し込んだ際に支払った金額（70万円）と同額を払わなければならないといわれる研修生たちが，途中で辞めるのは困難である。このため，なかには雇用主から性的暴力を受けながら耐えて働き続ける外国人研修生もいる。

2007年，熊本の縫製工場で働いていた中国人女性実習生４名は，未払い賃金と慰謝料の支払いを求めて実習先企業を訴えた。2011年，この裁判で勝訴した彼女たちは，「私たちは奴隷ではない」という垂れ幕を掲げた。そして涙を浮かべながら，「研修生も人間だということが認められた」と喜んだ（安田 2010)。しかし，多くの外国人研修生は，労働組合に入ったり，会社に抗議しようとすると強制帰国させられ，彼女たちのように裁判に訴えられる外国人研修生はごく一部である。

国際研修協力機構（JITCO）の「2012年度　外国人技能実習生の死亡者数と死因」によると，1992年度から2012年度の間で304人の実習生が死亡し，そのうち29人が自殺，87人が過労死の疑いが濃厚と考えられる脳・心臓疾患で亡くなっている。以下は，「2012年度　外国人技能実習生の死亡事故発生状況」に書かれたものの一部である。

• 2012年７月。女20代ベトナム人実習生。本人からの申し出により仕事を休ませていたところ，宿舎のベッドに倒れていたため，病院に搬送したが３日後死亡。約33ヶ月。
• 2012年８月。女30代中国人実習生。早朝，うめき声のような音を聞いた同室の実習生が本人のベッドを確認したところ，布団に血液が付着していたため，消防等に連絡したが，既に心肺停止の状態で死亡が確認。約４ヶ月。
• 2012年９月。女20代中国人実習生。体調不良で実習を休んだ翌日，敗血症であることが判明し緊急入院したが，その翌日朝死亡。約20ヶ月。

わずかな「研修」期間にこれだけの研修生が亡くなっている現実を私たちは重く受け止める必要があるだろう。

外国人がさまざまな困難に直面するなか，APFS（Asian People Friendship Society, アジアン・ピープル・フレンドシップ・ソサイエティ）というNPOは，在日外国人への支援を続けている。APFSの主な活動は，(1) 外国人住民に対する相談活動（解決型相談），(2) 外国人住民の基本的人権擁護のための提言活動，調査・研究活動，(3) 多文化共生のための諸活動である。その代表理事によると，これまで法務省に対して，オーバーステイの人に在留資格の認定を求めてきたが，さらなる世論形成が必要と考えているという。その理由は，近年，排外主義を強めている日本社会において，外国人に対し寛容な温かい目を向けられる空気こそが重要だからである（APFSのホームページ）。

2014年７月，京都の朝鮮学校を運営する学校法人が，ヘイトスピーチによって授業を妨害されたとして賠償などを求めた裁判で，２審の大阪高等裁判所は，１審に続いて，被告の「在日特権を許さない市民の会」（在特会）に，学校周辺での街宣活動の禁止と賠償を命じた。12月，最高裁は上告を棄却し，在特会側への賠償命令が確定した。

拷問禁止，表現の自由などに関する国連人権規約委員会は，同年７月に日本政府に対し，ヘイトスピーチ（憎悪表現）など，人種や国籍差別を助長する街宣活動を禁じ，犯罪者を処罰するよう勧告している。規約委は「最終見解」と呼ばれる勧告の中で，ヘイトスピーチや“Japanese Only”の表示など，外国人への差別をあおる行為が広がっているとして問題視し，差別される側が「刑法，民法で十分に保護されていない」と懸念を示した。その上で，「差別や暴力を誘う人種的優位や憎悪を助長するプロパガンダをすべて禁止すべきだ」と提言し，日本政府に対し，犯罪者を処罰するルールを整備するよう促した。

これらの勧告を受けて，2016年，「ヘイトスピーチ解消法」が施行された。これは，国外出身者に対する不当な差別的言動の解消に向けた取組を推進するための法律であるが，罰則規定はない。それに対して，川崎市では，ヘイトスピーチ（憎悪表現　民族差別的な言動や行為）に対して罰金刑を科す全国初の条例として，「川崎市差別のない人権尊重のまちづくり条例」が2019年に制定され，2020年７月から施行されている。

外国にルーツをもつ子どもたちの直面する問題[(6)]

社会で外国にルーツをもつ子どもたちも，さまざまな困難や差別に遭っている。

日本語指導が必要な外国にルーツをもつ児童・生徒は，1999年度には１万8585人だったのが，2018年度には，５万759人と約20年間で約2.7倍に増えている[(7)]（外国籍の児童生徒数は４万485人，日本国籍の児童生徒数は１万274人）。

このような子どもたちが直面する問題は，第１に義務教育における不十分な受け入れ体制である。海外から移り住み，公立小中学校に入ることができても日本語がわからないことから授業についていけない。その結果，習慣の違いもあり，学校になじめず孤立し，不登校になったり，中退したりする子どもがいる。第２に，15歳以上で日本に移り住んだ子どもが学ぶ場がないことである。こうした子どもたちの多くが，日本語の読み書きができず，中学校で受け入れてもらえず，高校にも進学できない状態にある。学歴が中学卒業のままであるならば，就職においても不利であり，将来にわたって経済的に困窮する可能性が高い。

東京都の場合，公立中学校に在籍する外国籍生徒は2834人だが，都立高校は1207人で，都立高校進学率は50％以下となっている。意欲があり多大な努力を払って勉強しても，外国にルーツをもつ子どもたちは言葉の問題によって進学できないことが多いのである。

NPO 法人の多文化共生センター東京は，「どんな子どもにも教育を受ける権利があり，さまざまな文化や価値観をもつ子どもたちが日本の友人と共に学び，成長し，同じ社会の一員としてよりよい社会を創造してほしい」という願いのもと，高校受験を控える外国籍の子どもたちに日本語や英語を教えるクラスを開講している。この団体は，自分の意思とは関係なく，多感な10代で母国を離れ，日本に暮らすという困難を乗り越えた子どもたちは，たくましさや他者への思いやりをもつ大人となっていくと考えている。そして，複数の視点から物事をとらえることのできるこうした子どもたちは，これからの日本社会により必要になると主張している。

私たちは，外国籍の子どもたちに対して「サポートをする必要がある存在」とみなしがちだが，むしろ日本社会に貢献する子どもたちとみなし，「互いに学びあう」という視点をもつことで，子どもも大人も共に成長できるのではないだろうか。

2　ホームレスの人々と共に生きる社会

ホームレスの実態

2016年10月に実施された「ホームレスの実態に関する全国調査」によると[8]，全国の政令指定都市，東京都23区などのホームレス者数の総数は6235人であった。最も多かったのは大阪市（1,497人）で，次いで多かったのは，東京23区（1,319人），横浜市（536人）だった。路上生活者で，生活する場所が決まっているのは，77.5％であり，生活の場所として，最も多いのは，公園（33.0％），次いで，河川（26.3％），道路（15.3％）だった。

この調査によると，今どのような生活を望んでいるかについては，「今のままでいい（路上（野宿）生活）」が505人（35.3％）と最も多く，次いで「アパートに住み，就職して自活したい」が310人（21.7％），「アパートで福祉の支援を受けながら，軽い仕事をみつけたい」が183人（12.8％）となっている。

これ以外にも，定住する住居を持たず，インターネットカフェや漫画喫茶，サウナなどに宿泊する人がいる。東京都が2018年１月に発表した，「住居喪失不安定就労者の実態調査[9]」によると，東京都だけで，そのような人が１日約4000人いると推計されることがわかった（不安定就労者とは，労働形態が派遣労働者，契約社員，パート・アルバイトに該当する人のことである）。これらの施設をオールナイトで利用する人の４人に１人（25.8％）が「現在「住居」がなく，寝泊りするために利用」，すなわち，住居喪失者だったのである。

ホームレス者にとって路上で暮らす上で最も苦しいことは何だろうか。もし，寝るときに誰かに襲われるかもしれないという不安を毎晩抱えながら眠りにつくとしたらどうだろうか。残念ながら，日本各地で，子ども・若者たちによるホームレス者への襲撃事件が起きている。投石，エアガン・花火を打ちこむ，消火器を噴霧して投げこむ，ガソリンをかけて火を放つ，殴る・蹴るなどの暴行が頻発している。

2012年には，JR 大阪駅高架下で野宿していた富松国春さん（67）が，少年グループに頭や腹を殴られるなどの暴行を受け，搬送先の病院で翌日，外傷性くも膜下出血で死亡したが，被害者が「死」に至る事件が後を絶たない。

襲われたホームレス者は「怖くて眠れなくなった」「悲しくてたまらない。安心して寝られる場所がほしい」と訴えている[10]。

別の事件で襲撃した少年たちは，「ホームレスは臭くて汚くて社会の役に立たない存在」「ゴミを掃除しただけ，大人は叱らないと思った」と発言している。そこには，大人社会の野宿者・貧困者への差別意識が，あからさまに反映されている[11]。

このような差別をなくし，子どもたちが襲撃の加害者になるのを防ぎ，ホームレスの人たちが襲われるいたましい事件をなくすためには何が必要なのだろうか。そのためにはまず，どのような人がホームレス者になるかを理解する必要があるだろう。

どのような人がホームレスに？

東京都の一地区におけるホームレス者を対象に2008～09年に実施された精神疾患有病率調査によると，対象者のうち約４～６割が精神疾患をもっており，知的障がい者は３割に上った[12]。

今や誰もがホームレス化する可能性があると言えるが，路上生活状態になりやすいグループとなりにくいグループがある。障がいをもつ人のうち，診断を受けておらず何らかのサポートを受けていない人は，なりやすいグループに入りやすいという。ホームレス者支援の実践において，虐待やいじめを受けてきたと話す人の割合は高い。そのような人たちは，未診断の発達障がいや知的障がい，精神障がいが理由で「教育」と称される虐待を受けていたという例が多数認められている。２つ目のグループとして，肉体労働から知的労働の労働環境変化によって就労できなかった人たちがいる。機械化によって，免許を持たず，パソコンを使えない知的障がい者が就労現場を得ることが困難であったことが容易に想像される。また精神的知的障がいを持った人は，言語コミュニケーションを必要とされる職場でも採用されにくい。

そして，路上生活状態となった場合，路上生活から脱しやすい人と脱しにくい人がいるが，障がいをもつ人は路上生活から脱するためにより多くの困難があり，十分な支援がされていないことを私たちはもっと理解すべきであろう。

また，ホームレス問題と性的マイノリティ，ジェンダー問題との関連は，欧米諸国では調査・研究が進められているが[13]，路上に追いやられる人の中に，後述のLGBT等の性的マイノリティの人も決して少なくない。それは性的マイノリティの人々が差別により教育や就職の機会を得にくいことから，社会的に排除された結果といえないだろうか。

ホームレス者の多くが建設労働者としてこの国の発展を支えてきた人々にもかかわらず，「役立たずで不必要な存在」として差別されるのは，ホームレスになったのは「自己責任」だという考え方が根強いからだろう。これに対して，路上生活に追いやられる要因を社会的排除の結果だととらえることで，この「自己責任」とみなす考えや差別意識を変えていくことができるかもしれない。

私たちの社会では，このような理解が進んでいないために，ホームレス者に対し，先述したような偏見と差別意識をもっている子どもたちが少なくない。

授業で学ぶ子どもたち

子どもや若者たちによる「ホームレス」襲撃を防ぐために，2008年に「ホームレス問題の授業づくり全国ネット」（通称「HC ネット」）が設立された。この団体は，支援者・メディア関係者・教員などによってつくられ，学校で授業・教育活動を実施したり，教育委員会にはたらきかけたりしている。この団体のはたらきかけによって，ホームレス問題を授業で取り上げる学校も徐々に増えている。

川崎市は1995年に野宿者襲撃問題をテーマにした教職員向け指導冊子を作成し，市内すべての学校に配布している。この冊子を活かしてホームレスの授業を行っている学校の１つに川崎市立渡田中学校がある。以下は，そうした授業を受けた子どもたちの声である。

「今までホームレスは仕事もしないでただ汚いかっこうをして寝ているだけだ

と思っていたけど，授業をやってそれぞれに理由があるんだとわかった。」
「ホームレスの人達のなかには，とてもやさしい気持ちを持っている人がたくさんいると思った。」
「川崎には働く場所がいっぱいあるけど，ホームレスの人をやとってはくれないのです。どうしてホームレスの人を働かしてあげないのか。」

2013年，江戸川区で中学生がホームレスの人が寝ているテントに花火を打ち込む襲撃事件があったが，江戸川区ではホームレスの人を襲った中学生が逮捕される事件が繰り返されている。HC ネットが江戸川区教育委員会に根気強くはたらきかけたこともあり，2013年から江戸川区のすべての中学でホームレス問題の授業が実施されるようになった。

当事者団体と HC ネットの要望に応えるかたちで，「ホームレス問題」の授業を教育委員会の主導で始めた墨田区では，ホームレスの人に対する2014年の襲撃件数が２年前と比べ10分の１まで減少している。

HC ネットの代表を務める北村年子さんは，襲撃する子どもたちもいわば「ホーム」がない子どもたちととらえている。それはある少年の次の言葉を聞いたからである。

「ぼくもホームレスのおじさんもおんなじだなって思った」
「おじさんたちには屋根のあるうちがない。ぼくには屋根のある大きな家があるけど，安心して眠れる家はない。」（北村 2009）

HC ネットでは，「襲撃・いじめ」という子どもたちとホームレスの人々の「最悪の出会い」を，希望ある「人と人としての出会い」へと変えていこうと取り組んでいる。

「ホームレス問題」については，子どもたちが単に学校で学ぶだけでなく，直接ホームレスの人々との出会う機会をもつことが大切である。

大阪のこどもの里と山王センターは，大阪あいりん地区で子どもたちによる夜回り活動を実施している。大人が話しかけてもなかなか応じようとしないホームレスの人たちも，子どもたちがおにぎりをもって声をかけると心を開いて話をし始める。その様子が，HCネットが製作したDVD教材の“「ホームレス」と出会う子どもたち”に収められている。社会的に排除された人々が社会に包摂されるきっかけの一歩となっていると言えるだろう。

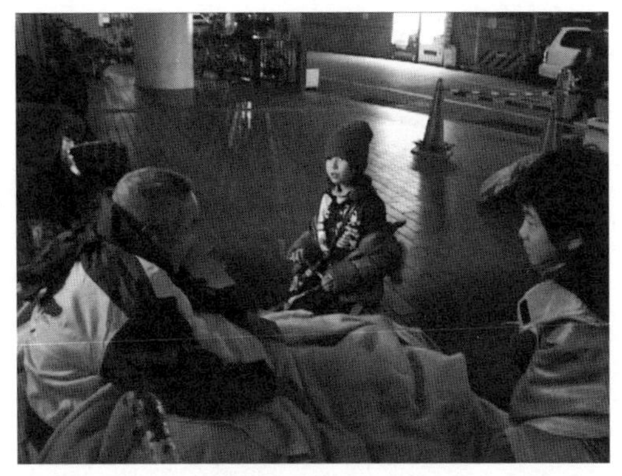
DVD“「ホームレス」と出会う子どもたち”（一般社団法人ホームレス問題の授業づくり全国ネット提供）

ホームレスの人々の自立を応援する団体の1つに㈲ビッグイシュー日本がある。『ビッグイシュー』とは，ホームレス状態（定まった住居を持たない状態）の人々に仕事を提供するためにイギリスで1991年につくられた雑誌であるが，日本では2003年9月に創刊された。その後，2007年9月にビッグイシュー基金を立ち上げ，2012年には認定NPO法人となっている。基金は⑴ ホームレスの人々への自立応援，⑵ 問題解決のネットワークづくりと政策提言，⑶ ボランティア活動と市民参加，の3本柱の事業を展開している。

すなわち，ホームレスの人々には「居場所と出番」を提供し，人々がつながって生きられる「包摂社会」を目指している。

㈲ビックイシュー日本は，ホームレスの人々の救済（チャリティ）ではなく，仕事を提供し自立を応援するいわゆるソーシャルビジネスを展開している。ホームレスの人が1冊350円の雑誌を売ると半分以上の180円が彼らの収入となるのである。

『ビッグイシュー』を販売する（© 横関一浩）

同社は，「社会問題の当事者になった人がその問題解決の担い手になって初めて，その社会問題は解決される」と考えている。このように，販売者として働くホームレスの人たちをビジネスパートナーと考える姿勢が日本社会を「豊かな」社会へと変えていくのではないだろうか。

3　セクシュアル・マイノリティ

セクシュアル・マイノリティとは

性的マイノリティ（性的少数者）という言葉の代わりに，近年「LGBTQ」という言葉が使われることが増えてきた。LGBTQ とは，同性愛の Lesbian（レズビアン）と Gay（ゲイ），両性愛の Bisexual（バイセクシュアル），出生時に法律的／社会的に定められた自らの性別に違和感を持つ Transgender（トランスジェンダー），Questioning（クエスチョニング）の総称で，それぞれの頭文字をつなげた略語である。最後のクエスチョニングは，自分の性別がわからない人や意図的に決めていない人，決まっていない人，模索中である人のことである。これに性器，卵巣・精巣といった性腺，染色体等が男性型・女性型のどちらかに統一されていないか，または判別しにくい Intersex（インターセックス）を加えて LGBTQI と呼ぶ場合もある。しかし，セクシュアリティのあり方は100人いれば100通りあるという考え方から，最近では，SOGI という言葉が使われることも多い。

近年，国際的にも国内的にも LGBT の人たちの権利を実現しようとする運動が高まり，一般の人々による理解や同姓婚の法制化も進んでいる。例えば，ノルウェー，スウェーデン，フィンランドなど北欧をはじめ，アルゼンチンやウルグアイなども含め14カ国で同性婚を認める法律（同性婚法など）が制定されている。アイスランドでは，同性愛者の女性政治家であるヨハンナ・シグルザルドッティルさんが2009年に首相に就任した。

しかし，国によっては，同性婚を厳しく禁じる国もあり，差別などに苦しみ生きづらさを感じている人々のみならず，拷問や死刑の危険にさらされる人もいる。アフリカではほとんどの国が同性愛行為を禁止しており，ウガンダでは違反者に対して禁錮14年から終身刑の刑罰を定めた法案が2013年に議会を通過している。

LGBT のうち，レズビアン，ゲイ，バイセクシュアルの人は，大多数を占める異性愛とは違うという意味で「性的指向」においてマイノリティであり，トランスジェンダーの人は心と身体の性が一致しないという「性自認」においてマイノリティなのだが，日本では，この２つが混同されることが多い。特に男性の同性愛者は，すべて心が女性のトランスジェンダーであると誤解される場合が多く，正しい知識を広めることが求められている。

トランスジェンダーの人の中には，「生物学的な性別と，本人の意識が異なるために違和感を抱き，心の性別と一致する性を求め続ける状態」の人々がいる。その状態が「性同一性障がい（Gender Identity Disorder：GID）」と呼ばれるものである。性同一性障がいの人の中には，ホルモン治療や性転換手術を行う人も多く，2004年に施行された性同一性障害者性別特例法に伴い，2018年までに8676人が戸籍上の性別変更を認められている。[(14)]

このテーマを取り上げたテレビドラマが放映されたり，カミングアウトをするスポーツ選手や政治家が増えてきたこともあり，性同一性障がいの人に対する理解は徐々に進んできたといえる。

深い苦しみと対応の遅れ

しかし，LGBT の子どもたちが置かれている環境をみると，理解が進んだ状態とは言いがたい。LGBT 総合研究所（博報堂 DY グループ）が2019年に行った最新調査「LGBT 意識行動調査2019」によると，LGBT・性的少数者は全体の約10.0％という結果が出た（全国の20歳から69歳の個人42万8036名を対象になされ，有効回答者34万7816名[(15)]）。これは，日本全体では約1265万人と推定され，学校の20人のクラスであれば，１人から２人の性的マイノリティの子どもがいることになる。

「いのちリスペクト。ホワイトリボン・キャンペーン」が性的マイノリティ当事者を対象に2013年に行った調査によると，その約７割が学校でいじめられたことがあり，３割が自殺を考えた経験があると答えている。この調査では「現在10歳以上35歳以下」「関東地方で小学校～高校生の間を過ごした」という条件にあてはまる LGBT 当事者をネットで募集し，609名が回答した。それによるといじめにあったり，自殺を考えたという以外にも「言葉の暴力を受けたことがある」との回答が53％，「無視された，または仲間はずれにされたことがある」が49％，「身体的な暴力を受けたことがある」が20％，「性的な暴力を受けたことがある」が11％，「自傷したことがある」が22％もいることがわかった。さらに12％は教師からいじめられた経験があると回答している。

そして自分がLGBTであることを小学生から高校生の間に誰にも話したことがなかったと答えた人は女性は31％，男性は53％にも上っている。話さなかった理由は「理解されるか不安だった」（約6割），「話すといじめや差別を受けそうだった」（男子約6割，女子約3割）というものだ。「周囲のだれかに話した」と回答した人の約6～7割は同級生を選び，また同級生でなくとも部活や同じ学校の友人など，同世代の友人が選ばれている。一方，教師にカミングアウトしたLGBTは全体の1割程度に過ぎず，教師が気付きにくい現状が示されている。[16]

別の調査では，異性愛者ではない男性の自殺未遂率は，異性愛者の男性のそれの5.98倍となっている。[17]教師約6000人を対象にした調査の結果によると，多くの教師が大学時代に教職課程で性の多様性を学んでいないと答えている。[18]

一方，2013年に文部科学省が全国の小中高など計約3万7000校に行った調査によると，相談を受けた性同一性障がいの児童生徒に対して学校が配慮する取り組みを行っていたのは6割にとどまっていることがわかった。[19]この調査によると，全国で606人が学校側に悩みや対応を相談しており（高校生が403人，中学生110人，小学生93人），うち165人が性同一性障がいの診断を受けていた。学校が配慮していたのは，このうちの62％にあたる377人であり，服装，トイレ，更衣室，修学旅行などの宿泊研修，通称の使用などにおいての配慮がされている。例えば，心の性別に応じて制服の着用を認めたり（161件），職員用のトイレを使用させたり（156件），保健室の利用は多目的トイレでの着替えを認めたり（133件）している。しかし，残りの37％にあたる228人に対しては，学校側が何ら対応をとっていなかった。こうした状況から，性的マイノリティに対して学校が行うべき取り組みについて，学校間における情報交換や指導書の普及，および性的マイノリティに対する理解を促進する研修や啓発活動が緊急に求められていることがわかる。

LGBT 啓発への取り組みと企業に広がる理解

LGBT に関する啓発活動を行っているのが ReBit（リビット）という学生団体である[20]。ReBit 代表の薬師実芳（やくしみか）さんは，中高大学生や教員向けの出張授業を100回以上行い，性的マイノリティの就職支援にも取り組んでいる[21]。

性的マイノリティの子どもたちの中には，小学生のころにすでに自分は働けないのではないかと悩み始める人もいる。その1人，中島潤さんは，小学生のときに職業体験に参加してそう感じた[22]。「働く人」は男性か女性だけであり，働いている人の社会が規範的な家族を前提とした社会と感じたからだ。制服も男性用と女性用に分けられたもののどちらかを着ないといけないのなら，自分はなれないと思ったという。生き方の多様性やセクシュアリティの多様性を学校で習う機会もなかったため，すべての選択肢が自分にあてはまらないものに思え，身近に LGBT のロールモデルがいなかったことも大きな要因となった。しかし，大学時代にセクシュアリティを含め，自分を受け入れる仲間ができたことや働く LGBT の大人と出会えたことで就職活動に踏み出すことができた。

そして最終的に，自分がセクシュアル・マイノリティであることを伝え，就活を行った。その理由の1つは，自分がセクシュアリティを伝えた上で就職することで，後輩たちに日本の企業や社会も改善されつつあることを伝え，企業側にも自分のような人間がいるということを伝えたかったからだという。就活のエントリーシートの性別欄は，トランスジェンダーの人にとって困難を感じるものであるが，中島さんが最終的に内定を得た会社は，性別欄を空白のまま履歴書を提出することを了承した。中島さんは，性的マイノリティという理由で差別しないということを会社規定で示してほしいと訴える。

近年は一部の先進企業を中心に，性的指向による差別を禁じる社内規定を設けたり，性的少数者向けの就職説明会を開いたりするなど，LGBT 人材が働きやすい職場づくりに取り組む動きも徐々に広がり始めている[23]。ゴールドマンサックスでは，2009年から毎年 LGBT の学生を対象にした会社説明会を開催しており，LGBT 当事者の社員が学生との質疑応答を担当している。2013年の会社説明会では，同性のパートナーをもつアメリカ人の女性役員がスピーチを行った。日本 IBM は，2004年から LGBT の社員らが職場環境の改善に向けたグループを立ち上げ，メールでの相談受付や社員を対象にした勉強会を実施している。2011年からは同性愛のカップルにも結婚祝い金を支給し始めた。富士通は，2002年に社員の行動規範を制定する際に，人種や民族などに加え，性的指向についても差別やハラスメントを「許容してはならない」と明記したが，野村グループや資生堂も同様の規定を設けている。

結婚情報誌『ゼクシィ Premier』（リクルートマーケティングパートナーズ）は，同性カップルの結婚式の取材を続けている[24]。同誌の小林隆子編集長は，ゲイの人から「男性同士の結婚式は日本でできないのか」と尋ねられたことをきっかけに，同性同士の結婚式でも歓迎するホテルや結婚式場が多いことに気が付き，同性カップルのために情報を提供している。そして，男性同士の結婚式を当たり前のことの一例として取り上げ，ゲイの人からもそうでない人からも支持を得ている。

2015年11月，東京都渋谷区と世田谷区で同性パートナーシップ制度が始まった。これは，同性カップルに対して二人のパートナーシップが婚姻と同等であると承認し，自治体独自の証明書を発行する制度である。その後，次々とこの制度を取り入れる自治体が増え，2020年６月30日現在，51の自治体で1052組の同性カップルに証明書が交付されている[25]。そして，日本におけるレインボープライドも各地に広まり，年々参加者が増えている。これは，性的マイノリティへの差別を撤廃し，性の多様性をアピールするためのイベントである。2019年に行われた東京レインボープライドは，２日間合わせてのべ20万人以上が参加している[26]。

世界のLGBTの状況

LGBTに対する差別の撤廃と同性婚を認める流れが世界で加速する一方で，LGBTに対する差別や圧力を強める国もある。ロシアでは，2013年，未成年者に「非伝統的な性的関係」（ロシアにおける同性愛の表現）について情報提供することを禁じた「同性愛宣伝禁止法」が成立した。

ナイジェリアでは2014年１月に「2013年同性婚（禁止）法」，ウガンダでは２月に「反同性愛法」が成立し，同性愛者に対する刑罰が強化された。国際人権団体アムネスティ・インターナショナルによると，アフリカの54カ国のうち，38カ国で同性愛行為が禁じられている。

国連では，2013年９月，LGBTの人権問題に関して議論する閣僚級会合が初めて実施され，潘基文（パン・ギムン）国連事務総長は，「我々の時代において極めて重大で，無視されてきた人権上の課題」であると指摘している。

国連開発計画（UNDP）と米国国際開発庁（USAID）は，2012年からアジア8カ国で「アジアでLGBTIであること（Being LGBTI in Asia）」というプログラムを共同で実施している[27]。これは，LGBTIの人々が直面する差別やスティグマなどの問題に関する情報を収集・分析し，アジア各国でネットワークをつくり，人権と開発問題として戦略的に解決を図るというものである。

2014年にはネパールでこのダイアローグが実施され，ネパール保健大臣が「ネパール政府はLGBTIの人々の問題解決のために政策や法律，憲法レベルで取り組みを行っていくことを約束する。私自身も個人的にLGBTIの人々を全面的に支持している」と表明した[28]。

私たちはLGBTの人々とどう向き合っていけばいいのだろうか。大事なことは，LGBTの人を特別な存在とみなすのではなく，誰でもいつでも当事者となりうることを認識し，多様性を大切にして生きることではないだろうか。そして，LGBTの人々を理解し，違いを受けとめるのみならず，自分自身との共通点をさがし，共に生きていくためにはどうしたらいいかを探ることではないだろうか。そのためにも，海外でLGBTの人々の人権を守る先駆的な対策に関する情報を得て，日本社会でも法律や政策など改善すべき点を考えていくことが大切だろう。

以下は，2014年のレインボーパレードに参加した人の声である[29]。

「セクシュアル・マイノリティは当たり前の存在なんだということを教育レベルでも，メディアレベルでも周知していくことがとても大事だと思います。」（コウタさん）

4　社会の「つながり」

本章では，在日外国人や外国人技能実習生，外国にルーツをもつ子どもたち，ホームレスの人々，そして性的マイノリティの人々が受けている差別や人権侵害と問題解決の取組みについて見てきた。社会で人間以下のように扱われたと感じることもある彼ら彼女らは，異質な存在あるいは見えない存在として社会的に排除されやすい。

ホームレスの人々と性的マイノリティの人々の間には一見関連性がないように見えるかもしれない。しかし，学校や職場で差別され孤立した性的マイノリティの若者が，路上で暮らさざるをえない状況も生まれている。

そして，家庭で大切な存在として認めてもらえなかった子どもたちや決して特別ではない子どもたちがホームレスの人々を襲撃してしまう危険性がある。そこには自分を価値ある存在とは思えない自尊感情の低さの問題が深く関わっている。

「人との関係のなかで傷ついた心は人とのつながりのなかでまた，癒され，回復していく」と北村年子さんはいう。不完全な自分をあるがままに受け入れ，人からも認められることで自尊感情を回復する。そのようなありのままの相手を認められる人とのつながりをもつことが，マイノリティの人にもマジョリティの人にも必要といえるのではないだろうか。

そういうつながりが社会のあらゆるところで生まれ・強まることで，社会的に排除される人がいなくなる社会となっていくだろう。

◆◆◆◆◆◆ 課題 ◆◆◆◆◆◆

1．身近にある差別の事例を取り上げ，その差別の背景となっている社会規範や差別を解決するための法律について調べなさい。
2．マイノリティの異なる人に対して，マジョリティと同じように行動することを求める生き方とマイノリティの人の違い（多様性）をマジョリティの人が認める生き方のいずれがいいと思うか，理由とともに述べなさい。

註

(1) 法務省ホームページ「令和元年６月末現在における在留外国人について」
http://www.moj.go.jp/isa/publications/press/nyuukokukanri04_00003.html
(2) 出典：厚生労働省「「外国人雇用状況」の届出状況まとめ」
https://www.mhlw.go.jp/content/11655000/000590310.pdf
(3) 法務省ホームページ，［第３表］主要国籍別・地域別　在留資格別在留外国人数（令和２年６月末）
http://www.moj.go.jp/isa/content/930006222.pdf
(4) 国務省人身取引監視対策部（2020）「2020人身取引報告書（日本に関する部分）」在日米国大使館訳

https://jp.usembassy.gov/ja/trafficking-in-persons-report-2020-japan-ja/
(5)　安田浩一『ルポ　差別と貧困の外国人労働者』光文社新書，2010年。
(6)　多文化共生センター東京の職員の話とホームページを参考にした。http://tabunka.or.jp
(7)　文部科学省「日本語指導が必要な児童生徒の受入状況等についての調査平成30年度」
https://www.mext.go.jp/content/1421569_001.pdf
(8)　厚生労働省ホームページ「ホームレスの実態に関する全国調査」
https://www.mhlw.go.jp/file/04-Houdouhappyou-12003000-Shakaiengokyoku-Shakai-Chiikifukushika/02_homeless28_kekkasyousai.pdf
(9)　東京都「住居喪失不安定就労者の実態調査　調査結果の概要」
https://www.metro.tokyo.lg.jp/tosei/hodohappyo/press/2018/01/26/documents/14_01.pdf
(10)　野宿者ネットワーク「野宿者襲撃年表」http://www1.odn.ne.jp/~cex38710/attackchronicle.htm
(11)　「一般社団法人ホームレス問題の授業づくり全国ネット」ホームページ。http://class-homeless.sakura.ne.jp/02_about-us.html
(12)　森川すいめい「ホームレス化する日本の障がい者――池袋の取り組みと調査」『精神経誌』，2012年。
(13)　北村年子『ホームレス襲撃事件と子どもたち――いじめの連鎖を断つために』太郎次郎社エディタス，2009年。
(14)　日本性同一性障害・性別違和と共に生きる人々の会（gid.jp）ホームページ，性同一性障害特例法による性別の取扱いの変更数調査（2018年版）
https://gid.jp/research/research0001/research2019032001/
(15)　LGBT 総合研究所ホームページ「LGBT 意識行動調査2019」速報 https://lgbtri.co.jp/
(16)　いのちリスペクト。ホワイトリボン・キャンペーン『LGBT の学校生活に関する実態調査（2013）結果報告書』2014年4月29日。http://endomameta.com/schoolreport.pdf
(17)　日高庸晴氏の研究。http://www.health-issue.jp/suicide/index.html
(18)　同上。
(19)　文部科学省「学校における性同一性障害に係る対応に関する状況調査について」2014年6月13日（2014年9月13日閲覧）。http://www.mext.go.jp/component/a_menu/education/micro_detail/__icsFiles/afieldfile/2014/06/20/1322368_01.pdf
(20)　大学生が参加できる性的マイノリティのサークルは各地に存在する。
(21)　『東京新聞』2014年6月14日付。
(22)　薬師実芳「LGBT 就活――20人に1人の就活生の現状」http://synodos.jp/society/7356
(23)　詳しくは村木真紀さんのブログもしくはホームページを参照。http://www.nijiirodiversity.jp/
(24)　The Huffington Post「男性2人が東京・青山で「自分たちらしい」ウェディング 進化する同性カップルの結婚式【LGBT】」http://www.huffingtonpost.jp/2014/

07/29/lgbtwedding_n_5632337.html

(25) 虹色ダイバーシティホームページ「渋谷区・虹色ダイバーシティ全国パートナーシップ制度共同調査」https://nijiirodiversity.jp/partner20200630/

(26) 東京レインボープライドホームページ https://tokyorainbowpride.com/archives/#trp2019

(27) UNDP'Being LGBT in Asia' http://asia-pacific.undp.org/content/rbap/en/home/operations/projects/overview/being-lgbt-in-asia/

(28) UNDP in Nepal 'Sexual and gender minorities call for protection of their rights' http://www.np.undp.org/content/nepal/en/home/presscenter/pressreleases/2014/04/23/sexual-and-gender-minorities-call-for-protection-of-their-rights/

(29) The Huffington Post「「日本では同性愛を話題にすらしない」LGBT の祭典「東京レインボープライド」参加者が訴え」https://www.huffingtonpost.jp/2014/04/27/tokyo-rainbow-pride_n_5222427.html

参考文献

生田武志・北村年子『子どもに「ホームレス」をどう伝えるか――いじめ・襲撃をなくすために』太郎次郎社エディタス，2013年。

風間孝・河口和也『同性愛と異性愛』岩波新書，2010年。

安田浩一『ルポ　差別と貧困の外国人労働者』光文社新書，2010年。

（甲斐田万智子）

第7章
教育と平等を考える

世界人権宣言第26条には，すべての者は教育を受ける権利を有することが明記されている。教育は単に知識や技能を習得するだけではなく，その知識を使って実際の生活を営んでいく力，すなわち社会に参加し，自律した人生を歩んでいくための機会を提供してくれる。しかし，世界には読み書きのできない大人が，約７億6000万人いると言われる。世界一の経済大国アメリカ合衆国では，20世紀半ばまで，黒人に対する人種隔離政策によって黒人は平等な教育の機会を奪われていた。

本章では，アメリカ合衆国の黒人たちが「平等」と「公正」を獲得するために繰り広げた公民権運動とそれがアメリカの教育にもたらした影響を取り上げることで，教育における平等とは何かについて共生の観点から考える。また，日本における多文化教育の事例にも触れることで理解を深める手がかりとしたい。

ルイジアナ州 South Boulevard 小学校の
インターナショナル・フェスティバル

1　アメリカにおける教育と平等

「分離すれども平等」とブラウン判決

今日，教育を受ける権利は，世界人権宣言をはじめとする人権文書や多くの国の憲法の中に謳われており，法律で規定された権利と現実が乖離している例外はあるにせよ，多くの人々に当然のこととして認識されている。しかし，アメリカ合衆国には20世紀半ばまで，教育を含む基本的な諸権利を奪われていた人たちが数多くいた。

南部各州では19世紀末から，公共施設における人種の分離を強制する法律や規則が制定されていた。俗に，「ジム・クロウ（Jim Crow）」制度[(1)]と呼ばれるもので，学校や鉄道，公立図書館，レストラン，ホテル，水飲み場などのほぼあらゆる公共施設において白人と黒人[(2)]の分離が制度化されていた[(3)]。この人種隔離政策の根拠となっていたのが，1896年の「プレッシー対ファーガソン」判決であった。

1890年，ルイジアナ州政府は鉄道車両内で白人と黒人を分離する法律を制定した。これに反対した黒人の団体「市民委員会」のメンバーは，この州法や他の人種差別法が憲法修正条項第14条と合衆国憲法に違反するとして異議を唱えることを決定し，この運動を実行する人物として，曾祖母が黒人であったホーマー・プレッシーに白羽の矢を立てた[(4)]。1895年10月，プレッシーはルイジアナ州を走る鉄道の白人専用の座席に座り逮捕され，ルイジアナ州での裁判で，1890年制定のルイジアナ州人種差別法に違反しているという判決が下された。これを不服としたプレッシーは，州判事ファーガソンを連邦裁判所に告訴し，この事件は連邦最高裁判所まで持ち込まれることになった。1896年，最高裁判所は7対1でルイジアナ州法を支持する判決を下し，施設が平等であれば，たとえそれが黒人と白人で区別されていても修正第14条に違反しないと判決した。これがいわゆる「分離すれども平等（separate but equal）」原則で，最高裁判所が人種隔離政策を法的に容認することになったものである。その後20世紀半ばにブラウン判決（後述）によって否定されるまで，この原則は黒人に対する人種差別に法的根拠を与え続けた。

「分離すれども平等」原則を拠り所に，南部諸州では人種別学制度が広く許容され，黒人児童は黒人学校に通学することが義務づけられていた。そして，この原則の問題点は，分離するだけでなく，実際に平等でもなかったというところにあった。多くの農村地帯では，黒人が通う学校は特に劣悪であった。綿花プランテーションであったミシシッピー州サンフラワー郡には，黒人用の高等学校がなく，初等教育を担当していた教師の多くの本業は，プランテーション内の料理人や召使いで，それらの教師自身も小学校４年くらいまでの教育しか受けていなかった。南部の都市部の黒人学校の多くも，状況の悪さは大差がなかった。1940年代のアトランタでは，黒人用の初等教育施設が満杯状態であったため，１日２授業制が採られ，児童の１日の修学時間は３時間に制限されていた。そのため，多くの黒人児童は路上をぶらつくことで時間を潰していた。1948年から49年の学校年度において，アトランタの公立学校施設に対する児童一人あたりの平均予算は，白人が570ドルだったのに対し，黒人は228ドルであった。また，1949年から50年の１学級あたりの児童数の平均は白人学級が22.6人であったのに対し，黒人学級は36.2人であった[(5)]。

ジム・クロウ制度は南部で強固に根を張っていたものの，第２次世界大戦後，アメリカ国内の人種関係は変化の兆しが見え始めた。この背景には，民主主義国家のリーダーとして，それを世界に示す必要があり国内の人種問題は汚点と考えられたことや，人種差別撤廃を目指す黒人の法律家らが法廷闘争を通じて精力的に運動を展開したことが挙げられる。不平等撤廃に向けての社会の気運は高まっていた。連邦レベルでは，1941年にルーズベルト大統領が，防衛産業や政府機関において人種による雇用差別を廃止する大統領行政命令を発動し，ルーズベルトの死後，その後を継いだトルーマン大統領は，1946年，人種差別撤廃を目指す公民権委員会を発足させ，1948年には軍隊における人種差別撤廃を求める大統領命令を発動している[(6)]。その結果，朝鮮戦争ではアメリカ史上初めて，隔離なき統合された軍隊が動員されることになった[(7)]。同じ頃，裁判では，合衆国最高裁が州間バスの座席を人種別にすることを義務づけた州法を無効とする判決や大学院における人種差別を禁止する判決を出している。

そして，1954年には合衆国最高裁で歴史的なブラウン判決が言い渡された。この訴訟は，カンザス州トピーカの黒人少女の父親オリバー・ブラウンが，ブラウン家からわずか７ブロックのところにある白人の学校に，黒人であることを理由に娘が入学を拒否されたことから，トピーカ教育委員会を相手取って起こしたものであったが，最終的に最高裁まで争われた。首席裁判官アール・ウォーレンは，以下のような法廷意見を述べた。[8]

彼らを人種の違いだけで同年齢，同資格の者から分離するのは，地域社会のなかの彼らの地位について劣等感を生み出し，とりかえしできないような方法で彼らの感情や心に影響を与えることになるであろう。

この裁判では，人種隔離制度が黒人の子どもたちの精神面に与える影響について重点的に審議されたが，その際参考資料として依拠されたのが，人種隔離が黒人の子どもたちの心を傷つけ，悪影響を及ぼしていることを主張したクラーク夫妻[9]やグンナー・ミュルダール[10]らの社会科学の研究成果であった。そして，この判決は以下のように結論づけている。

公立教育の分野では，「分離すれども平等」の原則を受け入れる余地はない。分離した教育施設は本質的に不平等である。したがってわれわれは，原告および原告と同様な状況にあり，その人々のために訴訟が行われている人々は，訴えている分離のために憲法修正第14条によって保証されている法の平等な保護を奪われているものと判決する。[11]

この判決は，長年にわたり人種隔離政策を支持する法的根拠とされてきた「プレッシー対ファーガソン」判決を覆し，全員一致で人種別学制度が憲法に違反するとした画期的なものとなった。ただし，ここではブラウン判決を具体的にどのように実施していくのかについての救済策は示されなかった。最高裁がブラウン判決の実施に関する第２ブラウン判決を出したのは1955年であった。その判決文では地方裁判所に「可及的速やかに」人種統合を進めることを命じているが，この「可及的速やかに」という文言もやや曖昧で具体的な指針が示されなかったため，実質的な人種統合は難航した。

学校の人種統合に反対した白人の親たちは，自分たちの子どもを私立学校に通わせたり，白人が多く住む郊外に転居することで抵抗した。そのため，黒人の児童生徒の大半は，依然として黒人だけの学校に通う状況が続いていた。黒人の児童生徒が人種統合された学校に登校することへの妨害がたびたび起きたが，なかでも象徴的なのが，1957年９月のアーカンソー州リトルロックのセントラル高校で，９人の黒人生徒の入学をめぐって起こった紛争であろう。黒人生徒たちの登校を阻止しようと集まった白人の群衆が暴徒化しただけなく，州兵が動員されて生徒たちが校舎に入るのを妨害したのである。この事件は最終的にアイゼンハワー大統領が連邦軍を介入させ，黒人生徒たちの通学を警護することで何とか収まった。

公民権運動の高まり

ブラウン判決が出た翌年の1955年12月，公民権運動が新たな局面を迎えることになる重大な事件がアラバマ州モントゴメリーで起きた。デパートの裁縫師として働いていた42歳の黒人女性ローザ・パークスは，仕事を終えて帰りのバスに乗り，前方の白人用座席と後方の黒人用座席の中間にある座席にすわった。白人用の座席が満杯になり，新たに白人が乗車してきたとき，バスの運転手はパークスに席を譲るよう命じたが，パークスはこれを拒否したため逮捕された。パークスの逮捕に抗議して，黒人社会はバスのボイコット運動を起こすことを決め，その組織としてモントゴメリー改善協会（MIA）を結成した。そして，その指導者にモントゴメリーに移ってきたばかりでまだ無名の牧師マーティン・ルーサー・キング・ジュニアが選ばれたのである。

ボイコット当日，黒人たちはバスを使わずに，徒歩あるいは自動車を相乗りして学校や職場に向かった。また，黒人のタクシー運転手は，バスと同じ料金でボイコット参加者を乗車させた。このボイコットは１年間にわたって続けられ，乗客の大半が黒人であったバス会社は大赤字を抱えることになる。バスボイコットという直接行動による運動が続くなか，人種隔離の廃止を求める弁護士たちによってバスにおける人種隔離の合理性を問う訴訟が起こされていた。1956年11月13日，連邦最高裁判所は原告勝訴の判断を下した。非暴力的な抵抗を貫いて，ボイコット運動を成功に導いたキング牧師の名は，一躍全国に知られるようになり，これ以降，公民権運動は非暴力による直接の抗議行動という手法をとりながら，さらに進展していく。

1960年には，ノースカロライナ州グリーンズボローの４人の黒人学生が大手雑貨店のランチカウンターで白人専用の座席に座り込み運動をするシットイン（sit-in）を始めた。彼らは店頭でサービスを拒否されても，そのまま閉店まで座り続けた。日を追うごとにこの運動への参加者は増加し，白人の学生も参加した。座り込みの場所も図書館や劇場，食堂などの黒人の利用が禁じられている他の施設へと拡大し，差別をしている店に対する不買運動まで起きたため，多くの施設で黒人客を受け入れ始め，カウンターでの差別が姿を消していった。さらに1961年には，主要な都市を走る州間バスに乗車し，憲法で保障された権利を行使するフリーダム・ライダー（自由のための乗車）運動が開始された。前年の1960年に連邦最高裁判所が州間バス路線およびバスターミナルや関連施設での人種隔離を禁止する判決を下しており，黒人が州間バスの前方の座席に座ることや，バスターミナルで白人専用施設を利用することが認められていた。フリーダム・ライダー運動は，憲法上保障された権利が南部で守られているかを試すために決行されたが，運動を阻止しようする暴徒たちから暴力を振るわれることもあった。しかし，連邦政府の厳しい措置により，公共交通機関における人種隔離は次第に廃止されていく。

黒人への不正義と抑圧からの解放を求めた公民権運動は，時間の経過とともに盛り上がりを見せ大規模なものになっていった。その頂点と言えるのが，1963年８月28日の「ワシントン大行進」であった。集会には全米各地から25万人（そのうち少なくとも５万人が白人だったという）が参加し，あの有名なキング牧師による「私には夢がある」演説が行われた。

> 私には夢がある。それは，いつの日か，この国が立ち上がり，「すべての人間は平等に作られているということは，自明の真実であると考える」というこの国の信条を，真の意味で実現させるという夢である。…私には夢がある。それは，いつの日か，ジョージア州の赤土の丘で，かつての奴隷の息子たちとかつての奴隷所有者の息子たちが，兄弟として同じテーブルに着くという夢である。…私には夢がある。それは，いつの日か，私の４人の幼い子どもたちが，肌の色によってではなく，その人格の中身によって評価される国に

住むという夢である。[12]

ジョン・F・ケネディ大統領暗殺後，後を継いで副大統領から大統領に就任したリンドン・B・ジョンソンは，1964年7月，前年にケネディが提出した包括的な公民権法案を可決させた。公民権法の主たる内容は，以下のとおりである。公共施設における人種隔離と差別の撤廃（第2編），ならびに雇用面における差別禁止（第7編），連邦政府が財政支援するプログラムあるいは活動において，人種，肌の色，出身国を理由とする差別の禁止（第6編）などで，南北戦争以来，最も強力な公民権法となった。1965年3月には黒人たちの参政権を保障する投票権法が制定された。すでに合衆国憲法修正第15条では，人種，肌の色に基づく投票権の差別を禁じていたが，南部の多くの州では有権者登録の際に読み書き能力を条件としたり，人頭税を課したりしていたので，黒人は実質的に投票権を剝奪されていた。1964年の公民権法と1965年の投票権法により，黒人の有権者登録率は劇的に上昇し，公職に就く者も増えた。両法は，黒人の社会的経済的地位を向上させるのに多大な貢献を果たしたといえる。

「偉大な社会」プログラムと補償教育政策

公民権法制定と同じ年，1964年1月の年頭教書で，ジョンソン大統領は「貧困との闘い（War on Poverty）」を宣言し，アメリカ政府が国内の貧困追放に取り組むことを示した。1965年には「偉大な社会（the Great Society）」と名づけた社会改革を実施し，教育分野，高齢者医療，貧困対策などの社会福祉施策を大幅に拡充させた。貧困対策として補償教育プログラムが打ち出されたが，その目玉となったのが，1964年の「経済機会法（Economic Opportunity Act）」と1965年の「初等中等教育法（Elementary and Secondary Act of 1965）」であった。これらは低所得世帯の児童に対して教育の平等を実現するために，連邦政府の補助金を地方学区に支出する政策である。補償教育（compensatory education）とは，一般に社会経済的に恵まれない家庭の子どもの学業不振を解消するために，特別な教育支援を提供することにより彼らの文化的，社会的ハンディキャップを補償していこうというものである。経済機会法の一環としてのヘッド・スタート計画（Project Head Start）は，貧困家庭の子どもを就学前の段階から支援するプログラムで，もう１つの柱である1965年初等中等教育法は，貧困層の集中する地方学区に連邦補助金を配分することで，当該学区の教育プログラムの充実が期待されていた。元来，アメリカでは公教育は州政府の管掌事項であったが，「偉大な社会」という社会改革の下，初めて連邦政府の補助金が公教育に投入されることになった。

このような補償教育プログラムは，特定の人種民族を想定したものではなかったが，結果として，低所得層の多い黒人やマイノリティ集団が対象となっていた。特に，黒人は依然として失業や貧困，家庭崩壊といった深刻な問題を抱えていたため，そのような黒人家庭の子どもたちは白人と比べて学力格差が目立った。従来，黒人子弟の学力が低い原因は，人種別学によって平等な教育機会を奪われているからであるというのが常識的な考え方であったが，教育機会の不平等の実態を調査し明らかにしたのが，コールマン報告であった[(13)]。

この報告の基となった調査は，公民権法第402条に対応して，アメリカ全土ですべての段階の公立教育機関で実施された。この調査の結果，黒人児童の学業成績が白人児童よりも顕著に遅れているということ，大半の子どもは白人だけ，あるいは黒人だけの学校に通っている事実が確認された。しかし，より注目すべきこととして，白人の学校と黒人の学校は様々な特性について驚くほど平等であり，学校の施設設備が生徒の学業成績に，ごくわずかしか影響を及ぼしていないという，思いがけない結果が出たのである[(14)]。すなわち，実際に黒人の児童の学力を左右しているのは，学校の施設の良し悪しよりも，家庭の社会的地位や家庭環境，学校の同級生の態度であるという。この調査結果は，政治的，学問的に論争を呼んだ。Ｊ・カラベルとＡ・Ｈ・ハルゼーらは，コールマン報告の重要な点として，学校の目に見える表面的な部分だけに関心を払ってはいけないこと，機会の平等というどちらかというと消極的な定義と，結果の平等というより積極的な定義とを明確に区別するようになったことだと論じている。いずれにしても，コールマン報告は，低所得層の集中する学区に，連邦政府の補助金を投入するだけでは，貧困家庭の子どもの学業達成は見込めないということを多くの人に知らしめることになった。

2　アメリカにおけるマイノリティ集団に対する教育保障

言語的マイノリティと二言語教育プログラム

ジョンソン大統領による「偉大な社会」プログラムの一環である1965年初等中等教育法は，1968年に改正されて初等中等教育法タイトルⅦ（PL90-247）が制定された。このタイトルⅦがいわゆる「二言語教育法（Bilingual Education Act)」と呼ばれるもので，言語的マイノリティ児童生徒に対する二言語教育プログラムを支援し，教員や補助教員の訓練，教材の開発と普及，保護者が同プログラムに積極的に関与していくことを奨励し，そのために必要な財政的援助を連邦政府が保障することを定めたものであった。同法の下で，1969年には，750万ドルだった予算は，1974年までには4500万ドルまで増額された。[(15)]

二言語教育プログラムは，言語的マイノリティの子どもたちに英語と母語で教育を行うことにより，子どもたちの教育機会を保障しようと意図したものであるが，しばしばアメリカの公教育の中で，教育的，政治的論争の的となった。もともと，法案はテキサス州選出のR・ヤーボロウ上院議員によって提出されたが，この法案の最終的な目標が，英語の不十分な子どもたちの英語獲得を目指したものなのか，あるいはこの子どもたちの言語的文化的資源を発達させるものなのかが問われていた。ヤーボロウ議員は，公聴会でのこの難問に対して，「子どもたちが英語を完璧に習得し，アメリカ社会の主流の仲間入りができるようにすることである。」と説明することで巧みに乗り切った。このように二言語教育プログラムは，成立過程からその目標とするところに曖昧さを残したままだったこと，また学校が資金援助を受けるための要件として，教育活動に英語以外の言語を取り入れることを必ずしも強制していなかったことなどから，当初その影響力は限定的なものであった。

連邦政府が二言語教育プログラムに対して，より積極的に関与する契機となったのがラゥ対ニコルス判決（Lau v. Nichols）であった。サンフランシスコの公立学校に通う中国系の生徒が，英語能力が乏しい生徒に補習授業を行わないのは，合衆国憲法修正第14条および公民権法第6編に違反するとして訴えた。1974年，連邦最高裁判所は当学区が公民権法第6編に違反しているとして原告の訴えを認めた。この判決を受けて連邦政府は，各学区が守るべきガイドラインを提示した。そのなかで，生徒が英語のみの授業についていけるまでは生徒の母語によって指導を行い，英語に熟達した段階で通常の英語のクラスに編入させる移行型二言語教育（Transitional Bilingual Education：TBE）の導入を推進した。

しかし，1980年代のレーガン政権下では，公立学校に投入されていた多大な補助金は大きく削減されるようになる。二言語教育プログラムに対する社会の見方も厳しくなり，レーガン大統領やベネット教育長官ら政府指導者の間からも，二言語教育プログラムの効果を疑問視する発言がなされるようになった。その有効性についていくつもの調査が行われ，その結果を基にさらに論争が広がるという状況が見られた。

その一方で，カリフォルニア州では移民が増加したのに伴い，公立学校に英語を母語としない児童生徒が増え，「英語能力が不十分な児童生徒（English Learners，EL 生徒[16]）」増加の要因となった。図7－1は，過去30年間のカリフォルニア州の EL 児童生徒数の推移を表したものである。1978年以来，EL 児童生徒数は右肩上がりに増え続け，特に移民が急激に増えた1980年代以降増加傾向が強まった。近年，EL 児童生徒数は減少傾向にあるが，これは後述するカリフォルニア州の教育カリキュラム改革の影響を受けたものといえる。

EL 児童生徒の約8割はスペイン語を母語としているため，提供されている二言語教育プログラムの多くが，スペイン語と英語を教授言語としたものとなっている。

1990年代になってもアメリカ社会の保守化の波は衰えることはなく，とりわけカリフォルニア州では，二言語教育プログラムは英語能力の向上に役立っていないという批判が高まり，二言語教育プログラムの廃止が政治問題にまで発展した。そして，1998年6月2日には，二言語教育プログラムを実質的に廃止する住民提案227が可決された。その後，二言語教育を廃止する法案は，2000年にアリゾナ州，2002年にマサチューセッツ州でも可決された。住民提案227により，EL 生徒に対して行われてきた公立学校での二言語教育の替わりに，「構造化されたイングリッシュ・イマージョン（Structured English Immersion）」プログラムが導入された。イングリッシュ・イマージョンでは，原則として指

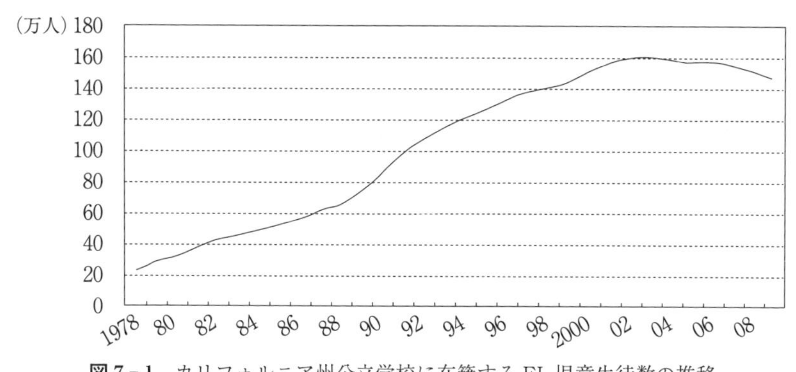

図7-1　カリフォルニア州公立学校に在籍する EL 児童生徒数の推移

（出典）California Department of Education, Educational Demographics Office, Language Census より作成。

導は英語で行われるが，生徒の英語能力レベルに対応したカリキュラムと指導法が採用され，従来の二言語教育プログラムと異なり，生徒の母語の使用は極力控えられることとなった。

1990年代以降，教育の結果を重視する風潮が高まり，2002年にはブッシュ政権下で，1965年初等中等教育法が全面的に改正され，「落ちこぼれをつくらないための教育法（No Child Left Behind Act of 2001, NCLB 法）」（PL107-110）が成立した。英語が不十分な子どもや移民児童に関わる政策についてはタイトルⅢに規定され，各教育機関は補助金の配分を受ける要件として，児童生徒の英語力および主要科目の学力向上についてのアカウンタビリティが求められるようになった。その評価方法は，州の標準テストの結果や年間の到達目標達成度が基準とされている。しかし，NCLB 法に対しては，画一的な試験と評価方法への批判があり，オバマ政権は NCLB 法を改革する構想を2010年に発表している。

文化的マイノリティと教育——多文化主義と多文化教育

「多文化主義（multiculturalism）」という言葉は，ある特別な現象を示すものから，一般的な原理ないし価値を示すものまで，人によって意味内容や受け止め方がまちまちで，十分成熟した概念になっていないと言えよう。

オーストラリアやカナダでは，1970年代から多文化主義は注目され始め，多民族，多文化社会の政治統合の手段としての有効性が認識され，具体的な政策として教育（多文化教育）や放送（多言語放送）の分野を中心に発達してきた。[17]

アメリカで多文化主義が登場してきた背景には，リベラリズムによる普遍主義的な価値への同化を説く議論が，少数派擁護を掲げつつも，独自の伝統や文化にアイデンティティを求める少数派を正当に認知できなかったところにあるとする見方がある。C・テイラーは「承認（recognition）[18]」という概念を用いて，次のように説明している。

> 現代の政治の多くは，承認の必要やあるいは要求をめぐって展開している。承認の必要は政治におけるナショナリズム運動の背後にある推進力の一つであると論じることができる。そして承認の要求は今日，いくつかの形態のフェミニズムや「多文化主義」の政治と呼ばれるものにおいて少数派ないしは「従属的」集団を擁護するためにいくつかの仕方で，政治の前面に登場している。

このようにテイラーは，多文化主義の本質が少数者集団の承認をめぐる問題であると指摘している。

アメリカでは，歴史的に学校が移民の「アメリカ化」の機関としての機能を担っていた。そして，移民の子どもたちに共通語としての英語とアングロ・サクソン的価値を身につけさせることが教育の役割として位置づけられてきた。しかし，これまで見てきたように，1960年代に進展した公民権運動と少数者集団の文化覚醒運動は，1980年代の教育の場における「エスニック・スタディーズ（ethnic studies）」プログラム創設を促し，さらに黒人知識層の従来のカリキュラムに対する批判を受けて，教育改革が促進された。これが民族的文化的差異の尊重を重視した「多文化教育（multicultural education）」を学校教育に導入する契機となったのである。

多文化教育研究の第一人者であるＪ・Ａ・バンクスは，多文化教育について，「多文化教育そのものは，西洋の産物である。人間の尊厳，平等，自由のための西洋的理想によって導かれた運動の中から発展したのである。多文化教育は，住宅公共施設，その他の分野における差別を除去するために，アフリカ系アメリカ人が推進した公民権運動から生まれたと」述べている[19]。また，『多文化教育事典』によると，多文化教育とは「哲学的概念であり教育的プロセスである。それは，アメリカ合衆国憲法および独立宣言に示されている自由，正義，公正，人間の尊厳という哲学的理念の上に構築される概念である。多文化教育は，平等（equality）と公正（equity）を峻別する。すなわち，平等なアクセスは必ずしも公平（fairness）を保障するとは限らないからである。多文化教育とは，学校やその他の教育的諸制度において生起するプロセスであり，すべての教科およびその他のカリキュラムの諸側面を特徴づけるものである」という[20]。両者の定義に共通する点は，多文化教育が合衆国憲法や独立宣言で保障されている自由や平等，人間の尊厳という西洋の伝統や価値観から生まれたということである。

多文化教育が実践される場合のアプローチとして，C・グラントとC・スリーターの５つのアプローチが有名である。それらは，(1)「(主流とは) 異なる文化的背景を持つ者に対する教育（teaching the exceptional and culturally different)」，(2)「人間関係（human relations)」，(3)「単一集団研究（single group studies)」，(4)「多文化教育（multicultural education)」，(5)「多文化的で社会構築主義的な教育（education that is multicultural and social reconstructionist)」で，それぞれのアプローチの概念や目的は，互いに重なり合う部分がある。まず，(1)(主流とは) 異なる文化的背景を持つ者に対する教育の目的は，生徒に主流の社会に適応するための価値観と，学力的な基礎を身につけさせることにある。例えば，英語能力が十分ではない生徒に対して，イマージョン・プログラムが実施されることである。(2)「人間関係」の目的は，現存の社会構造内部における調和，寛容，受容を促進することである。カリキュラムでは，異文化間コミュニケーション，生徒同士の共同学習を推し進める授業が奨励される。(3)「単一集団研究」の目的は，学習者が属する集団（例えば，日系アメリカ人や女性）の歴史や文化についての知識の習得，その集団のエンパワーメント，社会的地位向上，社会における集団間の平等の実現，文化的差異に対応するような授業の実現である。(4)「多文化教育」の目的は，社会的平等と文化的多元主義にある。カリキュラムは，生徒の持つ文化，言語，学習スタイルに文化的に相応しなくてはならない。教科として科学や数学などの学問を教えるが，そこで獲得される知識は，消費者のみならずリーダーとしての生徒にとって力になるものでなくてはならないと考える。科学や技術科の教員が女性，家庭科の教員が男性であるというように，多様性に富み，伝統に縛られないことが重要である。(5)「多文化的で社会構築主義的な教育」で強調されるのは，学校教育のあらゆる領域（例えば，教職員構成，カリキュラム，授業，評価，カウンセリング）が，多文化的であることである。カリキュラムも多元的な視点および人物，階級，ジェンダー，障がい，性的指向性に関する社会問題を考慮に入れなければならない。

以上のように，一口に多文化教育といっても，その目標やカリキュラム，特徴，実践形態は様々である。とりわけアメリカの場合，合衆国憲法により教育は州が管轄するとされているため，州によって，さらには地方学区によって，多文化教育のアプローチや実践形態も様々であると言えよう。次項では，多文化教育の具体例を取り上げて，その現状と課題について考察していく。

アメリカにおける多文化教育の事例

本項では，多文化教育の事例として，筆者が2011年２月に訪問したアメリカ・ルイジアナ州において，イマージョン・プログラムで成果を上げている South Boulevard Foreign Language Academic Immersion Magnet Elementary（以下，South Boulevard 校）を取り上げる。South Boulevard 校はスペイン語あるいはフランス語を第二言語として学ぶことができるマグネットスクールである。マグネットスクールとは，語学や数学，科学，文学など特定の分野の能力を向上させることを目的とした学校で，高い学業達成，時間の延長，少人数学級など特色ある教育サービスを特徴にしている。同校は，アメリカ・マグネットスクール協会（the Magnet Schools of America）から，2010年に優秀校として表彰された実績がある。

South Boulevard 校には2010年10月時点で，全校生徒293名（女子57%，男子43%）が在籍していた。人種民族の内訳は，黒人185名（63%），白人78名（27%），ヒスパニック22名（８%），アジア系８名（３%）となっている。給食費の公的支援を受けている児童は170名（58%）おり，決して恵まれた家庭の子どもばかりが通っているわけではない。英語能力が不十分と認定されたのは，全児童の３%である。South Boulevard 校は州内外から優秀校として注目を浴びているが，その理由は人種統合と学業達成の両方の面において高い成果をあげているからである。ある教師によると，児童は幼稚園もしくは1年生の段階で，スペイン語かフランス語のどちらかを第二言語として選択し，5年生まで算数，科学，社会などの教科を世界中から採用された教師によって指導を受けるという。国語（英語）はネイティブの英語教師が担当している。1日の学習の約60％は第二言語で学習し，残りはネイティブの英語の教師が受け持つ。また，ホームルームはすべて児童の第二言語で行われる。

低学年のスペイン語のイマージョンクラス

アメリカではブラウン判決で公教育における人種別学制度が憲法違反とされてから半世紀が経った今でも，学校での人種統合の課題は残されたままで，それは都市部において顕著である。ダウンタウンに位置し，様々な人種民族的背景をもつ児童が在籍する同校が成果をあげられているのはなぜなのか，教育関係者から注目が集まっている。

同校に関する研究結果によると，成果を上げている要因には，特有の学校文化があると指摘されている[21]。それは，1つには教育に高い期待を寄せる学校コミュニティの雰囲気である。(1)教師の児童に対する高い期待と教師自身が外国語教師として熱意があり，モチベーションが高い。(2)児童の親たちが自分の子どもに高い期待を寄せており，バイリンガリズムが自分の子どもの将来の職業機会を広げてくれるという希望を抱いている。(3)第二言語としてのスペイン語やフランス語はどの児童にとっても馴染みのないものなので，児童の間の言語的文化的差異がもたらす影響が相殺される，という。また，この学校のもつ多様性がある。(1)児童は様々な人種，宗教，家庭などの社会経済的地位を背景としている。(2)教師の顔ぶれも南米やヨーロッパ出身など様々で，ある1つの言語や文化，人種が特権的な地位を与えられることはなく，言語的文化的多様性が歓迎されている。(3)同校のイマージョン・プログラムは，児童が本来備えて

各国の文化を紹介する展示コーナー
スペイン語を公用語とするベネズエラの写真や民芸品など。

いる人種的，言語的，家庭的要素と関係性がないため，児童の間に肯定的で平等な社会関係を生み出している，という。

以上に見たように，South Boulevard 校の成功の裏には，児童の人種的，言語的，家庭的背景の多様性を豊かな資源として捉え，それを尊重し，すべての児童の可能性を信じる学校コミュニティの文化があると言えよう。

3　日本における多文化教育

神奈川県公立中学校の事例

日本の事例として，筆者が関わった神奈川県のＡ中学校の多文化教育の取り組みを紹介したい[22]。Ａ中学校は神奈川県大和市に位置し，近くに約2200世帯が居住する大規模な県営団地がある。近隣には1998年までインドシナ難民定住受け入れ拠点の「大和市定住促進センター」があったため，ベトナム，カンボジア，ラオスなどのインドシナ系住民が多く，中国やペルーなど10カ国以上の外国人世帯が住民の約２割を超えていた。このような地域性を反映して，Ａ中学校生徒の１割以上が外国籍生徒であった。

Ａ中学校では2000年度から選択教科「国際」の授業で，外国籍生徒のためのカリキュラムを設定し，彼らの母国の歴史や地理を教える教育を実践した。本授業を開講した理由は，学校内に外国籍生徒が抱えるいじめや不登校の問題があったこと，外国籍生徒が学校に来る理由や居場所を作ること，文化的背景に対し否定的な傾向にあるかれらのアイデンティティの確立に寄与することなどであった。さらに，外国籍生徒を中心に据えた教育課程は，日本の学校教育の同化主義的傾向を乗り越えて，多文化教育の可能性を示唆する試みであると見ることもできる。この授業実践は，先述のC・グラントとC・スリーターの類型の「人間関係」「単一集団研究」「多文化教育」のそれぞれのアプローチの要素を併せ持つものと考える。

授業は1年目には隔週，2年目以降は毎週実施され，年間15～20回程度行われた。1年目は，インドシナ3国（ベトナム，カンボジア，ラオス）の生徒だけのものだったが，2年目からは南米（ペルー，ブラジル，アルゼンチン出身日系人）と中国（中国残留孤児帰国者）の生徒など，2，3年生が対象になった。授業はその時々に応じて，生徒全員で勉強する全体学習と，3つの地域別，国別，および地域混合のグループ別に分かれて行われた。

1年目に行われた授業実践は，インドシナ3国からの難民の子どもを対象としていた。1学期から2学期の文化祭までは，家族の来日経緯や母国に関する基本的知識の確認を導入的に行った。例えば地理的知識を教える際には，単に地図を前にして都市の名前や地形などを教えるのではなく，生徒の親への聞き取りをさせることで，親の出身地，移動経路，滞在していた難民キャンプの場所を生徒に確かめさせた。この作業の成果は，2学期の文化祭において学内で発表された。文化祭が終わってから3学期までは，母国の成立の歴史，フランスによる支配，独立後彼らの家族が母国を出国するまでのインドシナ戦争の経緯，などの歴史的視点が取り入れられた。2年目は，生徒の出身国・地域について，生徒同士が学び合う協同学習が取り入れられた。

3年目には，3年の男子生徒Bと2年の男子生徒が放課後ふざけあっているうちに，Bがこの2年生にけがを負わせてしまうという出来事から，いじめの問題が重要な課題として取り上げられた。Bは小学校高学年で中国から来日し，日本語を流暢に話し，中国語を読んだり話したりすることができた。原学級や「国際」の授業でも，皆を笑わせたりする明るい生徒だったが，事件後に書いた作文では「孤独感」を抱えていたことを吐露した。これを機に，いじめ問題については外国籍生徒全員で考えなければならない問題であるとの認識に立ち，「国際」の授業でも討議の場が設定された。このときの討論・感想文では，生徒達から同様の経験をしたという共感が多く寄せられた。

「国際」の授業の取り組みは，外国籍生徒にルーツや母国を考えさせる機会として，同化主義的カリキュラムに対抗するオルタナティブを提起したと言える。また，学校の教員だけでなく学校外からも様々な立場のボランティア・スタッフが，その経験や専門を生かし授業を行うという体制をとったことも画期的な試みであった。開始当初，この授業に参加させられることに，意味を見いだせない，必要性を感じないと考えていた生徒から不満も聞かれた。さらに教えられている内容が理解できないことも生徒が消極的な態度を示す理由であった。様々な工夫をしながら実践を積み重ねた結果，学年末には，生徒から「親と話してみたい」，「母国のことについてもっと知りたい」という感想が聞かれるようになった。総じて本授業は，その目標である肯定的なアイデンティティ形成，居場所作りに寄与したと考えられる。反面，外国籍生徒のみを対象にし，日本人生徒が参加しない授業では，多文化教育が重視する多様な背景をもつ生徒間のよりよい関係作りが形成しづらいという限界も示されたといえる。

教育の共生に向けて

第1節で見てきたように，長年の人種隔離政策によって，社会構造的に平等な機会から排除されてきた黒人たちは，差別の撤廃と公正・平等な処遇を求めて公民権運動を起こした。運動が前進する端緒となったのがブラウン判決であり，これを境に運動は盛り上がりを見せていく。黒人の運動は，公民権法と投票権法へと結実し，様々な社会保障政策が実現し，教育の分野でも補償教育政策が実施されることとなった。

第2節では，公民権運動後のアメリカにおけるマイノリティ集団の教育の状況を取り上げた。人種言語的マイノリティの子どもたちの学業，アイデンティティに資する教育として期待され登場したのが，黒人の運動に端を発する多文化教育と二言語教育であった。公教育の枠組みの中で提供されてきた多文化教育と二言語教育は，その時々の社会経済的変化や教育政策の影響を受け，変更を余儀なくされてきた。2002年に連邦レベルでNCLB法が成立し，二言語教育から英語重視の教育へと方向転換がなされたが，オバマ政権はNCLB法の見直しを図っており，多文化社会アメリカにおける公教育は今後もダイナミックに変化していくことが予想される。

第3節では，日本の多文化教育の実例について言及した。アメリカに比べれば，多文化教育に対する政府や社会の取り組み，さらには学術的蓄積もまだ十分とは言えないが，異なる背景をもつ子どもたちの増加を見据えて，共生に向けた取り組みを進めていくことが大切だと考える。

課題

1．アメリカ合衆国における公民権運動は，その後の社会にどのような変化をもたらしたのかを説明してみよう。
2．世界には初等教育さえ受けられない人々がたくさんいる。このような現状は，その本人とその社会にとってどのような影響を及ぼすか考えてみよう。

註・参考文献

(1) この言葉は，トマス・D・ライスという白人の芸人が，ミンストレル・ショーで顔を黒く塗り，ジム・クロウという架空の人物に扮して歌と踊りを披露したことに由来すると言われている。
(2) 黒人に対する呼称は時代とともに変化してきたが，今日では一般に，黒人という呼び名以外に「アフリカ系アメリカ人」という使われ方がされている。
(3) 黒人に対する差別の形態は，法制化されたものだけはなく，リンチなどの暴力を伴う残忍な手段も含まれていた。
(4) ジェームズ・M・バーダマン著，水谷八也訳『黒人差別とアメリカ公民権運動——名もなき人々の戦いの記録』集英社新書，2007年，20-21頁。
(5) ジェイムズ・M・パターソン著，籾岡宏成訳『ブラウン判決の遺産——アメリカ公民権運動と教育制度の歴史』慶應義塾大学出版会，2010年，16-17頁。
(6) トルーマン政権は，1954年に「ブラウン対トピーカ教育委員会」裁判に提出した意見書の中で，「現在の自由と専制との間の世界的闘争という文脈のなかで…人種差別の問題」を審理するよう促し，人種隔離が世界におけるアメリカの地位にマイナスの影響を与えていると述べている。エリック・フォーナー，横山良・竹田有・常松洋・肥後本芳男訳『アメリカ自由の物語（下）——植民地時代から現代まで』岩波書店，2008年，135-136頁。
(7) 本田創造『アメリカ黒人の歴史』岩波新書，2007年，168-169頁。
(8) 大下尚一・有賀貞・志邨晃佑・平野孝編『史料が語るアメリカ——メイフラワーから包括通商法まで』有斐閣，2000年，210-211頁。
(9) 心理学者のケネス・クラークとメイミー・クラーク夫妻によって提示された研究成果によれば，黒人の子どもたちは，肌の色が違うだけでその他の点でまったく同じ白人と黒人の人形を見せられると，白人の人形を好んだという。
(10) スウェーデンの社会学者ミュルダールは，独立宣言の中で謳われている平等の信念と自由の権利というアメリカの理想的な原理に反して，現実の日常生活では黒人に対する人種差別と偏見が存在していることに言及し，それをアメリカ最大のディレンマであると論じている。Myrdal, Gunnar, *An American Dilemma, Vol. 1*, New Brunswick: Transaction Publishers, 1996.

(11)　大下尚一他編，前掲書。

(12)　米国大使館レファランス資料室『米国の歴史と民主主義の基本文書』2008年，152頁。

(13)　J・カラベル・A・H・ハルゼー編，潮木守一・天野郁夫・藤田英典編訳『教育と社会変動　上』東京大学出版会，1983年，24-27頁。

(14)　J・カラベル・A・H・ハルゼー編，前掲書。

(15)　Crawford, James, *At War with Diversity: US Language Policy in an Age of Anxiety*, Multilingual Matters Ltd, 2001, pp. 86-91.

(16)　カリフォルニア州では，「英語能力が不十分な児童生徒」に対する呼称として，以前は「Limited English Proficient, LEP 生徒」を使用していたが，現在は否定的な意味合いを含まない「English Learners, EL 児童生徒」を使用している。

(17)　関根政美『エスニシティの政治社会学――民族紛争の制度化のために』名古屋大学出版会，1994年。

(18)　ここでいう「承認」の背後にあるのは，ヘーゲルのいう相互承認論である。テイラーは個人や集団のアイデンティティは，周囲の人々の承認によって形成されると説き，不承認や歪められた承認は，害を与え抑圧の一形態になりうるとする。C・テイラー著，佐々木毅ほか訳『マルチカルチュラリズム』岩波書店，1996年。

(19)　ジェームズ・A・バンクス著，平沢安政訳『入門多文化教育――新しい時代の学校づくり』明石書店，1999年，12-13頁。

(20)　カール・A・グラント，グロリア・ラドソン＝ビリング編著，中島智子・太田晴雄・倉石一郎監訳『多文化教育事典』明石書店，2002年。

(21)　Heather Kathleen Olson Beal, *Speaking the Language of Integration: A Case Study of South Boulevard Foreign Language Academic Immersion Magnet*, A Dissertation Submitted to the Graduate Faculty of the Louisiana State University, 2008.

(22)　この活動に，筆者は2001年度から２年間参加したが，指導には教員の他，教育相談員，大学院生，研究者，当該地域在住の外国につながりを持つ高校生・大学生があたった。坪谷欧子・小林宏美・五十嵐素子「ニューカマー外国籍生徒に対する多文化教育の可能性と課題――神奈川県Ｓ中学校の選択教科『国際』における取り組みから」『〈教育と社会〉研究』14，2004年，54-61頁。

（小林宏美）

第Ⅲ部

メディア・生命との共生
―― メディア，医療，高齢化と死 ――

第8章
メディアと人権

メディアはあなたにとってどんな存在だろうか。現在，私たちの身の回りには実に多様なメディアが存在し，起きてから寝るまでずっと何らかのメディアと過ごすような生活を送っている。なかには，どこに行くにもケータイが手放せないという人，例えば食事をするとき，電車やバスでの移動中，友人と話している時でさえも常に手元にないと落ち着かないという人もいる。

私たちはまさしく「メディア漬け」の生活を送っているが，メディアは単に情報を伝えるだけではなく，私たちのものの考え方や価値観にも大きな影響を与える。メディアの影響力が増大する中で，私たちはどのようにして主体的に物事を判断することができるだろうか。この章では，メディアが私たちの社会に与える影響，そしてメディアの役割とは何かを考え，私たちがメディア社会を主体的に生きるために必要とされているメディア・リテラシーについて学ぶ。

メディア・リテラシーの授業の様子

1　メディア社会を生きる私たち

メディア，そしてメディア社会

メディア（media）とは，英語の“medium”の複数形であり，『広辞苑』[1]によれば「媒体，手段，特に，マス－コミュニケーションの媒体」とある。一度に多くの人へ情報を伝えることができる新聞，ラジオ，テレビは，マス（＝大衆）メディアと呼ばれ，影響力も大きい。マスメディアは，政権交代や地震速報などの重大な出来事を多くの人へ一斉に伝えることができる。

一方，パソコンやインターネット，ケータイなどニューメディアの発達に伴って，私たちはメディアから情報を受け取るだけでなく，比較的容易に情報を発信できるようになった。私たちはホームページやブログ，ソーシャル・ネットワーキング・サービスなど多様な方法で自ら情報を発信することができる。

みなさんは一日をどんなメディアと接しているだろうか。例えば，目が覚めればすぐにスマホをチェックし，テレビを見ながら朝の支度をし，通学途中の電車ではスマホでニュースを見たりゲームをしたりして時間を潰す。さらに，車内の中吊り広告やモニターを通して無意識の内に広告や雑誌の内容を目にする。大学に着けば友達とSNSで昼食の約束をし，パソコンでレポートを作成する。もしメディアがなければ，どのようにして1日を過ごすだろうか。友人や家族との連絡方法に困るだろうし，大学の授業に必要なレポートやプレゼンの準備，帰宅した後の余暇時間の過ごし方にも戸惑うかもしれない。また世界で何が起こっているかを知ることも難しい。このように，メディアが私たちの日常生活に深く浸透している社会を「メディア社会」という。

メディアが構成する「現実」

メディアには情報伝達という重要な機能がある。新聞やテレビ，インターネットのニュースサイトは日々起こる出来事を報道し，私たちはそれらを見て，いま世界で何が起こっているか，どんな事件や事故，社会問題が起こり，何が流行しているか，誰が人気を得ているかなどを知る。

ところが，メディアは世の中で起こっている出来事をすべて伝えられるわけではない。新聞の紙面やテレビニュース番組の時間枠には制限があり，あらゆる出来事を取り上げることはできない。インターネットサイトにおいても取り上げられる出来事とそうでないものがある。

このようにメディアは，その日に起こった出来事の中から重要なものは何かを判断している。新聞やテレビなどのニュースメディアは，もちろん事実を伝えてはいるが，それはありのままの世界ではなく，メディアによって選択され構成された「現実」なのである。

ただし，メディアによって構成された「現実」であっても，私たちにとって重要な情報源であることに変わりはない。政治とメディアを例に考えてみよう。私たちは面識のない政治家についても，「あの首相には期待できない」とか「あの政治家は若いのになかなか信頼できる」と様々に評する。テレビのニュース番組や討論番組，政治家のブログやネット上の発言を見て，どの人物が信頼できるか，次の選挙で誰に投票するかを判断している。メディアがなければ，私たちはどうやって選挙で投票する人や政党を決めるだろうか。タウンミーティングや選挙演説を直接聞かない限り，判断することは難しい。

このように考えると，私たちはメディアを通じて政治に参加しているとも言える。メディアは私たちに，「政治家の名前，年齢，出身地」といった単純な情報を伝えるだけでなく，政治家のイメージや政策の良し悪しなど私たちの考え方や判断の仕方，価値観に多大な影響を与えているのである。

では，私たちはメディアとどう付き合えばよいのだろうか。また社会に対して大きな影響力をもつメディアは，そもそもどのような役割を果たすべきなのだろうか。

メディアの役割

ここでは，マスメディアとして大きな影響力をもつテレビを例に挙げ，メディアの役割を考えてみよう。ラジオやテレビの放送は，放送法という法律によって規定されているので，まずはその放送法を手がかりに検討する。

放送法「第１章総則　第１条の３」には「放送に携わる者の職責を明らかにすることによって，放送が健全な民主主義の発達に資するようにすること」とある。つまり，メディアの役割とは何かと問われれば，まず大きな目的として民主主義社会への貢献が挙げられるのである。

またメディアは，独立した組織として放送への政治的介入を防ぎ，報道の自由を守るために，自らがどうあるべきかを律する自主基準や綱領を持っている。こうした自主基準は，日本放送協会（NHK）や日本民間放送連盟（民放連）のホームページで公開されているので見てみよう。NHK の「日本放送協会番組基準[(2)]」には，公共の福祉の増進や文化の向上に加えて，「基本的人権を尊重し，民主主義精神の徹底を図る」とある。

また日本民間放送連盟の「放送倫理基本綱領」にも同様に，「放送は，民主主義の精神にのっとり，放送の公共性を重んじ，法と秩序を守り，基本的人権を尊重し，国民の知る権利に応えて，言論・表現の自由を守る」とある。

このようにメディアは，法律においてもまた自らを律する自主基準においても，基本的人権を尊重しながら平和や公共の福祉，民主主義社会への貢献を責務として明言しているのである。

しかしその一方で，メディアが私たちの人権を侵害するような問題も起こっている。1994年６月に長野県松本市で起こった松本サリン事件では，猛毒のサリンが散布され，被害者である河野義行氏があたかも犯人であるかのような報道がなされ問題となった[(3)]。また，世間から大きな注目を浴びるような事件が起これば，新聞，雑誌，テレビ局など多数のメディアが一斉に取材対象のもとを訪れ，家人は買い物にも出られず，子どもは学校にも行けないなど，メディアによる集団的過熱取材も問題とされている。

これらメディアによる人権侵害に対して，メディア側が何も対応しなかったわけではない。1997年には NHK と民間放送連盟によって「放送と人権等権利に関する委員会機構（BRO）」を，さらに2003年に NHK と民放連は，放送番組向上協議会と BRO を統合する形で「放送倫理・番組向上機構（BPO）」を設置している[(4)]。現在も，放送による人権侵害や倫理上の問題について視聴者からの意見や人権侵害の申し立てを受け付けるなど，自律した機関として運営されており，2007年に起きた『発掘！あるある大事典Ⅱ[(5)]』におけるデータのねつ造やメディアによるやらせ問題などにも対応している。

多くの人に情報を伝えるマスメディアは，それだけ社会的影響力も大きく，人権侵害のような問題が起こった場合には迅速に対応しなければならない。しかし，人権侵害のようなメディア問題は，ある日突発的に起こるわけではなく，私たちが普段接しているメディアの日常的な活動の中で生じる。したがって，メディアと毎日接している私たちは，メディアが人権を尊重しながらその役割を果たしているかどうかを日々注意深く観察していかなければならない。これは，メディア社会を生きる私たちの責任でもある。

2　マイノリティの人権とメディア

では，どのような観点からメディアを見ればよいのだろうか。ここではメディアを分析する視点として，より権利を侵害されやすい立場にあるマイノリティの人権に着目してみよう。マイノリティとは，社会的少数者であり，ジェンダーや子ども，障がい者，高齢者，在日外国人などが含まれる。本節では「子どもとメディア」および「ジェンダーとメディア」をテーマとする取り組みを国際的な枠組みから振り返り，メディアによる人権の尊重や民主主義社会の構築がどのようにして可能なのかを考えていく。

子どもとメディア――国際的な枠組みの中で

(1)子どもの権利条約

まず1989年に国連で採択された「子どもの権利条約[6]」を手がかりに子どもの権利とメディアの関係を見てみよう。なお，ここでいう子どもとは「子どもの権利条約」に「子どもとは18歳未満のすべての人間をいう」とあるように，児童だけではなく18歳未満の若い人たちも含まれる。「子どもの権利条約」のうちメディアに関連した項目として第13条と第17条を見てみよう[7]。

第13条　表現の自由

子どもは表現の自由についての権利をもつ。この権利には，口頭，手書き，印刷，芸術の形態または自ら選択する他のメディアにより，国境とのかかわりなく，あらゆる種類の情報および理念を求め，受容し，伝える自由がふくまれる。

第17条　マスメディアへのアクセス

締約国はマスメディアの果たす重要な機能を認め，子どもが国の内外の多様な情報源からの情報及び資料，とくに子どもの社会面，精神面，および道徳面での福祉と心身の健康の促進を目的とした情報および資料にアクセスすることができることを確保する。この目的のために，締約国は次のことをする。

(a)　マスメディアが，子どもにとって社会的および文化的に有益でありかつ第29条の精神に沿う情報および資料を普及するよう奨励する。

(b)　国の内外の多様な情報源および文化的にも多様な情報源からの情報と資料の作成，交換および普及における国際協力を奨励する。

(c)　子ども用書籍の作成および普及を奨励する。

(d)　マスメディアが，少数者集団に属する子ども，または先住民族である子どもの言語上の必要性にとくに配慮するよう奨励する。

(e)　第13条および第18条の規定に留意して，子どもの福祉に有害な情報および資料から子どもを保護するための適切な指針の作成を奨励する。

第13条にあるとおり，子どもは，大人と同様に権利をもつ主体であり，メディアから情報を得て，さらに自ら表現する自由を有している。また第17条の(d)にあるとおり，とりわけ民族的マイノリティの子どもに対して配慮，支援の必要性があると指摘されている。

さらに，第34条には性的搾取・虐待からの保護として「締約国は，あらゆる形態の性的搾取および性的虐待から子どもを保護することを約束する」とあり，特にメディアと関連しては「ポルノ的な実演または題材に子どもを搾取的に使用すること」を防止する措置をとるよう求めている。[8]

したがって子どもとは，メディアから必要な情報を受け取ると同時にメディアにおいて表現する権利をもつ主体である。また，子どもの立場に立ったメディア環境とは，その権利を十全に発揮でき，子どもが搾取の対象とはならないようなものだと言える。

(2)子どもの視点でメディア環境を問う

では，子どもにとってよりよいメディア環境とは具体的にどのようなものだろうか。ここでは「子どものテレビ憲章」を参照しながらより詳細に考えてみよう。この憲章は，研究者や子どもの教育に携わる人が集い1995年に開催された「テレビと子ども」世界サミット（オーストラリア・メルボルン）において採択されたもので，子ども番組がどうあるべきかを提案している[9]。

1．子どもには，子どもを対象とし，子どものためにつくられた，良質の番組が必要である。それは，子どもを不当に搾取するようなものであってはならない。子ども番組は娯楽性に加えて，子どもの可能性を身体的，精神的，社会的に，可能な限り追究し，育むようなものでなくてはならない。
2．子どもはテレビ番組を通して，自分自身について，またコミュニティや自分の居場所について，肯定的に確信することができ，自分の文化や言語，生活経験を聞いたり，見たり，表現したりできなければならない。
3．子ども番組は，子ども自身にその文化的背景を自覚させ，理解を深めさせると同時に，子どもに対して，他の文化への自覚と理解を促すようなものでなければならない。
4．子ども番組は，その種類と内容において多様なものでなければならないが，不必要な暴力や，セックスシーンを含んでいてはならない。
5．子ども番組は，子どもが視聴し得る時間帯に，定期的に放送され，そして／または，広く利用し得るメディアかテクノロジーにより，送信されなければならない。
6．子ども番組をできる限り高い水準にもっていくための，十分な資金が用意されなければならない。
7．政府，制作会社，配給会社，資金を提供する組織は，先住民族の子どものためのテレビについて，その重要性と繊細さを認識し，これを支え，保護するための方策を講じなければならない。

上述のとおり子ども番組とは，子どもを対象とし，子どもが自分の可能性を信じ，自分のコミュニティ，居場所，文化について肯定的に受け止められるものでなければならない。また，子ども番組は多様な内容で，不必要な暴力やセックスシーンを排除するものでなければならず，さらには子どもの視聴時間帯にも配慮が必要である。また，6と7で示されているように，そうした番組を制作するための体制も整えることが求められる。

さらに，1998年に開催された第2回「テレビと子ども」世界サミット（イギリス・ロンドン）で採択された「子どもの電子メディア憲章」のうち，テレビの番組内容に関わる部分を以下に抜粋する。[(10)]

9．子どもは番組放送中，コマーシャルなしに番組を見ることが出来なければいけない。

11．暴力のための暴力，問題解決のための暴力が奨励されてはならない。

13．すべての子どもはテレビで平等に扱われなければならない。これは年齢，人種，障がいを持つ者，持たない者，そしてすべての身体的外見を含む。

14．テレビ制作者は視聴障害や聴覚障害を持つ子どもを含め，すべての子どもが子どものための番組を見たり聞いたりできることを確認しなければならない。番組はそれを見ている子どもの国の言語に翻訳されなければならない。

これらの基準に照らして，日本の子ども向けテレビ番組を見直してみよう。コマーシャルなしで見られる子ども番組はどの程度あるだろうか，子ども番組の中で暴力はどのように表現されているか，すべての子どもが平等に扱われているか，例えば障がいをもつ子どもは1週間のうちどのくらいテレビに登場するか，また視覚や聴覚の障がいをもつ子どもが子ども向け番組を見ることができているか。このような観点からテレビ番組を見直すと，日本のメディア環境が子どもの権利を十全に反映したものであるかどうか，また反映させるためにはどうすればよいかを考えることができる。

⑶子どもの視点から考える

これまで見てきたように，子どもの立場からよりよいメディア環境とは何かを考えるには，子どもの権利が十分に反映されているかどうかが重要なものさしとなる。ここではマスメディアであるテレビを主に取り上げて考えてきたが，インターネットやケータイなどニューメディアの発達によって，子どもが自ら情報を発信することが可能となるなど，子どものメディア環境は大きく変わりつつある。こうした新しいメディア環境においても，子どもの権利が守られているかどうかという視点から考えることが重要である。

例えば近年，ネット上に子どものわいせつな画像が公開されるといった児童ポルノの被害や，子ども自身による安易な情報発信など様々な問題が新たに起こっている。これらの問題について考える際，有害情報からどのようにして子どもを守るかではなく，子どもには搾取されない権利があり，その権利をどう守るかという観点から議論を進めなければならない。

今後，デジタルメディア時代の子どもの権利とは何か，どのようにその権利を反映させたメディア環境を整えるかといった議論はますます重要になるだろう。そして，メディアが私たちの生活に深く浸透しているメディア社会であるからこそ，子どももまたメディアに対する主体的な姿勢をもつことが求められ，そのための能力としてメディア・リテラシーが必要なのである。

ジェンダーとメディア――国際的な枠組みの中で

次に，ジェンダーの視点からメディアとの関係を考えてみよう。ジェンダーもまたメディアの役割や人権について考えるときの重要なテーマであり，国際的な枠組みの中で取り組まれてきた。

「ジェンダーとメディア」の国際的な動きの中で転機となったのは，1995年に国連が主催し，北京で開催された第4回世界女性会議（以下，北京会議とする）である。世界女性会議は，国連が1975年を国際女性年と制定してから5年あるいは10年ごとに開催されているものであり，女性問題の解決および男女平等の実現に向けての課題が検討されてきた。北京会議では最終日に「行動綱領[11]」が採択され，そこには女性問題を解決するための12の重大問題領域が設定されている。「女性とメディア」はその1つであり，男女平等を実現する上でメディアの問題も不可避の項目として提示されているのである。

なお，「女性とメディア」の他には，「女性と貧困」「女性の教育と訓練」「女性と健康」「女性に対する暴力」「女性と武力闘争」「女性と経済」「権力及び意思決定における女性」「女性の地位向上のための制度的な仕組み」「女性の人権」「女性と環境」「少女」といった領域がある。男女共同参画局のホームページで公開されている邦訳を読めば各領域とメディアの関連を確認できる[12]。

(1)北京行動綱領が提起したもの

上述の「行動綱領」には，各領域における男女平等に向けた課題が述べられている。「J項．女性とメディア」では，メディアの急速な発達とともにその影響力が増したこと，コミュニケーションの領域で働く女性の少なさ，メディアにおける女性表現の問題，女性のメディアへのアクセスやジェンダーの視点を組み込んだ政策の重要性を述べた上で，以下の2つの目標を提示している。[13]

戦略的目標J1．メディアと新しいコミュニケーション・テクノロジーにおいて，またそれらの活用を通して，表現と意思決定への女性の参加とアクセスを拡大すること。

戦略的目標J2．メディアの女性表現を調和のとれたステレオタイプではないものにする（メディア内容におけるジェンダーの平等と公正の推進）。

戦略的目標J1は，メディアで働く女性の少なさ，パソコンなどのメディア利用における男女格差といった状況を鑑みて，女性がメディアを活用し，積極的にメディアへ参画することを奨励している。

戦略的目標J2にあるステレオタイプとは，「紋切型の，型にはまった画一的な表現」のことである。例えば，「女性は家事を担い，男性は外で働く」といった男女の固定的な役割もそのひとつである。テレビCMで「母親が家事をして父親が仕事に出かける」，あるいはニュース番組で「男性の政治家が消費税増税を提案し，スーパーで買い物中の女性が将来の不安な面を吐露する」といった場面をよく目にするだろう。メディアに見るこのようなステレオタイプな表現は，女性の役割を限定した形で表現し，否定的である，また時には性差別的であるとして長い間批判の対象とされてきた。現在では「イクメン」が登場したり，女性が積極的に仕事をしたりするなど，ジェンダーの役割にも変化が見られるが，依然として伝統的な男女の役割がメディアで示されていたりもする。

では，これらの課題に対してどんな取り組みがなされてきたのだろうか。「行動綱領」ではこの2つの戦略目標について「政府，メディア，NGO」のそれぞれに対し「とるべき行動」が示されている。政府やメディア組織に対しては，ジェンダーに関するガイドラインの作成や女性がメディアで働くための教育，研修の実施が挙げられている。ここで重要なのは，政府やメディア組織だけでなく，市民の代表であるNGOもまたメディア問題を解決するための重要な担い手と位置づけられている点である。私たちも「市民」の立場からメディア環境を問い直すことが可能なのであり，そうした活動は市民の責任でもあるといえる。

(2)メディア変革に向けた市民活動――ジェンダーの視点から

では，市民の立場からメディア問題にどのようにして関わることができるのだろうか。本節では，上述の目標を達成するための活動としてグローバル・メディア・モニタリング・プロジェクト（Global Media Monitoring Project，以下GMMPとする）を紹介する。GMMPは，文字どおり，世界のメディアをモニター調査する活動である。具体的には，メディアがどのようなニュースを取り上げ，そこで女性と男性がどう表現されているかを分析するものであり，これまで1995年より5年ごとに行われている[14]。

GMMPは，世界100数カ国の市民グループが参加して世界のメディアを一斉にモニター調査する壮大なプロジェクトである。事務局として運営の責任をもつのはイギリス・ロンドンおよびカナダ・トロントを拠点に活動する国際NGO，World Association for Christian Communication（以下，WACCとする[15]）である。このプロジェクトは，北京会議の前年にあたる1994年にその準備会議として行われた「女性のエンパワーメントとコミュニケーション（Woman Empowering in Communication）」国際会議（バンコク）で，世界のメディアにおけるジェンダーステレオタイプを明らかにしようと提案された。1995年の第1回GMMPには世界71カ国のモニターグループが参加し，その分析結果は北京会議（1995，北京）のNGOフォーラムで発表されている[16]。

日本は，NPO法人FCTメディア・リテラシー研究所（以下，FCTとする[17]）が中心となり1995年から参加している。1995年1月18日に実施されたGMMP1995には，研究者だけでなく，メディア組織で働く人，大学生，教員，メディアに関心をもつ市民が参加した。その後，5年ごとに実施され，4回目となるGMMP2010は世界108カ国からのモニターグループの参加によって2009年11月10日に実施された[18]。

世界100数カ国の参加という壮大なプロジェクトを支えるのは，国際的なネットワークによる人々の団結である。GMMPの実施前には先述の国際NGO，WACCを中心に分析方法の検討や事前会議などが行われる。GMMP2010の実施に向けては“Monitoring Methodology Workshop”が，フィリピン・マニラにあるNGO，Communication Foundation for Asia（2009年10月）で開催された。このワークショップには，日本，バングラデシュ，中国，マレーシア，ネパール，フィリピン，韓国，タイ，ベトナムから代表者が参加し(19)，分析方法の習得や各国のメディア状況の報告を行った。こうした活動は，メーリングリストやGMMPのサイトなどのメディアを活用しながら進められる。GMMPは，国際的なネットワークをベースとしてメディアを活用しながら実施されてきたのである。

(3)ジェンダーの視点でメディアを読み解く

では，GMMPの分析調査から何が明らかになるのだろうか。本節ではGMMP1995から2010までの分析結果を用いて説明する。GMMPの調査は主に，ニュースメディア（新聞，ラジオ，テレビ）の登場人物のジェンダー割合を明らかにするものである。登場人物は2つに大別され，一方はキャスターやレポーター，記者など「ニュースを伝える人物」であり，もう一方はインタビューや会見での発言者，事件・事故の被害・加害者など「取り上げられる人物」である。GMMPの調査結果について，世界と日本の結果を比較してみよう。

図8-1は，「ニュースを伝える人物」のうち「テレビ・ラジオ局のキャスターのジェンダー割合」である。1995年は女性51％，男性49％，2000年は女性49％，男性51％，2005年は女性53％，男性47％，2010年は女性49％，男性51％となっており，調査を開始した1995年当時から女性と男性の割合はバランスのとれたものとなっている。

ところが，図8-2「テレビ・ラジオ局のレポーターや新聞記者のジェンダー割合」の結果は異なる。1995年は女性28％，男性72％，2000年は女性31％，男性69％，2005年は女性37％，男性63％，2010年は同じく女性37％，男性63％とある。番組のホストであるキャスターの割合はジェンダーのバランスが取れている一方，現地で取材するレポーターの割合は，回数を重ねる度に男女比が小さくなるものの，現在でも男性が圧倒的に多い結果となっている。

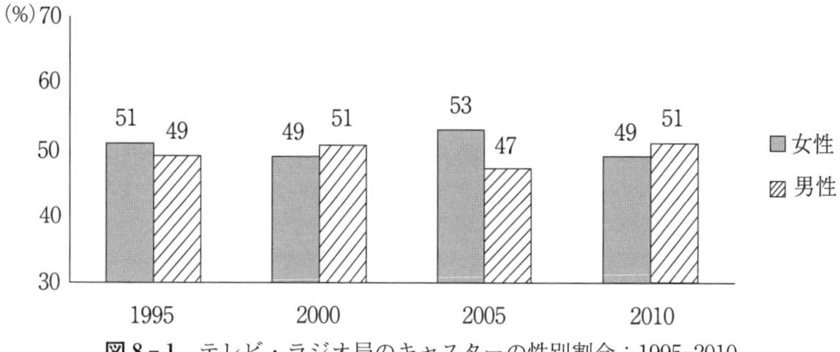

図8－1　テレビ・ラジオ局のキャスターの性別割合：1995-2010

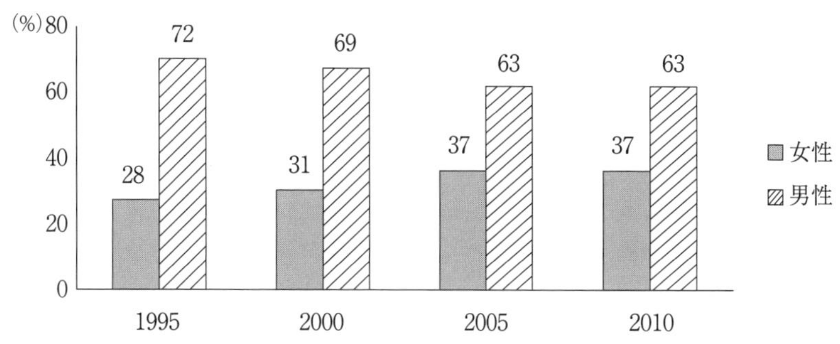

図8－2　テレビ・ラジオ局のレポーター・新聞記者の性別割合：1995-2010

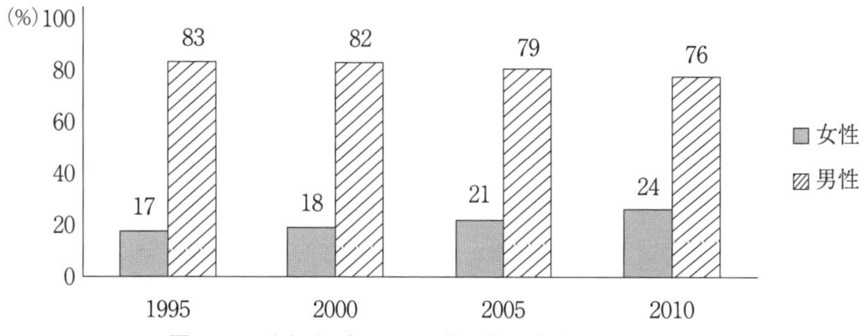

図8－3　取り上げられる人物の性別割合：1995-2010

（注）図8－1，8－2，8－3：GMMP 1995，2000，2005，2010の報告書を基に作成（登丸）。

図8－3は，インタビューで発言する人，事件の被害者や加害者など「取り上げられる人物」のジェンダー割合である。1995年が女性17％，男性83％，2000年は女性18％，男性82％，2005年は女性21％，男性79％，2010年は女性24％，男性76％である。ニュースを伝える側の人物の割合と比較しても，男女差は大きく，女性は圧倒的に少数である。

既述したように，ニュース報道は世界で起きたあらゆる出来事を報道しているわけではなく，重要だと判断したものだけをニュースとして私たちに見せている。したがって，ニュースに登場する人物もまた選び出された人物であるといえる。そう考えると，「取り上げられる人物」で圧倒的に男性の割合が高いのはなぜだろうか。「取り上げられる人物」とは，具体的には専門的な見解を求められる研究者や弁護士，組織を代表する政治家や企業の社長であり，こういった立場で登場する人物は男性が多い。一方，「一般市民」としてデパートで買い物中の人や街中を歩く人，学生などもコメントを求められ，ここでは女性も多く登場する。登場する人物の社会的立場や年齢，発言内容などを考慮に入れると，より詳細な分析を行うことができるだろう。

「メディアに登場する女性の割合は男性と比較して圧倒的に低く，ジェンダーのステレオタイプが依然として提示されている」という GMMP の結果は，メディアが事実をありのままに伝えているわけではないことを示している。では，なぜジェンダーの偏りがあり，ステレオタイプな表現が示されるのだろうか。こうした疑問をもつことが，GMMP の参加者にとってメディアをクリティカルに分析し，積極的にメディアと関わろうとする第一歩になるだろう。

3　メディア・リテラシー

GMMP は，研究者が行うようなメディア分析ではなく，市民がメディアの変革を目指して行うものであり，メディア・リテラシーへと展開できる活動だと言えるだろう。なぜなら，GMMP にはメディア研究者や専門家だけでなく，様々な職業やメディアに関心をもつ市民，学生が参加している。メディア・リテラシー研究の第一人者であるレン・マスターマン（1999）は，「メディア・リテラシーは重要で意義のある取り組みである。その中心的課題は多くの人が力をつけ（エンパワーメント），社会の民主主義的構造を強化することである」と述べる[20]。GMMP の活動を通して，メディアをクリティカルに読み解く能力を養うことはまさに「私たちのエンパワーメント」だと言える。

メディア・リテラシー（Media Literacy）のリテラシーとは，辞書を引くと，「識字，読み書き能力[21]」とある。簡潔に述べれば，メディアの読み書き能力，つまり，メディアの分析と制作という両面から成る能力である。鈴木（1997）は，メディア・リテラシーを「市民がメディアを社会的文脈でクリティカルに分析し，評価し，メディアにアクセスし，多様な形態でコミュニケーションをつくりだす力をさす。また，そのような力の獲得をめざす取り組みもメディア・リテラシーという」と定義する[22]。

クリティカルの意味を辞書で引くと「批判的」という言葉が出てくる。ただし，ここでのクリティカルとは，相手を一方的に非難するような意味合いではなく，社会的文脈でメディアを様々な角度から読み解くということである。メディア・リテラシーとは，クリティカルな思考力を鍛えながらメディアを読み解く能力とコミュニケーションを創り出す能力の両者から成る。

筆者が大学や市民講座で行うメディア・リテラシーの授業やワークショップでは，まずニュース番組やCM，ドラマなどの映像を個人で分析し，その後，4，5人のグループでディスカッションを行う。グループディスカッションを通して，「メディアがどのように構成されているのか」「なぜそのように構成されているのか」を問いかけながら，グループの対話によって分析を進めていく。また，設備が整えばビデオカメラやデジタルカメラを用いて制作も行う。分析においても制作においても，対話によってメディア・リテラシーを学び，クリティカルな思考を身に付けていくのである。

なぜ，コミュニケーションを創り出すことが重要なのだろうか。日本では，ジェンダーや外国人，子どもなどのテーマで表現活動を行っている団体がある。以下に挙げた団体の活動内容や理念を調べると，なぜコミュニケーションを創る活動が必要なのかを考えることができる。

・OurPlanet-TV（http://www.ourplanet-tv.org/）は，非営利のメディア組織である。サイトから興味のあるドキュメンタリー番組を見ることができる。

・たかとりコミュニティセンター（http://www.tcc117.org/）は，神戸市長田区で阪神淡路大震災時に外国籍の人へ情報を届けようと活動が始まり，コミュニティラジオ局のFMわぃわぃ（http://www.tcc117.org/fmyy/index.php）は，世界の10の言語で放送を行っている。Re：C（http://www.tcc117.org/rec/）は，多文化な背景をもつ子どもたちによる表現活動として，映像作品やラジオ放送を行っている。

コラム2　ジェンダー

みなさんは初対面の人に会ったら，その人のどんな情報を知りたいと思うだろうか。年齢や所属大学などの情報と共に性別を気にするのではないだろうか。たいていの場合わざわざ相手に聞かずに，髪形や服装，態度でそれを判断する。性別は，私たちが他人と接し，他者を理解する上で大いに関心を寄せる点である。

ジェンダー（gender）の意味を英語の辞書で調べると，はじめに「性」という訳がある。「あなたのジェンダーは何ですか」と聞かれれば，自分の性別を「男性です」などと答える。ジェンダーにはまず性別そのものという意味がある。

大学の授業や学術書籍でよく目にする「ジェンダー」はこれとは少し異なる。生物学的な性別（セックス）と「社会的性役割や身体把握など文化によってつくられた性差」（岩波女性学辞典，2002年）を分けており，ジェンダーは社会的性差を意味する。私たちは生まれた瞬間に身体的な特徴から女性あるいは男性と判別されて，女の子や男の子として育てられていく。「男のくせに泣いてはいけない」「女の子はおしとやかに」と言われたり，あるいはそのような「男だから」「女だから」という縛りに反発を感じてきたりした人もいるかもしれない。

シモーヌ・ド・ボーヴォワールの「人は女に生まれない，女になる」という有名な言葉に代表されるように，生物学的に女性であるから自然に女性らしくなるのではなく，女性らしくなることが求められるのである。したがってジェンダーとは，本質的なものではなく社会的に構成された性差を意味し，また社会的に構成されたものであるからこそ，ジェンダーは男性を優位とする家父長社会の構造を分析し批判するためのツールとして用いられるようになった。

一方，ジェンダー・ロール（男女役割）という用語もよく使われる。これは，「男性は外で仕事をし，女性は家庭を守る」など，男性と女性に求められる社会的な役割のことである。この用語もまたジェンダーの役割を批判的に検討する意味合いで用いられる。「日本ではすでに男女平等が実現され，性差別なんて感じない」と言う人も多いかもしれない。ところが，世界経済フォーラム（World Economic Forum）「The Global Gender Gap Report 2020」をみると，日本は各国の男女格差を測るジェンダー・ギャップ指数において調査対象153カ国中121位であった。政治や経済分野におけるジェンダー平等の実現は他国と比較して大きく後れを取っている。日本の政治家に占める女性の割合を調べてみよう。なぜ女性はこれらの分野になかなか進出できないのだろうか，またどうすればジェンダーの平等が実現するだろうかを考えてみよう。

なお現在では，男と女という二分法が否定され，身体的な性別であるセックスも社会的性差を意味するジェンダーも男女に二分されるのではなくもっと多様なものとして認識されている。

〈引用・参考文献〉

井上輝子・上野千鶴子・江原由美子・大沢真理・加納実紀代編『岩波 女性学辞典』岩波書店，2002年。

加藤周一『知らないと恥ずかしいジェンダー入門』朝日新聞社，2006年。

コラム3　在日外国人

現在は，人，モノ，情報が地域や国境を越えて地球規模で移動するグローバル時代である。人の移動に着目すると，海外旅行や留学などで日本人が国外へ出るだけでなく，日本国内にも数多くの外国人が暮らしている。とりわけ日本では1990年の出入国管理法及び難民認定法改定以降，外国人が増加している。法務省による外国人登録者数の発表によれば，1990年に107万5317人と初めて100万人を超え，2005年には201万1555人と200万人を突破した。2020年３月末現在の在留外国人数は293万3137人と過去最高となった。国籍（出身地）別にみると，「中国」出身者が最も多くて81万3675人，次に「韓国」44万6364人，さらに「ベトナム」41万1968人，「フィリピン」28万2798人，「ブラジル」21万1677人と続く。これら上位５カ国はすべてアジアと南米の国であり，「韓国」を除いていずれも増加傾向にある。日本のグローバル化は，アジア・南米中心であると言えるだろう。

在留資格別外国人登録者数を見ると，外国人登録者数の増加に伴って永住者の割合も増加しており，2020年３月現在，在留外国人を在留資格別にみると，「永住者」79万3164人，「技能実習」41万972人，「留学」34万5791人，「特別永住者」31万2501人と続く。「特別永住者」を除いていずれも増加傾向にある。つまり観光旅行や短期滞在ではなく，日本に定住する外国人が増加しているのである。それに伴って国際結婚や外国にルーツをもつ子どもも増えている。みなさんの友達の中にも外国にルーツをもつ人がいるだろう。

また，2008年度からインドネシア人，2009年度からフィリピン人の看護師，介護福祉士候補生の受け入れを行い，2011年７月５日までに累計で793人が入国している。候補生は受入れ施設で就労しながら，日本の国家試験合格を目指して研修に従事し，資格取得後は看護師・介護福祉士としての滞在・就労が可能となる。2011年３月に発表された看護師国家試験の結果を見ると，外国人に限った合格率は４％と著しく低い。候補生らは出身国で看護師資格を取得済みであることを考慮すると，日本語が大きな壁となっていると考えられる。

このようにグローバル化とは，すでに私たちの地域で始まっており，みなさんの隣人として外国人が数多く暮らしている。そうした外国人は，日本語の問題だけでなく，日本やその地域独特の文化が分からずにトラブルやストレスを抱えることも多い。そうした場合に「なぜ日本語，日本文化が分からないのか」と一方的に捉えるのではなく，「多様な文化を受け入れ共に生きるにはどうすればよいか」といった視点で考える必要がある。前述の看護師候補生も日本語の難解さによって資格取得に苦慮しているが，もともと能力がないわけではなく，出身国では活躍していた人たちである。日本においても外国人の力を十分に発揮できる環境を作ることが求められている。

地域の国際交流協会・センターが中心となり，外国人支援や地域住民の国際理解に関する取り組みを行っている。まずは近くの国際交流センターや日本語ボランティア教室を覗いてはどうだろうか。地域で共に暮らすために何ができるかを考えてみよう。

〈引用・参考文献・ホームページ〉

㈶アジア・太平洋人権情報センター編『アジア・太平洋人権レビュー2011 外国にルーツをもつ子どもたち　思い・制度・展望』現代人文社，2011年。

法務省「令和元年末現在における在留外国人数について」http://www.moj.go.jp/nyuukokukanri/kouhou/nyuukokukanri04_00003.html（2020年9月29日アクセス）。
厚生労働省「経済連携協定に基づく外国人看護師・介護福祉士候補者の受け入れ等について」http://www.mhlw.go.jp/bunya/koyou/other22/ および http://www.mhlw.go.jp/bunya/koyou/other21/index.html（2011年8月31日アクセス）。

◆◆◆◆◆◆ 課題 ◆◆◆◆◆◆

1. 私たちはメディアとどのように接しているだろうか。1日の行動を振り返り，メディアはあなたにとってどんな存在かを考えよう。
2. 本章で紹介しているメディアの自主基準を参照しながら，子どもにとってよりよいメディア環境とはどのようなものかを考えよう。

註

(1) 『広辞苑』第五版，2000年。
(2) 日本放送協会番組基準（http://www.nhk.or.jp/pr/keiei/kijun/index.htm）。
(3) 松本サリン事件については，河野義行『「疑惑」は晴れようとも』文藝春秋，1995年，およびビデオ，浅野健一監修「ドキュメント人権と報道の旅」現代人文社，1997年を参照。
(4) 放送倫理・番組向上機構（http://www.bpo.gr.jp/bpo/）。
(5) テレビ番組「発掘あるある大事典Ⅱ」（関西テレビ制作）が実験データをねつ造し，根拠のない内容を放送したとして問題となり，番組が打ち切られた。
(6) 日本は1994年に批准。
(7) なお「第29条 教育の目的」や「第18条 親の第一義的養育責任と国の援助」は後述するメディア・リテラシーと関連する項目である。
(8) 喜多明人・森田明美・広沢明・荒牧重人編『[逐条解説] 子どもの権利条約』日本評論社，2009年，199頁。
(9) 邦訳はFCTによるものであり，鈴木みどり編『新版 Study Guide メディア・リテラシー［入門編］』リベルタ出版，2004年，121頁を参照。
(10) 同書，122頁。
(11) 第4回国連世界女性会議「行動綱領」（http://www.gender.go.jp/kodo/index.html）。
(12) 同頁。
(13) 邦訳は，鈴木みどり編『Study Guide メディア・リテラシージェンダー編』リベルタ出版，2003年，165-166頁。
(14) 筆者は2000年に実施のGMMP2000からこの調査に参加しているが，ここでは2010年に実施されたGMMP2010の活動を重点的に取り上げる。
(15) World Association for Christian Communication（http://waccglobal.org/）。
(16) 調査結果の詳細は，報告書 '*Global Media Monitoring Project: Women's*

Participation in the News', MediaWatch, Canada, 1995, を参照。
(17) NPO法人メディア・リテラシー研究所（http://www.mlpj.org/）。
(18) GMMP2010（http://www.whomakesthenews.org）。
(19) 日本の代表者として筆者が参加。
(20) レン・マスターマン「メディア・リテラシー18の基本原則」鈴木みどり編，前掲書，2004年，120頁。
(21) 『広辞苑』第五版，2000年。
(22) 鈴木みどり編『メディア・リテラシーを学ぶ人のために』世界思想社，1997年，8頁。

参考文献

金山勉・津田正夫編『ネット時代のパブリック・アクセス』世界思想社，2011年。
鈴木みどり編『新版 Study Guide メディア・リテラシー入門編』リベルタ出版，2004年。
武市英雄・原寿雄責任編集『グローバル社会とメディア』ミネルヴァ書房，2003年。

（登丸あすか）

第9章
病者との共生

本章では，病者との共生について学ぶ。釈尊は生老病死を四苦と言った。人間の一生とは，やがて病気となり，老い，それと同時に身体が不自由となり，そして死を迎えるということである。しかし，若い皆さんには，これらが何か遠くにあること，今のところ自分とはあまり関係がないことのように思い，気付かないでいるのではないだろうか。皆さんが，老病死について他人事としてではなく，自らの課題に引き寄せて考えることが重要なのである。

本章では，とくに「病む者」について省察する。私たちは〈欠如〉を内包し，その〈足らないもの〉をお互いに補完しながら生きている存在である。今や「お互いさま」という言葉は死語になりつつある。自らも「病む者」であり，そして他者たる「病者」と共に生きることについて考えてみよう。

作業療法学科の演習風景

1　病気とは何か

私たちは，病気から逃走し健康を追求する無病息災を願う。現代はヘルシズム（健康至上主義）であると言われるように，周りを見ると街中に健康食品やサプリメント等が氾濫し，ジョギングやスポーツジムで汗を流す人がいる。健康を追求するあまりに，健康でなければならないと「健康に怯(おび)える」「健康に押しつぶされる」生活であるのかもしれない。また，抗菌グッズが店頭に並び，人間は限りなく，無菌状態へ接近しているとも言えよう。

私たちは健康に対して，病気と言う。しかし，病気が全くなく完璧に健康な人などいるのであろうか。人間の死亡率が100％と同様に，病気率も100％であり，誰もが病気になる可能性がある。誰でも人間ドックなどで厳密に検査し診断をすれば，病気を持たない人など誰もいないのである。健康診断の検査による「基準値」をほんの少しでも逸脱すれば，それは「異常」となり病気と認定されてしまう。近頃では医者は「病気を診るが，病人を診ない」とも言われる。これは，医者が人間全体を診るのではなく，人間の一部分だけしか診ないと言うことである。健康（health）とは，ギリシャ語の holes（全体）に由来し，holes は whole につながる。癒す（heal）も同様に holes に由来する。癒すとは，部分ではなく全体を恢復することなのである。このように現代では，ホリスティク・メディスン（holistic medicine）が求められている。現代の医療は〈キュア〉が中心で，〈ケア〉が忘れられているという批判がある。当然ながら〈キュア〉と〈ケア〉が決して対立するものではなく，一体となった医療がの望まれるである。〈ケア〉とは，世話，看護，介護するなど，他者へ配慮する行為である。すなわち，他者のために自分の「時間をあげる」行為なのではないだろうか。また〈ケア〉には，歓待性（ホスピタリティー）と傷つきやすさ（脆弱性，ヴァルネラビリティー）との密接な関係性があらわれているとも言える。

「ケアの倫理」が提起され，また「人間とはケアする動物である」といった定義があり，〈ケア〉の概念をジェンダーや道徳性の問題など，活発な議論が展開されている。さらには現代医療の課題として，「医が仁術ではなく，算術」であってはならないことも付言しておく。

フランスの思想家フーコー（1926-84）は『臨床医学の誕生』で，18世紀までは医者は病人に「どうしたのですか」と問診したが，近代以降には，それは「どこが具合悪いのですか」という問診へ変化したという。医者が病気を「全身に関わるもの」から人間の身体を「機械のようにいくつもの部品で構成されているもの」と見なす眼差しに変化したということである。これは，病気を全体で診るのではなく，人体を構成する部品の一部が故障したと捉えようとする見方に変化したことを意味している。

人間とは，たとえ健康であったとしても病気になる可能性を持ち，病気と共に生きる存在なのである。人間とは，苦しみ悩む存在，ホモ・パティエンスなのである。人間だけが病気の苦痛に悩み，死の不安に怯える存在なのである。私たちは，無病息災を願うだけではなく，「持病」を抱えて生きていく一病息災という発想も忘れてはならない。人は病気になると治療を行う。病気を敵と見なし，闘病という。あるいは，ガン制圧のように制圧という。病気は人間にとって負（マイナス）なるものであるから，何とかして退治し，根治しようとする考え方である。かつて近代医学が確立される前は，人間は病気と馴れ親しみ，病気と共に生きてきた。どんなに近代医学が進歩しても，人間は病気を内包しながら生きているのである。現代のヘルシズムの前提は，健康を正常とし，病気を異常とする差別と排除の発想なのである。このような差別と排除を取り除くには，人は誰でも病気を持ち，病気と共生しているという認識が必要である。さらに言えば，人間は負の部分を含めた，不完全なシステムとしての存在なのである。私たちは〈欠如〉を内包し，その〈足らないもの〉をお互いに補完しながら生きている存在である。今や「お互いさま」という言葉は死語となりつつある。自らも「病む者」であり，そして他者たる「病者」と共に生きる（共生）を考えることが肝要なのである。

また病気には，その個人の属している社会の広がりや，歴史の重みのなかで，考えなければならない側面もある。ひとつには，病気や病名が「象徴的な意味」をもち，病気本来の姿を離れて，社会的な意味を持って一人歩きをし，社会的差別の偏見の対象になることが挙げられる。スーザン・ソンタグは，これを「隠喩としての病」と論じたのであった。

2　病者への差別と排除

私たちは，病気に対する偏見や過大な恐怖心から病者を排除し，差別することから起こる人権蹂躙がある。現代のエイズをはじめ，ペスト，コレラ，ハンセン病，精神病などに対する差別や排除がこれにあたる。ここでは，ハンセン病とペストを事例に，歴史的な経過をたどりながら時代精神を読み取り，病者への差別と排除の実態を直視する。そして，この病者への否定的な眼差しをどのように超剋し，病者と共に生きるかを考えてみよう。

ハンセン病

(1)ハンセン病とは

このような小国が日本列島の中にあるという。島比呂志の寓話小説『奇妙な国』の舞台となった小国が現実に存在したのである。

この小説は「あなたがたは，面積が40 haで人口が千余人という，まったく玩具のような小国が，日本列島の中に存在していることをご存じだろうか。」で始まる。続いて，「一国を形成する以上は，厳とした国境があり，出入国管理令に依らざればみだりに出入国はできないし，また憲法や建国の精神というものがあって，国民生活に秩序があることも一般の国家と変わらない。」とある。ただ他の国家と変わる点は，国家の目標が発展にあるのではなく，「この国では，滅亡こそが国家唯一の大理想だということだ[1]」という。

このような「奇妙な国」が，日本列島のどこにあるのだろうか。この小国とは，「ハンセン病療養所」のことであり，出入国管理令とは「らい予防法」を意味している。そして，なぜ滅亡が国家唯一の大理想なのだろうか。ここでは，ハンセン病者への差別・偏見・排除という否定的な眼差しを考えてみよう。

ハンセン病とは，病原菌の発見者であるノルウェーのハンセンの名前をとって呼ばれるもので，かつては「らい（癩）」と呼ばれていた。症状は身体の末梢神経が麻痺することや，皮膚に発疹ができるなどが特徴である。ハンセン病は，急性の感染症とは異なり，感染力が非常に弱く，乳幼児以外には，ほとんど発病の危険性がない感染症であり，長い経過をたどって皮膚や神経が侵される病気である。その潜伏期間が数年から20数年にわたり，家族内で感染することが多いので，遺伝病と誤解されがちであった。現在では，たとえ感染したとしても，プロミンなどの特効薬や多剤併用療法により，後遺症を残さずに治癒する病気である。

ハンセン病については，日本では古くから寺院や神社などのアジールに，隔離されることなく暮らしている集団があった。しかし，開国から富国強兵へと上からの「近代化」を国家が推進するようになると，対外的に浮浪するハンセン病者をどのように取り扱うかが検討された。その結果，近代国家としての対面を重んじ，「外からの視線」を気にしながら，「文明国という盛装」を身にまとうために，隔離政策へと転換していったのである[(2)]。

隔離政策は，「感染する」「遺伝する（と思われた）病気」，さらに「転帰（症状の変化）が速く，致命率が高いか，治らずに機能・形態障害や能力障害を起こす病気の患者[(3)]」に行われる。コレラ，チフス，結核，ハンセン病，梅毒そして精神病などがその対象となった。

ハンセン病に対しては，1907年（明治40）に「癩予防ニ関スル件」（旧法・法律第11号）が制定された。「浮浪癩」と呼ばれる病者などを，ハンセン病療養所に入所させる法律であり，療養所の入所数は，対象者が限定されていたので，すべてのハンセン病者の５％程度であったと言われる。この法律により，ハンセン病に罹患すると警察官によって強制的に療養所へ入所させるという隔離政策が推進され，ハンセン病は強い感染力があるというイドラを植えつけたのであった。その後，1931年（昭和６）の法改定で，「癩予防法」の名が付けられ，すべてのハンセン病者が療養所の収容対象となり，在宅の病者も強制的に入所させるという隔離政策が徹底された。それまでは，古代から昭和初期まで，病者への否定的な眼差しはあったが，商家の奥座敷や農家の離れなどの在宅だけではなく，四国遍路の中に放浪をする者や，寺院・神社・温泉などの周辺に病者の集団が作られ，隔離されるのではなく社会の中で生きる病者の方が多かったのである。こうして全国に国立療養所が設置され，すべてのハンセン病者を入所させる体制が確立したのであった。この法律に前後して，「無らい県運動」が始まり，ハンセン病をすべてなくそうという「強制隔離によるハンセン病絶滅政策」が全国に広まっていったのである。在宅病者を事実上許さない絶対隔離は，各県が強制収容を競うようになり，ハンセン病者は貨物列車に連結された貨車に乗せられ，その貨車には「らい患者護送中」と書いた紙が貼られていたという。まさに，人権を無視した家畜同様の取り扱いであった。

「癩予防法」の内容は，強制入所や外出制限，断種，中絶手術などにより，著しくハンセン病者の人権を蹂躙するものであり，まさに差別と偏見の歴史と言えるものであった。療養所内での結婚は認められたが，男性のワゼクトミー（輸精管切断手術）が条件であった。女性に対しても中絶手術が強行されたが，医者が堕胎罪に問われることはなかった。

この法律の制定を強く主張したのは，光田健輔を中心とする当時のハンセン病医学の重鎮であった。予防のための病者の遠隔地や遠島への隔離とは，「隔離して死滅させる」という意味であり，病者に生きる意味すら与えなかったのである。隔離することがまず前提であり，療養所は単なる収容所にすぎなかった。十分な治療もなく，軽症者が重症者の世話をしなければならなかった。しかも，いったん入所すれば，親が危篤であっても外出を許可されず，逃走すれば，所長の「懲戒検束権」により，逃走罪で監禁所に入れられた。また，病者には現金を持たせず，療養所だけで通用する園券（金券）があった。このように，ひとたび収容されると，社会へ復帰する道が遮断されるという「入り口はあって出口はない」のが，ハンセン病者への隔離だったのである。そして，療養所では「煙突から退園」と言われるように，死亡すると，誰もが解剖されて，療養所内で火葬にされ，療養所内の納骨堂に納められた。「洋館ゆき」とは，火葬場や解剖室がある立派な洋館を指し，「洋館に行ける」とは「死ぬ」ことを意味したのであった。このように病者は死亡しても，療養所内から出ることが許されないのである。

その後，戦後になって「癩予防法」を改訂し，1953年（昭和28）には「らい予防法」が制定されたが，その内容は，「強制隔離」や「懲戒検束権」などをそのまま残したものであった。病者が働くことが禁止され，外出禁止などが規定された。このように終始一貫して隔離政策が継続され，ハンセン病は「恐ろしい病気」という偏見が人々に増幅され，定着するようになった。

また，病者本人だけではなく，家族にも就職や結婚などで差別と偏見をもたらし，払拭しがたい社会的烙印（スティグマ）が押された。このために，家族への村八分や迫害などを回避するために，病者が療養所へ行くことを余儀なくされたのであった。

(2)優生保護法と重監房

ハンセン病は，遺伝病ではなく感染症である。しかし優生保護法の下では，1996年に母体保護法に改められ，その条文が削除されるまで，ハンセン病者に対して優生手術ができるという差別的な思想が残っていた。しかも，実情は結婚を許可する条件として，非合法に事実上の強制的な断種手術や，妊娠した女性への人工妊娠中絶が行われていたのである。優生保護法の条文には次のようにあった。

第三条　医師は，左の各号の一に該当する者に対して，本人の同意ならびに配偶者があるときはその同意を得て，優生手術を行うことができる。（中略）

三　本人又は配偶者が，らい疾患に罹り，且つ子孫に伝染する虞れのあるもの。

第十四条　都道府県の区域を単位として設立された社団法人たる医師会の指定する医師は，次の各号の一に該当する者に対して，本人及び配偶者の同意を得て，人工妊娠中絶を行うことができる（中略）

三　本人又は配偶者がらい疾患にかかっているもの。

また，1907年に制定された「癩予防法」は，1916年に改訂され，療養所所長に病者への懲戒検束権が与えられ，反抗的と見なされた病者を監禁所に拘束することができた。草津の栗生（くりゅう）楽泉園には「重監房」という事実上の監獄が設けられ，正式な裁判もないままに収監され，苛烈な懲罰に苛まれ，死んでいった病者もいた[(4)]。まさに密室の中の出来事であり，世間には封印されたままの状況であった。戦後になっても「らい予防法」に次のような条文があった。

第十六条　入所患者は，療養に専念し，所内の紀律に従わなければならない。

2　所長は，入所患者が紀律に違反した場合において，所内の秩序を維持するために必要があると認めるときは，当該患者に対して，左の各号に掲げる処分を行うことができる。
一　戒告を与えること。
二　三十日をこえない期間を定めて，謹慎させること。

(3)光田健輔と神谷美恵子

光田健輔（1876-1964）は，日本のハンセン病治療の政策において，かつては「救らいの父」とも呼ばれるほど，絶大な影響を与えた医者であり，当時忌避されていたハンセン病者の屍の解剖だけでも3000体と言われるほど壮絶な記録を残している。山口県に生まれ，東京帝国大学医科大学専科（現・東京大学医学部）を卒業し，東京市養育院に勤務した。院内に「回春病室」を開設し，ハンセン病者の隔離に取り組んだ。1914年（大正３）には，多磨全生病院院長に就任し，翌年には，非合法ながら病者に初めて断種手術を行った。さらに，「らい」予防のために，離島にハンセン病者を強制隔離する案を建議し，その建議どおりに，1930年（昭和５）に岡山県に長島愛生園が完成し，その初代園長となった。1951年（昭和26）には，文化勲章を受章した。

しかし，光田健輔は1943年（昭和18）には特効薬プロミンが開発され，日本でも1947年にはプロミンによる治療が始まっているにもかかわらず，また1951年にハンセン病者が全国国立らい療養所患者協議会（全患協）を作り，法の改正を政府に要求したにもかかわらず，1953年（昭和28）制定された「らい予防法」に積極的に関与し，戦前からの強制隔離政策を継続したのであった。

たしかに当時の社会的な状況を勘案するならば，光田のパターナリズムが余りにも強かった。終始一貫して，ハンセン病者にとって隔離政策が「最善」という信念を持ち，その姿勢が微動もしなかったことは事実である。光田に対し，外来治療を行った京大皮膚科特別教室の小笠原登を評価する声もあるが，はたして，光田だけが「悪者」なのだろうか。あるいは，光田だけをスケープゴートに仕立て上げれば，偏見・差別・排除という負の歴史は贖（あがな）えるのだろうか。いやそうではないだろう。社会からも隔離政策への改善や撤廃と言った大きな潮流も出てこない，無作為の作為なのであったといえよう。

ところで，光田健輔と神谷美恵子（1914-79）との出会いはどのような経緯であったのであろうか。美恵子は，青年期に悪性の肺結核と診断され，治癒の見込みがないと宣告された。戦前における結核は死の病であり，まさに病名告知による死の宣告であった。しかし，絶望の果てにありながら，自暴自棄になることもなく，死ぬ前に人類の偉大なる書を読破したいと思い，家族と離れた療養生活の中で，ギリシャやローマ古典を原語で読んだのであった。その中には，後に彼女自身が翻訳することとなる，マルクス＝アウレリアスの『自省録』もあった。やがて美恵子は奇跡的に恢復していった。このような死を見つめ，死を思索することにより，生命の尊さや生きがいについても考えるようになった。

そして，医学の道に進むことを決意し，東京女子医専（現・東京女子医大）に入学した。19歳の時に，ハンセン病の療養所である多磨全生園を訪れ，その後，光田健輔が園長である岡山県の長島愛生園で見学実習を行うことになり，光田との出会いがあったのである。「この時，光田健輔先生という偉大な人格にふれたことが，その後の一生に影響をおよぼしていることは言うまでもない[(5)]」と語っている。また，その見学日記には病者に対し次の詩を載せている[(6)]。

なぜ私たちではなくあなたが？　あなたは代わって下さったのだ
代わって人としてあらゆるものを奪われ　地獄の責苦を悩みぬいて下さったのだ

その後，15年に及び精神科医として，光田が園長である長島愛生園のハンセン病者との交流をもつようになったのである。

(4)「らい予防法」の廃止

1996年（平成８）３月になり，90年にもわたり存続していた「らい予防法」が「らい予防法廃止法」によって，ようやく廃止された。あまりにも遅きに失した廃止であった。また，衆参両議院の「らい予防法の廃止に関する法律案に対する附帯決議」でハンセン病者や家族に対して異例の陳謝がなされた。以下が，その内容である。

ハンセン病は発病力が弱く，また発病しても，適切な治療により，治癒する病気になっているにもかかわらず，「らい予防法」の見直しが遅れ，放置されてきたこと等により，長年にわたりハンセン病患者・家族の方々の尊厳を傷つけ，多くの痛みと苦しみを与えてきたことについて本案の議決に際し，深く遺憾の意を表するところである。

この間には，WHO（世界保健機関）や国際らい学会などで，隔離政策を行うことが誤りであると指摘され，隔離政策の改善が勧告されていたにもかかわらず，世界の趨勢に抗して，その廃止が先延ばしされていたのであった。

その後，1998年（平成10）熊本地裁に，星塚敬愛園，菊池恵楓（けいふう）園の入所者13人が，「らい予防法」違憲国家賠償請求訴訟を提起し，2001年（平成13）には，ハンセン病者に対する隔離政策が人権を著しく侵害したものであり，憲法違反であったとする原告勝訴の熊本地裁の判決が出た。国はこの判決に対し控訴をしなかった。内閣総理大臣談話があり，衆参両議院で謝罪決議がなされた。また，「ハンセン病療養所入所者等に対する補償金の支給等に関する法律」が成立した。和解に関する基本合意書が締結され，厚生労働大臣，副大臣が各療養所を訪問し謝罪した。

2002年（平成14）には，全国50の新聞紙上に厚生労働大臣の名で謝罪広告を掲載し，「国立ハンセン病療養所等退所者給与金事業」が，翌年には「国立ハンセン病療養所等非入所者給与金事業」が開始された。しかし，すでに入所者は高齢であり，2006年現在で平均年齢が78.2歳であり，後遺症により身体が不自由な人もいる。「らい予防法」の廃止が，ハンセン病に対する差別・排除などの問題群の解決とはなっていない。また2003年には，熊本県の黒川温泉のホテルで，ハンセン病者であることを理由に宿泊を拒否するなどの例が見られるように，未だに偏見・差別が残っているために，療養所外での生活が不安であり，安心して退所することができない人もいるのである。

さらに，戦後まで日本の植民地であった韓国の小鹿島（ソロクト）更生園や台湾の楽生園の「忘れられた入所者」に対しては，2006年になりようやく補償が認められた。

(5)歴史の中のハンセン病者

医学が発達しておらず，ハンセン病の原因も分からぬ中世において，ハンセン病者に対する，残酷な社会的状況は想像を絶するものであろう。ハンセン病者は，「穢れた」存在として差別され，その理由が，前世や現世における罪に対する仏罰の報いを受けている（癩病仏罰観）と考えられていた。

一遍（1239-89）は，鎌倉時代の時宗の開祖である。伊予国（愛媛県）の豪族河野道広の子であったが出家し，融通念仏を民衆に弘通させるため，踊りながら念仏を称える「踊り念仏」を行った。そして，北は奥州江刺から南は大隅国に至るまでほぼ全国を遊行したので，遊行上人とも言う。あるいは一切のものを捨てて，念仏信仰を勧めたので捨聖ともいう。その一遍の生涯は弟子の聖戒の制作で，絵（画家）円伊による絵巻物の傑作『一遍聖絵』（一遍上人絵伝）に克明に描かれている。

一遍は，誰にでも「信・不信をえらばず，浄・不浄をきらわず」に「南無阿弥陀仏　決定往生六十万人」と印刷された念仏札（賦算）を配って歩いた。一遍に随従した時衆の後ろには，「非人」と呼ばれる人が付き従っていた。「非人」「乞食」「癩者」を総称して，「非人」とも言うが，『一遍聖絵』には「非人」たちを描いた場面が数多くある。一遍と時衆らが，寺社に参詣，参籠すると，「非人」たちは，その門前で簡単な小屋掛けをし，物乞いをして暮らす。一遍や時衆が踊り念仏をして，施行を受けると，その余飯をいただくために立ち並ぶ「非人」たちがいる。その中に，白覆面に柿色系統の衣を着た「癩者」が描かれている。

1289年（正応２）８月23日辰のはじめ（午前７時ごろ），兵庫嶋の観音堂（現・神戸市兵庫区の真光寺）が一遍の終焉地となった。「釈迦涅槃図」を髣髴とさせる，一遍の臨終の場面では，一遍の往生の結縁に集まっている群衆の中に，白覆面に柿色系統の衣を着た「犬神人」（宿の長吏）がいる。彼らの服装は，「癩者」と同様であるが，彼らの職掌は差別され，忌避された「癩者」たちの監督と管理であった。一遍が入滅した後に，「時衆ならびに結縁衆の中に，まへの海に身をなぐるもの七人なり[7]」とある。その中に白覆面の「癩者」と思われる人物が合掌して，入水している姿が描かれている。

黒田日出男は，この場面を「一遍聖の往生に結縁して入水した人物の一人として，〈非人〉のなかでも最も〈穢れ〉を身体に帯びた存在として差別されていた〈癩者〉が描き出されているところに，一遍聖と随従した〈非人〉たちとの間の信仰的関係が，象徴的に示されているように思われるのだ[8]」と解説する。まさに，この絵巻物の中に，阿弥陀信仰により堅固に結ばれた時衆集団と，さらには差別・忌避された随従する者を拒むことなく，共に歩み，共に生きてきた一遍の眼差しを見ることができるのである。ただし，仏教における女人禁制が「不浄」なる女性を排除することで，対象の「神聖さ」を際立たせようとする装置であり，鎌倉仏教が伝統仏教の排除している女性を救済するのが，女性の排除を巧みに利用したものであると考えるならば，「非人」たちが数多く描かれている，この絵巻物に対しても別の視点も考えられるのではないだろうか。

また，同時代の忍性（1217-1303，号は良観）は，律宗の叡尊（1201-90）の弟子である。大和国に生まれ，父は伴貞行（とものさだゆき），母は榎氏であった。忍性は出家後に，十種の大願を立てたが，その中に「孤独・貧窮・乞食人・病者・盲人・足腰の立たない人や牛馬の路頭に捨てられたものにも憐れみをかけること」の1カ条があり，慈善救済活動に尽力した。奈良には長屋方式の治療施設である，北山十八間戸を設け，ハンセン病者の救済に尽力した。また忍性は，北条重時の子，長時に招かれて鎌倉の極楽寺を律宗の寺院としたが，「極楽寺伽藍古図」を見ると，伽藍の周囲には，療病院・らい院・薬湯室・無常院・施薬悲田院・病舎などが描かれている。松尾剛次は忍性らの「非人救済活動は文殊菩薩信仰に基づき，その主な内容は授戒と施行（せぎょう）と治療の三つであった[9]」という。

ヨーロッパ中世においても，ハンセン病者への差別・排除が存在した。人間社会から追放されたハンセン病者が，隔離・収容されたのが，レプロサリウムであり，レプラ（ハンセン病）の宿舎という意味である。病舎と言いながら，治療を施すのではなく，隔離して死滅させるための収容施設にすぎなかった。レプロサリウムは，ラザレットとも呼ばれ，11世紀以降，十字軍の往来によりハンセン病が蔓延し始めると，ヨーロッパ各地に広まった。ラザレットの病者は決まった日に，キャンプを出て市内に入り，施与を乞うて歩き，遠くから見てもすぐ分かるような目立つ服装をしなければならなかった。「黒地の外套（マント）を着用し，高い帽子をかぶり，手袋をはめ，その黒衣の胸には手の形をした白い布切れをつけた[10]」という。これは，黒衣の上に縫い付けられた「白い手」は「神の手」であり，病者の胸の上にあるという「印し」であろう。しかし，教会に入ることも禁じられ，人間社会から疎外された病者にとって，何もなすすべのない「神の手」は，空しいものである。

(6)ハンセン病文学

多磨全生園に入所していた北条民雄（1914-37）は，『いのちの初夜』を執筆し，文壇に大きな衝撃を与えた。小学校高等科を卒業後，上京し店員や工員に従事し，徳島に帰郷し農業に従事しながら文学に親しみ，プロレタリア文学に強い影響を受けた。17歳で遠縁の女性と結婚したが，翌年にハンセン病を発病したために離婚した。発病により絶望し，自殺を試みたが果たせず，東京東村山のハンセン病療養所全生病院（多磨全生園）に入院した。

北条は病院内から川端康成に書簡を送り，自作の批評をお願いした。自らの体験により，極限状況に置かれたハンセン病者の苦悩と，希望を失わずに生きる意欲を描いた短編『いのちの初夜』が川端の推挙により『文学界』に掲載されると，大反響を呼んだ。ハンセン病室で同室となった佐柄木が，主人公の尾田高雄に「誰でも癩になった刹那に，その人の人間は亡びるのです。死ぬのです。社会的人間として亡びるだけではありません。そんな浅はかな亡び方では決して無いのです。廃兵ではなく，廃人なんです。けれど，尾田さん，僕らは不死鳥です。新しい思想，新しい眼を持つ時，全然癩者の生活を獲得する時，再び人間として生き復(かえ)るのです。復活そう復活です。びくびく生きている生命が肉体を獲得するのです。新しい人間生活がそれから始まるのです[11]」という場面がある。

しかし，これからの執筆活動が期待されながら慢性神経症に，腸結核を患い24歳の若さで生涯を終えた。北条も他の病者と同様に，園内で荼毘に付され，納骨堂に納められている。

また，歌人の明石海人（1901-39）は長島愛生園に入院し，失明の上に咽頭狭窄になったが，歌集『白猫』がベストセラーとなった。『白猫』の巻頭で，「深海に生きる魚族のように，自ら燃えなければ何処にも光はない」と語り，文学だけではなく，病者の生き方に大きな影響を与えた。

(7)ハンセン病者への今後の課題

療養所の高齢のハンセン病者に対する，医療体制をどうするのか，また療養所を地域へどのように開放するのかという将来への構想などがある。しかし，その前提となるのは，人間の自由とは何か，尊厳とは何か，それを剝奪する社会とは何かを歴史に問うだけではなく，ハンセン病者の苦難と屈辱を自らに引き付けて，共に生きる社会を考えなければならないのである。また，世界に目を転じると，ハンセン病者はまだまだ過酷な状況に置かれている。今後も差別や偏見と闘い，社会的経済的な地位向上に努め，病者の自立する精神を支援していかなければならない。

ペスト

(1)メメント・モリ――死を記憶せよ

ヨーロッパ人にとって，1348年は凄まじい感染力をもつペストがヨーロッパ全土を襲い，少なくとも人口の４分の１を失った，忘れることのできない悪夢の年である。まさに，これを契機にして，人々は「メメント・モリ（死を記憶せよ）」と言うようになった。

ペストはペスト菌による感染症である。ペスト菌はノミを宿主とし，このノミが寄生するネズミが本来の保菌者である。ペストに感染すると，やがて腋の下や鼠蹊部（そけいぶ）などのリンパ腺に腫脹が起こり，この腫脹が破れ化膿し，皮膚が乾き，黒紫色の大きな斑点ができ，やがて数日で死に至る。これが黒死病（ブラック・デス）と呼ばれる所以（ゆえん）である。

ペストの発源地は，中国大陸南部と中央アジアの２説があるが，各地の物資が中東に集荷されたと同様に，中東という東西交通の要路であるバザール（市場）に病気も集まり，そしてヨーロッパで大流行（パンデミー）したのである。

現代では，誰でもこの大流行がペスト菌によるものであると理解できるが，当時は諸説が乱れ飛び，人々の不安はピークに達した。特に，毒物説では誰が毒物を撒布したかで流言蜚語が飛んだ。黒死病に襲われたキリスト教徒は，それを異教徒の仕業であると考え，日頃憎しみを抱いているユダヤ人を，毒物の撒布者にまつりあげ，スケープゴートにしたのであった。こうして，ペスト大流行の時期にユダヤ人の大量殺戮が始まったのである。

村上陽一郎の『ペスト大流行』によれば，1348年９月にスイスのジュネーブで起こった例の記録が残っている。アルプスのベンフェルトという小さな町では，町民は犯人と目されたユダヤを処刑する死刑執行人に挙（こぞ）って志願したという。ユダヤ人狩が始まり，ゲットー（居住地区）は焼き打ちに見舞われ，ユダヤ人が刑場や街角で，正式に非公式に処刑された。処刑された死体は，次々にブドウ樽に詰め込まれ，ラインの河底に沈められたという。さらには，自警団が組織したのは，秩序の保持のためではなかった。「自警団はユダヤ人のほしいままの私刑のためであり。焼き打ち地区のユダヤ人の目ぼしい財産を独り占めしようとする魂胆からであった[12]」という。

ペストによる精神的なパニックが，民衆の理性を喪失せしめ，異常が異常でなくなるような行動に駆り立て，ナチス政権下の迫害を髣髴させるようなユダヤ人への迫害をもたらしたのである。このように，病者への直接的な排除，差別ではなく，ユダヤ人の迫害に見られるような病気への差別，排除も見逃してはならない。

(2)ペスト文学

ペストが特別な意味を持つのは，社会全体の秩序を破壊し，大量の死をもたらすと同時に，それが感染という見えざる仕方で，隠微に現れるからである。ボッカッチョ（1313-75）の『デカメロン』は，ペスト来襲を避け郊外の寺院に避難した男性７人と女性３人が，無聊（ぶりょう）を慰めるため一日一話ずつ10日間にわたり話をして，百話を語るという趣向になっている。その初日の序話には，ヨーロッパ最初のペスト禍である1348年に，イタリアのフィレンツェを襲ったペストの悲惨な光景が生々しく語られている。夜を日についで多くの人が死んでいき，死体は腐臭を発したまま放置された。生き残った人々の精神は頽廃し，古い因習が崩壊した。そして，その年の３月から７月までの間に10万の生霊がフィレンツェの町の城壁内で失われたという。

デフォー（1660-1731）の『ペスト』は，ヨーロッパ最後の大流行となった，1665年のロンドンのペスト禍を周到にルポルタージュしたものである。デフォーといえば，『ロビンソン・クルーソー』の著作で名高い。50万都市ロンドンから８万の生命が奪われた。たった２名の死から始まったペストの猛威の前に，治療法を知らぬ市民はなす術もなかった。

カミュ（1913-60）の『ペスト』は，アルジェリアのオラン市にペストが大流行したという想定のもとに，人間を絶滅させる悪との闘争を寓意的に描いたものである。

3 感染症の歴史

文化の伝播や交流は，人が動き，モノが動くため，目には見えない感染症の流行という，「負の異文化交流」でもある。一定の地域に持続して多発する風土病（エンデミー）であった感染症が，地方病（エピデミー）となり，さらには世界的大流行（パンデミー）となる。ここでは，疱瘡（痘瘡・天然痘）とコレラを事例に考えてみよう。

疱瘡（痘瘡，天然痘）

「絹の道」（シルクロード）は「疱瘡の道」でもある。疱瘡の発源地については特定できないが，インドが有力とされる。疱瘡の伝播はインドから仏教が各地へ伝播していった「絹の道」の経路をたどり，日本へも伝播したのである。仏教伝来の経路と疱瘡の伝播経路が，ものの見事に地図上で重なり合うのである。

疱瘡は，奈良時代に大陸から侵入して以来，わが国に風土病のように蔓延し，大流行を繰り返し，江戸時代には絶えず流行し，貴賤を問わず，この病苦に悩まされた。激甚なる大量死には到らないが，免疫性により，むしろ疱瘡と馴れ親しんできた。しかし，死を免れても醜い瘡痕を残し，身体に欠陥ができ，場合によっては失明した。よって，疱瘡をめぐる信仰，迷信，土俗には枚挙に暇がない。疱瘡神もその中のひとつである。日本では古代から感染症の流行のたびに，感染症を鎮める祭事が行われた。京都の祇園祭も疫病退散を祈願するための祭りである。そして江戸中期になると，ある病気に対しては，ある特定の神を考えるようになった。この疱瘡も WHO によると，1980年5月には，地球上から根絶されたのである。

日本史における感染症の記録

日本の古代史を注意深く読むならば，欽明天皇13年（552）から用明天皇2年（587）にかけて，突如感染症の記録が『日本書紀』をにぎわす。この感染症は「瘡発でて身焼かれ，打たれ，摧かるる如し」という内容から，瘡を発し，発熱し，非常な苦痛を伴うという症状から察すると，疱瘡ではなかったかと推定される。ただし，麻疹の可能性もある。また『続日本紀』には，「天平七年（735）夏，大宰府管内に疫瘡が大いに発る。冬に至るまで，この豌豆瘡，俗に裳瘡という疫病で，多数の死者が出た」とある。天平９年（737）春に再び大宰府管内で疫瘡が流行し，畿内にも及び，藤原四兄弟，橘諸兄の弟佐為も犠牲となった。「是の年の春，疫瘡大いに起こる。はじめ筑紫より来れり。夏を経て秋に渉り，公卿以下，天下の百姓，あい継ぎて没死するもの，あげて計うべからず。近代よりこのかた，いまだこれ有らざるなり」とあり，多くの犠牲者を出した。

江戸時代になると，民衆は疱瘡神を信じ，病者が出ると病者の家へ集まり疱瘡神を祭り，親類縁者を饗応し，贈物を交換するという風習が流行し，大きな出費となった。また，疱瘡病者の周囲は，すべてを赤色ずくめにした。病者と看護人の衣類から寝具，調度，玩具に至るまで，すべて赤色を用いた。医師の香月牛山は『小児必要養育草』（1703年）では「屛風，衣桁に赤き衣類をかけ，そのちごにも赤き衣類を着せしめ，看護人もみな赤き衣類を着るべし。痘の色は赤きを好しとする故なるべし」と記している。疱瘡神の御幣も社祠もすべて赤色である。魔除けは古来より一般に赤色という伝統があるようである。

とりわけ，八丈島で痘神を退治したと伝えられる源為朝の図柄が，疱瘡除けの赤絵に多く用いられた。赤絵には次の歌が詠まれている。

世の人の為ともなれともがさをも守らせ玉ふ運のつよ弓

（為とも—為朝，もがさ—疱瘡のこと）

疱瘡を予防するために，ジェンナー式牛痘接種法の実施，普及を図る目的で，1858年（安政５）に江戸在住の蘭方医たちが幕府の許可を得て，神田お玉ヶ池に私営の医療施設を開設した。種痘事業だけではなく，西洋医学の講習も行われた。1860年（万延元）には幕府の所管となり，種痘所と改称，さらには西洋医学校となった。

コラム4　コレラ大流行

コレラは，インドのガンジス川流域に多く発生していたエンデミーであった。

19世紀になり，イギリスのインド経営による，世界の近代化の過程で，コレラはパンデミーとなったのである。日本は，1822年（文政5）に初めてコレラに見舞われ，その後1858年（安政5）には安政のコレラという，江戸での大流行をもたらした。異国人が投じた毒物に起因するという流言も生まれた。まさに日米修好通商条約が締結された幕末の開国攘夷の動揺期であり，内憂外患の時期でもあった。江戸での死者は3万から4万人と推定されている。コレラの病原菌は，汚染された水や食物とともに飲みこまれると，激しい下痢と嘔吐を引き起こし，病者を脱水状態にさせ，死に至らせる。コレラは「虎狼痢（コロリ）」「虎烈刺（コレラ）」「虎列拉（コレラ）」などと表記された。

コレラは，明治時代になっても間歇的に大流行し，1879年（明治12）の流行では，病者が16万2637人で死者が10万5786人と記録されている。また，病者は「避病院」へ隔離されたが，病院とは名ばかりで，隔離を優先する病者の人権を無視した施設であった。しかも，近代の日本の警察制度は，内務省のもとで発足するが，衛生警察はその中で重要な役割を担った。消毒や病者の収容の任務に当たるのは警官であり，警察主体の衛生行政であった。このような明治政府の強圧的な防疫対策への不満が，各地でのコレラ一揆となった。

4　日本人の病気観

日本では，家族の誰かが入院すると，付き添いをする。医師の診察を受けるとき，入院には必ず家族の付き添いがある。大貫恵美子[13]の指摘によると，完全看護体制の大病院でも，家族や近親者が昼夜にわたって病者を世話する。また，病者の所属する組織の同僚や友人，知人が見舞品を持って，見舞いに訪れる。これに対しアメリカでは，手術の場合は，その前夜に入院させ，病者には私物を持たせず，男女共有の灰色のガウンとパンツを着用し，病者番号の入った腕輪を付ける。そして，できるだけ早く，退院させようとする。手術後も運動を始め，見舞いも控えめである。

かつて，日本人にとって健康と病気とは，はっきりと線で区切るような関係ではなく，完全な健康を維持させることを理想とはしなかった。日本人には，「持病」や「体質」という概念がある。反対に，アメリカでは，これらの観念は文化的には存在しない。

また，衛生観も文化的影響が大きい。日本人には「内外」の区別と，「上下」

の区別がある。上は清潔，下は不潔と考え，家に入ると靴を脱ぎ，スリッパに履き替える。トイレでは別のスリッパが用意してある。学校も土足厳禁で，校舎の出入口には靴箱があり，靴を履き替えさせる所が多い。ただ単に汚れを防止するだけではなく，文化的な意味がある。アメリカでは土足という観念がない。

5　病者と共に生きる

近代医学にとって，病気は征服し，排除するものであるが，日本人の祖先にとっては，病気はなだめ，鎮めるものであり，病気を癒してくれるものは神仏であった。歴史の裏側に隠れて見えない病気と，時代に生きた一人ひとりの人間の生き方の関わりを見つめ，名も無き民衆の叫びや，痛みを追体験することが肝要である。さらに，私たちは病気の脅威の時代における病者への眼差しと病気との共生のあり方を模索することも求められている。

病気や健康の概念も文化的な相違があり，普遍的なものではない。また，病気や病者について，これまでの歴史的な経過をたどり，時代精神を読まなければならない。そして，病気や病人への差別や排除という過去の歴史を振り返り，今なお残る差別や排除をどのように超剋し，共に生きるかを考えなければならない。

2019年に発生した新型コロナウイルス感染症（COVID-19）が蔓延し，2020年になるとパンデミー（世界的流行）となった。感染が拡大し長期化し，今後も繰り返し流行する可能性が高く，感染の終息が見えないなかで，新型コロナウイルスと共存し，共生するという意味で「ウィズコロナ」と言われるようになった。まさに，この感染症とどのように付き合っていくかが問われているのである。また，リモートでの在宅勤務や遠隔授業などの生活様式の変化だけではなく，価値観の転換をせまる「アフターコロナ」「ポストコロナ」が論じられている。

「歴史は繰り返す」ではないが，感染に対する恐怖心からコロナ感染者に対する差別や排除の事例が報告されている。感染症（病気）への正確な知識をもち，病者への差別や排除が決してあってはならない。

東日本大震災で，大地震・津波を経験し，「防災（減災）教育」が実践されている。今後は，感染症対策，広い意味での「病の文化史」の教育が必要である。人々は，これまでどのように感染症（病気）と向き合い，これからは撲滅を目指すだけではなく，どのように付き合うかを学ばなければならない。まさに「共生（共に生きる）の教育」となるのである。

カミュの『ペスト』は，「人間に不幸と教訓をもたらすために，ペストがふたたびその鼠どもを呼びさまし，どこかの幸福な都市に彼らを死なせに向ける日がくるであろうということを」（新潮文庫）と結ぶ。これを教訓とすべきである。

◆◆◆◆◆◆ 課題 ◆◆◆◆◆◆

1．1つの病気を取り上げて，病者への排除や差別がなかったかどうか，歴史的な経過を踏まえて論じなさい。
2．病者と共に生きるには，どうすべきかを論じなさい。

註・参考文献

⑴　島比呂志『奇妙な国』（戦後短編小説再発見⑤『生と死の光景』）講談社文芸文庫，2001年，25頁。島比呂志（1918-2003）は，1947年にハンセン病療養所大島青松園に入園，翌年には星塚敬愛園へ転園した。1958年より，同人雑誌『火山地帯』を主宰する。
⑵　武田徹『「隔離」という病い――近代日本の医療空間』講談社選書メチエ，1997年，31頁。
⑶　鹿野政直『コレラ騒動――病者と医療』（週刊朝日百科・日本の歴史97）朝日新聞社，1988年，281頁。
⑷　宮坂道夫『ハンセン病重監房の記録』集英社新書，2006年，126-128頁。
⑸　神谷美恵子『人間をみつめて』みすず書房，1980年，131頁。
⑹　同書，132-133頁。
⑺　聖戒編・大橋俊雄校注『一遍聖絵』岩波文庫，2000年，141頁。
⑻　黒田日出男『中世を旅する人々――「一遍聖絵」とともに』（朝日百科・日本の歴史別冊）朝日新聞社，1993年，64頁。
⑼　松尾剛次『救済の思想――叡尊教団と鎌倉新仏教』角川選書，1996年，28-29頁。
⑽　立川昭二『病気の社会史――文明に探る病因』NHK ブックス，1971年，56頁。
⑾　北条民雄『いのちの初夜』角川文庫，40頁。
⑿　村上陽一郎『ペスト大流行――ヨーロッパ中世の崩壊』岩波書店，1983年，142頁。
⒀　大貫恵美子『日本人の病気観』岩波書店，1985年。

（小泉博明）

第10章
老いとの共生

本章では，老いとの共生について学ぶ。日本は超高齢社会となり，総人口の25％以上が高齢者である。まさに，４人に１人は高齢者という社会である。よって高齢者に対する医療や福祉の諸問題を解決することが喫緊の課題となっている。そのためには，解決を図るための財源をどのように安定的に確保していくかということである。また，高齢者が生きがいを持ち，いきいきと日々を生活できる社会の実現が求められる。それと同時に，若さだけに価値を見出すのではなく，「老い」の豊かさや価値，歳をとってはじめて分かる人生の楽しみについて理解することが大切である。

高齢者との集い
（文京学院大学地域連携センター，BICS）

1　老いとは何か

日本は，高齢化しつつある社会（aging society）から，高齢社会（aged society）へと突入し，さらには高齢者が全人口の20%を超える超高齢社会を迎えている。年金，医療，福祉など早急に解決すべき諸課題が山積している。それは，独居老人，寝たきり老人（寝かせきり老人），認知症老人に対する精神的なケアをどのように取り扱うかという問題でもある。同時に，「老い」の意味や重み，あるいは価値について考えることも重要な課題である。

「老い」は，その程度，進行，自覚症状に個人差があり，しかも時代により相違する。人は老いれば，目がかすむ，耳が遠くなる，歯が抜ける，足腰が弱くなる，血圧が高くなる，物覚えが悪くなるなどの老化現象が現れる。すなわち，身体が不自由になるのである。私たちは，障がい者となる可能性を持った存在なのである。そして，「病気は老人の友人である」と言われるように，老いれば病気と付き合わなければならない。しかも，医療の進歩により，老化現象もみな病気であると見なされ，治療の対象となってしまうこともある。例えば，高血圧症とか動脈硬化といった病名を付けられるのである。また，近頃ではアンチ・エイジングにより，不老不死を目指そうとしているようだ。

病気であるならば，不治の病気や手遅れの場合もあるが，治療をすれば治癒することが可能である。しかし，「老い」とは進行すれば，治る見込みもなく，やがてはその先に死が待っている。高齢者にとっては，病名を付けられ，病人であることを期待する。しかし，老化と病気とは決して等しい関係にはない。

「老い」は，老衰，老残，老醜に代表されるように，死への近さが，負へのイメージを増幅させる。そのために，「老い」を積極的に生かして，よく生きるためにはどのような知があるかについては，論じられることが少なかった。「老い」には，永年の経験を積んで大成する老成，永年の経験を積んで物事に熟達している老熟，経験豊かで誠実な老実などの「老い」に対して肯定的な意味を持つ成語がある。

「老い」について考えるとは，ただ単に高齢者層の数の問題ではない。それは，量的肥大の対応策だけではなく，一人ひとりの永い経験の蓄積の上に構築され，自在に使いこなせる，老年の知を発掘し，その価値を見出すことである。そのために，近代化の中で忘却された，古い時代の「老い」の思想，文化についても再発掘していくことが肝要である。そして，一人ひとりの人間から醸造される「老い」の豊かさ，歳をとってはじめて分かる人生の楽しみについて自らに問うことである。

「老い」と「老化」では，前者が哲学的，情緒的であるのに対し，後者は科学的，客観的な意味合いがある。老化とは，医学では「加齢に伴う不可逆的生理的機能の減退」と定義されている。また，老化プログラム説がある。それは，ゲノムの中に遺伝的プログラムが発現していくことによってすべての細胞は老いて，個体は遺伝的にセットされた寿命内で死ぬというものだ。老化の諸学説があるが，「老い」とは医学，生物学的な説明だけでは不十分である。様々な「老い」の現象が，時を経るに従い立体的に，いつの間にか忍び寄ってくる多重構造なのである。

2　老いの文化史

中世の「老い観」

兼好法師は，老いについて『徒然草』で，「老いぬる人は，心おのづからしづかなれば，無益のわざをなさず。身を助けて愁なく，人の煩ひなからん事をおもふ。老いて智の若き時にまされる事，若くして，かたちの老いたるにまされるが如し。」（第172段）という。すなわち，老年の知恵が若い者にまさっていることは，あたかも，年が若くて，容貌が老年にまさっているのと同じである。高度経済成長の時代は，消費，若さに価値を置いた文化であった。現代人が老いを嫌う理由の中に，若さは美しく，老いは醜いという通念があるからだろう。しかし，美に対する通念は，人間の何に対して価値を置くかという文化，時代，社会によって規定されるのである。

兼好は，『徒然草』で次のようにもいう。「友とするに悪きもの七あり。一つには高くやんごとなき人，二には若き人，三には病なく，身強き人，四には，酒を好むひと，五にはたけくいさめる兵，六には虚言する人，七には欲深き人。よき友三あり。一つにはものくるる友，二には医師，三には智慧ある友なり。」

（第117段）。ここで，兼好は「若き人」「病なく，身強き人」を友人にすべきではないと言う。若者は高齢者のことが，健康な人は病者に寄り添う心を欠くので，友人にすべきではないということである。

能楽の完成者である世阿弥の能楽論に『風姿花伝』がある。その中で，芸の美を年齢から論じている。若さの美を「時分（じぶん）の花」と言い，その後に「まことの花」がある。さらに究極の花として「花の萎（しお）れたる所」という境地を言う。「花を極めん事，一大事なるに，その上とも申すべきことなれば，萎れたる風体（ふうてい），かへすがえす大事なり」と論じている。

能楽では，祝い事のときに演じられるのが「翁」である。世阿弥の『高砂』には翁（尉（じょう））と媼（姥（うば））の夫婦が祝い事に出てくる。2人は，この世（生）とあの世（死）をつなぐ聖なる渡し守りであり，カミ（神）の精なのである。

江戸時代の老いの文化

江戸時代は，若さよりもむしろ老いに価値を置く文化であった。人生の前半よりも後半に幸福はあると考え，楽しみこそ老後にとっておき，楽な老いを迎えることを目標とした。これを老後といわずに，「老い入れ」という。老いが尊く見られた社会なのであった。要するに「いい老い入れ（老入）」こそが，庶民の人生の目標であった。落語の噺の中には，知恵のある横町のご隠居に八さんや熊さんが知恵を授かる場面が多くある。また，江戸時代の職制には，大老，老中，若年寄などがある。

井原西鶴は町人物の『日本永代蔵』で，才覚によらずに，貧しき病（貧乏）を治療し，長者になる妙楽（長者丸）の処方を次のようにいう。「△朝起五両△家職二十両△夜詰（よづめ）八両△始末十両△達者七両，此の五十両を細にして，胸算用（むねざんよう）・秤目の違ひなきやうに手合せ念を入れ，是を朝夕呑込むからは，長者にならざるといふ事なし。」（巻3の1）。要するに，家職（家業），始末（節約），夜詰（夜勤），達者（健康），朝起（早起き）の順に重視している。なお，ここでいう両は薬の目方の単位のことである。西鶴は，勤勉，健康，節約，禁欲などという説教を言っているようであるが，その代わりに，老後に楽しみをとっておくことを勧めるのである。まさに，「若い時貯へして，年寄りての施し（消費）肝要なり」という。

杉田玄白は83歳のときに，50年前をありありと回想し，『蘭学事始』を書き，翌年には『耄耋（ほうてつ）独語』を書きあげた。「老いぼれの独り言」という内容である。「近き頃は同じ噺を幾度もして人に笑れ，親しき友とちの名，朝夕召仕の者の名も呼違るやうになりたり。又調度の類，これを忘れてはと仕廻（しまい）置て其所を忘るゝ事度ゝなり。甚しきは身に持し物を忘れて尋る事有（あり）。それか中に用にも立ぬ古き事をは覚へ居て忘れさる事もあり。」と自虐的に冷徹に自らの老残の身を，肉体的だけではなく精神的な衰えも克明に記している。ここには，老いてもはりつめた日々を，何にも煩わされることなく生きる，老いの充実を発見しているのである。

絵画，文学が語る〈老い〉

中世期以降，熊野信仰などを諸国にひろめた熊野比丘尼が「絵解き」により，布教を図った『熊野勧心十界曼荼羅』の中に，「人生の階段」が描かれている。「山坂」に鳥居があり，赤ん坊は，少年（少女），若者，大人と成長し，よき伴侶を得る。そして，人生の「山坂」である「老いの坂」を下りることになる。足腰が弱くなり，杖をつき孫に手を引かれる姿となる。そして，いつのまにか女性（老女）だけとなり，出家姿で孤独な死を迎える。画面の上部に描かれた「山坂」は人生の生と死の象徴であり，次には死後の世界の「絵解き」となる。

文学作品では，姥捨（うばすて）伝説を扱った深沢七郎の『楢山節考（ならやまぶしこう）』，井上靖『姥捨』がある。また，認知症を扱った作品として有吉佐和子『恍惚の人』，耕治人（こうはると）『そうかもしれない』などがある。前者は，老いを凝視し，認知症となった舅を介護する嫁を描き，老人福祉の問題を投げかけてベストセラーとなった。後者は，付き添いの人に「この方がご主人ですよ」と言われて，認知症となった家内が「そうかもしれない」と答えたので，題名が『そうかもしれない』である。

3　斎藤茂吉の老いの諸相

斎藤茂吉（1882-1953）歌人。精神病医。童馬山房主人と号す。東京帝国大学医科大学卒。青山脳病院院長。伊藤左千夫に師事し，歌誌『アララギ』の同人。1913年に歌集『赤光』を刊行し，文壇の脚光を浴びた。柿本人麿の研究で帝国学士院賞受賞。戦後に文化勲章受章。

老いの徴候

ここでは高名な歌人で，精神科医である斎藤茂吉の老いの諸相を凝視することにより，その底流にある生死観を考察することにする。斎藤茂吉が，ミュンヘンのドイツ精神病学研究所に留学していた時の歌が次にある。当地には，1923年（大正12）7月から約1年間滞在した。

München（ミユヘン）にわが居りしとき夜（よる）ふけて陰（ほと）の白毛（しらげ）を切りて棄てにき

（『ともしび』大正14年「閑居吟　其一」）

41歳であった茂吉が，自らの肉体を冷徹に写生した回想詠である。陰の白毛は老いのまぎれもない象徴であり，老いを意識した眼差しであった。まさに茂吉にとっては老いの徴候であり，あるいは「老いの坂」の起点とも言えるのである。兼好法師は，「住みはてぬ世に，みにくき姿を待ちえてなにかはせん。命長ければ恥多し。長くとも四十（よそぢ）に足らぬほどにて死なんこそ，めやすかるべけれ。[(1)]」とまでいう。

とは言え，老いには個人差があるが，40代での早熟な老いの印象を免れないのは，茂吉の病歴を考えると，腎機能の障害との関連性があろう。欧州留学前の1921年（大正10）7月6日に，東京で友人の神田孝太郎が健康診断をしたところ，尿蛋白が検出される腎臓の異常が発見された。しかし，茂吉には，留学を目前に治療や療養をするための時間的余裕はなかった。腫んだ足を，脚気のせいであるとし，オリザニンを服用したのであった。[(2)]自らの病気を直視し対坐することを避け，むしろ病気から逃走し，先延ばしにして留学したのであった。

また茂吉は，腎臓だけではなく，長崎医学専門学校（現・長崎大学医学部）教授時代には，スペイン風邪（インフルエンザ）に罹り生死を彷徨し，その後に喀血（かっけつ）し，血痰が続くという最悪の健康状態であった。また留学中にも，恐れていたように血痰を吐いた[(3)]。結果的には不養生により，留学後に茂吉の腎臓は慢性腎炎へと移行したのであった。

朝々にわれの食（た）ぶる飯（いひ）へりておのづからなる老（おい）に入るらし

（『たかはら』昭和４年「日常吟」）

1929年（昭和４）１月７日，47歳となった茂吉は自らの尿を検査した。日記には，「一人診察。試ミニ尿ヲ検査シタルニ蛋白ノ反応著シ一寸悲観セリ[(4)]」と記すように，再び尿蛋白が検出された。同年１月21日には，杏雲堂病院を訪ね，友人の佐々廉平の診察を乞うた。診断は，予想通り慢性腎炎であった。老いれば，食欲も減退してくる。これも老いの徴候であり，厳然たる現象である。この歌には，何とも言えぬ悲哀が漂う感じである。その後，食餌療法を試みるが，現実には食い意地がはって，好物の鰻を食べ，三日坊主で養生を止めてしまう。茂吉は，歌の如くに食欲が減退したとは言い難い。

ところで，茂吉が長崎医学専門学校教授を辞任し，欧州へ留学したのは，1921年（大正10）１月20日付，久保田俊彦（島木赤彦）宛の書簡にある「（當分以下他言無用）茂吉は医学上の事が到々出来ずに死んだと言はれるのが男として，それから専門家として残念でならぬ[(5)]」という決意に収斂される。そして，留学中は，刻苦精励し，研鑽を積み，学位を取得することができた。目的を達成し，研究の余暇には欧州各地を巡歴した。帰国後には，研究者となる「淡き淡き予感[(6)]」を期待し，自信をのぞかせるのであった。

しかしながら茂吉は，欧州留学の帰途，船上にて養父紀一の経営する青山脳病院焼失の電報を受けた。1924年（大正13）12月29日に，火災が起こり，300余名の入院患者のうち，20名が焼死するという惨事であった。火災保険も11月に失効していた。この艱難に遭遇した頃を，次のようにうたう。

うつしみの吾（わ）がなかにある苦しみは白（しら）ひげとなりてあらはるるなり

（『ともしび』大正14年「随縁近作」）

留学中の茂吉は，倹約をし，今後の研究に必要な膨大な書物を購入し，先に自宅へ送っていたが，火災ですべてが焼失した。焼け跡を棒切れで突き，焼け残った本を取り出し，１枚１枚焼けた部分を鋏で切り取り，丁寧に干し，１冊の本に綴じた。この行為は，書物へ愛惜というよりも，「淡き淡き予感」が完全に潰えたことへの，茂吉の執着である。そして，あまりにも過酷な現実の中で，茂吉は如何ともしがたい運命に翻弄され，短期間のうちに老け込み，苦しみを象徴するように白ひげが生えたというのである。茂吉は，この歌に関して「その頃自分の鬚髯（しゅぜん）（あごひげと頬ひげ）はめっきり白くなったのを一首にした。島木赤彦はこの一首に感心してくれた[7]」という。帰国後の病院を取り巻く状況は，肺腑を抉るような負担を茂吉にかけ，老いをより一層加速させたのである。

その後，病院再建に着手するが，地元住民の反対があり，警視庁の許可も無かったため，郊外に土地を求め，東京府下松沢村（現・世田谷区松原）への移転を決意した。しかし，何よりも病院財政は逼迫し，資金難となり，慣れない金策のために駆けずりまわった。1926年（大正15）４月７日に，ようやく青山脳病院は再建された。ところが，病者の逃亡者が出たために，警視庁から院長の更迭を指示され，1927年（昭和２）４月27日に，茂吉は養父紀一に代わり，青山脳病院院長とならざるをえなかった。なお，元の青山には診療所が置かれ分院となった。翌年には，病院創設者の紀一が亡くなった。

爾来，敗戦直前の1945年（昭和20）５月18日に，青山脳病院本院が東京都に譲渡され，松沢病院分院梅ケ丘病院となるまで，茂吉は病院の代表である院長と臨床医としての重責を全うしたのであった。それは，茂吉が45歳から63歳までの約20年の期間であった。

ゆふぐれて机のまへにひとり居て鰻を食ふは楽しかりけり

（『ともしび』昭和２年「この日頃」）

これは，院長として多忙な激務にあって，大好物の鰻をひとりで食べるという，精神的な安堵感がひしひしと伝わってくる歌である。茂吉にとっては，誰をも寄せつけない，そして何とも言えない１人だけの至福の時間であり空間なのである。茂吉は，家族に対しては固陋（ころう）で，癇癪（かんしゃく）もちであったが，一方ではユーモアに富む性格であった。

茂吉われ院長となりていそしむを世のもろびとよ知りてくだされよ

（『石泉』昭和７年「世田谷」）

これは，ようやく青山脳病院の経営も少しは軌道に乗り，安定してきたので，年老いてきた茂吉のこれまでの艱難辛苦を少しでも，知ってほしいという，ユーモアの精神と哀愁が読み取れる歌である。[(8)]

老いの傾斜

1929年（昭和４）１月17日に，自ら検尿すると蛋白が検出されたことは前述した。慢性腎炎へと悪化していた。そして，次の歌がある。

こぞの年あたりよりわが性欲は淡くなりつつ無くなるらしも

（『たかはら』昭和４年「所縁」）

茂吉が46歳の時であるが，老いれば，性欲も食欲も減退し，知足となる。論語では，「不惑」「知命」から「耳順」となり「矩を踰へず」となる。とはいえ，必ずしも歌の如くに，茂吉は性欲が減退したわけではない。

1931年（昭和６）５月７日に，またしてもインフルエンザに罹患し，痰と咳が年末まで続いた。

朝起キテ味噌汁ノ味ワロシ。體温計リタルニ三十七度アリ。ソレヨリ一寸臥床シテ后計リタルニ36°7′グラヰトナル。[(9)]

同年12月31日の日記には，１年間を回顧して次のようにある。

今年ハ風邪ヲ幾度モ引キ，ソレカラ喘息ノヤウニナッテ転地シタリナドシテ苦シミ，コレガ持病ニナッテ死ムカモ知レント思ツタガ，幸ナコトニハソレガ直ツタ。院長トシテモ，アレハ歌ヨミデ医者デハナイナドト云フガコレモ力量ニ於テ実際ノ成績ヲアゲルノダカラ信用ガアルノデアル。スベテ神明ニ感謝シシヅカニ今年ヲ終リ，新年ヲ迎ヘヨウ。[10]

さて，1933年（昭和8）11月8日に，銀座のダンスホール事件に関連して，醜聞として新聞に妻てる子のことが掲載された。それ以後，妻との別居生活が敗戦後まで続くことになる。茂吉にとって深刻な精神的な負傷を受けた。茂吉の日記は，そのために7日間にわたり中断した。

11月14日には，「午前中，身体綿ノゴトクニ疲ル，故ニ診察休ム[11]」
11月21日「丸薬ノミ，辛ウジテ気ヲマギラスニ過ギズ。心臓ノ音ノ乱レ苦悶ヲ感ズ，苦シトモ苦シ」
11月27日「ウイスキー飲ム。夜半ニ夢視テサメ，胸苦シク，動悸シ如何トモナシガタシ。コノマヽ弱リ死ヌニヤアラントオモフバカリナリ」
12月3日「胸内苦悶アリ。時々心音不整トナル[12]」

このように失意の中にあった茂吉であるが，1934年（昭和9）9月16日に百花園で開催された正岡子規三十三回忌歌会の席で，永井ふさ子と遭遇するのであった。茂吉が52歳，ふさ子が25歳であった。その後，両者の交渉が始まり，恋愛へと発展していった。茂吉の没後に，ふさ子宛の書簡が公開され，赤裸々な，茂吉の愛の告白が綴られている[13]。50代とはいえ，初老となった茂吉の，肉声が聞こえてくる。世評がいう「老いらくの恋」と形容すべきものであり，「わが性欲は淡くなりつつ無くなるらしも」とは虚しく響くだけである。しかし，肉体的な老いは止めがたきであったのであろう。

老いの現実――大石田にて

1945年（昭和20）となり，空襲が激化したため，同年4月14日に，茂吉は単身で故郷の山形県金瓶村に疎開した。妹なおの嫁ぎ先である，金瓶村の斎藤藤十右衛門家にある土蔵を借りたのであった。疎開後から，1カ月余の5月25日には，青山の自宅も病院も空襲により焼失した。当時，自宅に残っていたのは，妻てる子，長男の妻美智子，次男宗吉（北杜夫），次女昌子の四人であった。家を失い家族は離散せざるをえなくなった。6月6日には，てる子と昌子が，茂吉の許へ寄宿した。疎開先でも食料事情が悪く，妻子3人の生活は，心身ともに苦痛を伴うものであった。そして，8月15日の敗戦を迎え，藤十右衛門家の出征した3人の息子も帰還するので，てる子や昌子は帰京した。郷里とはいえ，疎開先では，肩身が狭い生活を余儀なくされ，不自由な遠慮がちの日々を過ごしたのであった。

茂吉はすぐに上京すべきか逡巡したが，茂吉1人が1946年（昭和21）1月30日には，門人板垣家子夫（金雄）の世話により，大石田の最上川畔にある二藤部兵右衛門家の離れに転居した。この2階建ての離れを，聴禽書屋と名付けた。当時の大石田町は，戸数830，人口約4600人で厳冬の地である。しかも茂吉が転居した年は，稀有の豪雪で，寒さも激甚であった。広い邸宅の庭に建てられた聴禽書屋は，四囲を高く厚い雪に囲繞され，室内は冷蔵庫の如く寒い状況であった。それが影響したのか，茂吉は，転居早々の3月に左湿性肋膜炎に罹り，5月上旬まで病臥し，療養に努めることとなった。家族と離れ，大患し，体力も気力も衰弱し，老いが進行したのであった。

板垣家子夫の『斎藤茂吉随行記』によって，病気の経過を見ると，次のようである。山形の言葉での茂吉の「語り」をそのまま記しているので，謦咳に接するが如くであり，茂吉の人となりが身近にせまってくる。この「語り」は，茂吉を理解するに極めて重要である。[14]

三月十三日，起きるとすぐ先生のところに行った。玄関の戸を開ける音で分かるのであろう。廊下の襖の外に立った私に，『板垣君だがっす。』と声をかけられた。（中略）声が何となく弱々しい調子であった。（中略）『少し熱があってなっす。いつも八度五分位あるっす。』『そりゃあ困ったなっす。先生，佐々木先生に来てもらって診てもらた方がええんないがっす。風邪こじらして肺炎になったりすっど大へんだざいっす。』[15]

その後板垣は，急ぎ帰宅し，茂吉の求めに応じ，氷嚢と水枕を持参し，外に積もった雪をその中にいれた。

板垣は，３月14日午前中か，あるいは15日午前中か判然としないとするが，佐々木医師が往診し，診察後に板垣が茂吉の症状を聞いた。３月18日は，次のように記す。

午後から少し熱が出た。佐々木医師が往診して，その結果間違いなく左側肋膜炎であることを告げ，絶対静養することをすすめた。先生と医師は始終専門語を取り交わしていた。医師は症状が進行中なので，湿布をするよう注意してくれた。こうなればどうしても附添いの看護人が必要である。私は医師を送って行き，細々と注意を聞いて来た。[16]

また，『斎藤茂吉随行記』の「牀上片語覚え書」には次のようにいう。

『万一俺が死んだら，すぐ火葬にして骨にし，小包にして茂太のところに送ってくれ。わざわざ君が持って行ったり，茂太をよんでも，死んでからは生きて来ない。[17]』

３月31日には，肋膜に溜まった水を採取した。何と2000 cc もあった。

先生は寝床の上に，上半身裸にして背を向けて坐り，その背に向かって佐々木医師が坐り，看護の千代がこれもこわばった表情をして静かに音も立てずに動いていた。（中略）水を採っているのだ。千代が側の洗面器を目で知らせる。それには，うす赤い血泡を立てて液が一ぱい入っていた。水だけでも洗面器に七八分はありそうだ。随分多い量であるのに驚いた。こんなに水がたまっていたんでは，呼吸が苦しかったのも無理はない。先生の強靱な忍耐というか，粘りに改めて驚いたのであった。（中略）その左の背には注射針がうちさされて，佐々木医師が静かに管の中に水を吸わせ採り，針からはずしては洗面器の中に出して，また針に嵌める。ほとんど赤く濁ったものばかりだった。[18]

斎藤茂吉（藤田三男編集事務所提供）

肋膜の水を採取しても，解熱しなかった。佐々木医師が消炎剤である撒曹（サルチル酸ソーダ，略称ザルソー）を飲ませれば解熱するが，軍隊に持っていかれたらしく，大石田近辺の医者も，薬店にもないという。そこで，板垣は茂吉に内密に，長男の茂太宛に手紙を出した。この独断により，茂太が４月10日頃，撒曹を持参し来町した。服用後は，よく効果があり，数日中に平熱に戻った。余りにも顕著な効果であった。次は，病臥中の歌である。

雪ふぶく頃より臥してゐたりけり気にかかる事も皆あきらめて
幻のごとくに病みてありふればここの夜空を雁（かり）がかへりゆく

（『白き山』昭和21年「春深し」）

病中に頬から顎にかけて白髯がのび，額に皺を刻んだ。茂吉が最上川の岸辺に，麦わら帽子を被り，「たらばし」という藁でつくった丸い敷物に腰をおろした写真は，晩年の茂吉を象徴する一つとなった。茂吉は，1947年（昭和22）11月４日に上京するまで，大石田町で，約１年９カ月余りを過ごすこととなった。茂吉は最上川を中心とした大石田の風光，さらに芭蕉の曽遊の地であったことが念中にあり，大石田に疎開したのであった。そして，最上川の歌を多くよみ『白き山』という歌集に結実した。敗戦の悲嘆さを味わった茂吉であるが，この町の人々の善意と温情に心を洗われ，幸せな時間を過ごしたのであった。決して，流離や流亡ではなく，「敗戦を契機としてその晩年を郷土の風物と，周囲の人たちの敬愛の中に，ふかぶかと身をしずめた『回帰』のとき『いこい』のときであった[(19)]」のである。

さて，茂吉が帰京する日に，大石田で撮った一枚の写真が残されている。中央に茂吉，左に板垣家子夫，右に結城哀草果の３人が写っている。茂吉は上下の背広の正装に，古い中折れ帽子をアミダにかぶり，右手には杖がわりに蝙蝠傘を，左手には愛用の「極楽」を提げている。足元を見ると，いつもの愛用の草履や地下足袋ではなく，靴を履いているようだ[20]。なお「極楽」とは，溲瓶(しびん)の代用としていたバケツのことである。晩年の茂吉を語るには「極楽」は有名である。

茂吉は，1936年（昭和11）10月16日に，木曾福島へ，木曾教育50周年記念の講師として訪れ，「和歌の特質と作歌の態度」という題目で講演した。その後，汽車にて王瀧へ行き，小林旅館に投宿した。次は，その時の歌である。

この町に一夜(ひとよ)ねむらばさ夜中(よなか)の溲瓶(しゅびん)とおもひバケツを買ひつ

（『暁紅』昭和11年「木曾福島」）

この歌は，茂吉54歳の時であるが，すでに「極楽」を使用していたのだ。バケツに付けられた「極楽」という名称は，秀逸で感心するばかりである。しかし，この時には，まだそのように呼ばれてはいない。

さて戦後になり，大石田の生活では，「極楽」に大変世話になり，手放せなかった。取手のついた小型なものを，２つ常備していて，交替に使用していた。斎藤茂吉記念館には，この「極楽」が展示されている[21]。バケツをよく見ると，黒びかりしており，「茂吉　山人　溲器　昭和十五年」と墨書してある。山人とは，正確に言えば「童馬山人」のことである。茂吉は，腐食しないように，内側にコールタールを塗った。また，バケツは自ら洗い，井戸端で手を清めていた。散歩には必ず携行していたので，ときおり村人が空のバケツを見て，野菜などをバケツに入れてくれた。村人が「茂吉先生，持ってけらっしゃい」と言って，声をかけたのである。茂吉は，ありがたく頂戴した。極楽は，茂吉の鼓動を直に伝えてくれるものだ。

茂吉は，1947年（昭和22）８月16日，東北巡幸中の昭和天皇に上山(かみのやま)の村尾旅館で拝謁し，ご進講することとなった。天皇の御前にありながら，尿意が起こり中座することにならないか，最も心配なことであった。幸いにして，茂吉はその重責を滞りなく果たした。

茂吉晩年

茂吉は1947年（昭和22）11月４日に，家族の住む世田谷区代田１丁目400番地の自宅へ移った。そして，1950年（昭和25）11月14日には，新宿区大京町へ転居し，ここが終の住処となった。最後の歌集『つきかげ』から，いくつか老いの歌を選んだ。

この体古くなりしばかりに靴穿きゆけばつまづくものを

（『つきかげ』昭和23年「帰京の歌」）

老身に汗ふきいづるのみにてかかる一日何も能はむ

（『つきかげ』昭和23年「わが気息」）

ひと老いて何のいのりぞ鰻すらあぶら濃過ぐと言はむとぞする

（『つきかげ』昭和23年「鰻すら」）

茂吉の鰻好きは，あまりにも有名である。しかし，その大好物の鰻すら，身体が受け入れられないという。食から老いを感じ取った，哀切さが伝わるのである。

みずからの落度などとはおもふなよわが細胞は刻々死するを

（『つきかげ』昭和23年「赤き石」）

この歌は，医者らしく自己の肉体を冷徹に見つめ，老いをあるがままに受容する諦念が凝縮されるようだ。

朝のうち一時間あまりはすがすがしそれより後は否も応もなし

（『つきかげ』昭和24年「一月一日」）

朦朧としたる意識を辛うじてたもちながらにわれ暁に臥す

（『つきかげ』昭和25年「暁」）

わがかしらおのづから禿げて居りしことさだかに然と知らず過ぎにき

（『つきかげ』昭和25年「時すぐ」）

わが色欲いまだ微かに残るころ渋谷の駅にさしかかりけり

（『つきかげ』昭和26年「無題」）

茂吉は，1950年（昭和25）10月19日に軽い脳溢血を起し，左半身に麻痺がおそった。完全麻痺ではなく不全麻痺であったので，次第に軽くなっていったが，その後は左脚を軽く引きずって歩くようになった。10月24日には胸内苦悶があった。長男の茂太によれば，11月９日には「佐々廉平先生が見舞いに来られて診察された。その際の診断は，腎硬化症兼左半身アタキシーで，血圧230〜120であった[22]」という。

茂吉の門弟である佐藤佐太郎の『斎藤茂吉言行』の同年11月１日には，次のように記されている。

「僕のは脳溢血のかるいようなものだな。医者が看護婦をつれてきて，瀉血をしたりしても相当とられるからね。こんなことならからだをらくにしていればよかったんだが（仕事をしないでという意）。死亡の死だな，死の夢ばかり見るよ。ぼんやりした状態で見ているんだなあ。そういうときは小便にでも起きてしまえば意識がはっきりするんだが，苦しい状態で夢を見ているからね。」（中略）「そうだ。歌はもうボケてしまってだめだが，それでもかまわない作っておこうとおもうんだ。麻痺があるとボケるもんだからね。これは佐藤君承知してくれたまえ。土屋君などは僕のボケてゆくところをひややかに傍観しているような気がするが[23],」

11月25日には，次のように記す。

「恥ずかしい歌を作っているよ。頭がぼおっとして朦朧としているからね。意味の通じないような歌ではずかしいが，出たら読んでくれたまえ。（中略）」「僕もこれでこんどは自分の家だから。代田でも自分の家だが，なんだかおちつかなくて自分の家という感じはなかったな。ここでしずかにして，気のあった友人だけに会うということにして，頭がはっきりするようになれば，（語尾不明，しばらく間）ここは（脛を指で軽くたたく）ここは（頭の右耳の上をたたく）いっしょだな。これで記憶が恢復するようならいいんだが。僕の歌もいよいよぼけてしまったなんと歌壇からいわれるんじゃないかな，僕のは意識がなくならないからいいんだが，意識がなくなれば死ぬからね。[24]」

佐藤佐太郎は『斎藤茂吉言行』の後記で次のように言う。

晩年になって，先生の健康が徐々におとろえ，頭脳が徐々におとろえてゆくのを見るのはいたいたしかった。私の手帳には昭和二十七年の記録もすこしあるが，私はぎりぎりの限界のところで清書をうち切った。（中略）先生は病気によって肉体がおとろえ頭脳がおとろえた。[25]

門弟の佐太郎は，茂吉は病気で肉体が衰えてから，頭脳も衰えたという。決して，老いて頭脳が衰えたとは記していない。老いの現実を赤裸々に語ろうとしない。そして，1951年（昭和26）12月29日をもって，言行の記録を終えている。その後の，茂吉の老いを弟子として公にするには抵抗があったのである。田中隆尚の『茂吉随聞』の昭和27年３月３日には，次のようにある。

「めずらしいな」と，先生は私を見て驚いたやうに云はれる。私は始終来てゐたのに，恰も久しく音信を絶ってゐた者を見たやうに云はれた。（中略）「ほんとに暫くでした。お身體はいかがでせうか。」「衰へたよ。衰へたねえ。」先生は立止って玄関の履物棚に身體を支へられる。美智子夫人がその間ずっと附添ってゐる。（中略）「いやだめだねえ，衰へたよ。ほんとに衰へたんだ。」先生がかう繰返し云はれるので，私は慰めやうもない。嘗ては常に光を宿してゐた先生の眼がうるみ，無気力の柔和なまなざしになってゐる。そしてぢっと立ってゐられるのさへ覚束ない。[26]

田中は，茂吉の現状をあるがままに伝えようとしている。しかし，田中も

1952年（昭和27）12月5日で終わっている。

柴生田稔の『続斎藤茂吉伝』では，次のように言う。

昭和二十六年四月五日（中略）対面した茂吉は，すでに顔面の筋肉が弛緩して，別人のやうな風貌になってをり，私は何とも言ひやうのない衝撃を受けた。（中略）私は幾度か大京町を訪れたのであったが，その間に茂吉の能力が，徐々にではあるが，確実に低下しつつあることに気がついたのは，やはり言ひやうのない衝撃であった。（中略）茂吉が，ほとんど口を利くのもおっくうにするやうになった頃の或る日，夫人が，以前は机に向って何か彼にかしてゐたのでしたが，もう全く今は何にもしなくなりましたと，寂しさうに語られたことを，私は忘れることができない。さうして，その時も茂吉は私たちの傍に茫然としてゐたのであった。（中略）布団の上に物憂さうに横になった茂吉を一目見た時，私はたまらなくなって，思はずその手首を堅く掴んだ。たちまち痛てい痛ていといふ叫び声が挙って，茂吉は憎々しさうに私を睨みつけた（と私には思はれた）。これが，茂吉の言葉を聞いた最後であった。[27]

このように門弟は，茂吉の認知症の姿を公にすることに抵抗感があり，ある程度の段階で押さえている。柴生田は，茂吉の老いに愕然とし，いたたまれなかったのである。茂吉は，すでに門弟の柴生田であることを認知していない。むしろ，医者である長男の茂太や，次男の宗吉（北杜夫）が，茂吉の肉体的老いを医者の眼から，ありのままに冷徹に見つめ，その記録を公刊している。

長男の茂太は自らの「病床日誌」で，1951年（昭和26）12月9日に次のように記す。

父，このところ連日両便失禁あり。少しく apathisch。明日よりヴィタミン BC 注射を再開す。[28]

apathisch とは，痴呆的ということである。1952年（昭和27）4月6日になり，茂吉は再び呼吸困難の発作に襲われた。「病床日誌」に次のように記す。

午後九時五十五分，ゼイゼイという音に隣室の母が気づく。急に呼吸困難起りたり。十時茂太かけつく。父は右を下にして，呼吸浅表。冷汗淋漓。直ちに，ビタカンファ二cc，アミノコルジン一cc皮注。十時二十分，脈一三八，呼吸四一，口唇，指端チアノーゼ，足先にもチアノーゼ。苦悶状，しっかり茂太の手をにぎる。枕頭には，母，私，美智子，昌子，看護婦二名がいる。十時二十五分，綿棒にてのどの痰を取らんせしも，却って苦しがり中止。瞳孔かなり散大，対光反射あり。「寒くない，有難う」と云う。室温十七度。(以下略)[29]

また，次男の宗吉（北杜夫）は，昭和27年1月初旬の自らの「日記」に次のように記す。

正月帰省の折の父。ほとんど一人で歩けない。食堂まで手をひかねばならぬ。ツヴァング（強迫）的な笑い，なにかにつけ（おかしくもないのに）一分くらい笑っている。と思うと，腹を立てて何か言う。ゼニーレ・プシコーゼ（老人性精神病）みたいになった。僕たちの話もあまり理解できぬようだった。[30]

この症状は，精神医学では「感情失禁」と呼ぶもので，感情の抑制がきかない状態である。さらに，7月21日には，次のように記す。

昨日見えた山形の重男（四郎兵衛の息子）さんが帰るとき，父は山形へ行くといってきかぬ。挨拶して握手して出て行こうとすると，玄関で「ちょっと，ちょっと」ととめる。「靴を出せ」と言う。食堂にきてからも，「上野へ行く」などと言う。食堂で坐っていて，そのままHarn（尿）をしてしまう。ときどき，「コラ，コラ」「なんだ，なんだ！」と叱責するように言ったり，たまには憤怒の形をして「糞くらえ！」などともいう。机，柱，壁に掴まって辛うじて歩く。しかし，大声を出すので誰かが手をとると，その手をぐいと掴む。父の手一白いうすい皮膚の下から血の色が浮かんで，なかなか色はよい。爪は縦に長い。静脈が太く浮いている。汗ばんでじっとりしている。粘着力のある掴み方をする。（中略）目はひどくしょぼしょぼしてきた。ときどき薄く目を閉じて，そのまま上前方を見つめるようにする。そして，目をひらいてそれをまたたかせる。[31]

このように茂吉の記憶力は低下し，「手帳の置場所を幾度にても」忘れ，その姿を周囲にも示した。茂吉は，1953年（昭和28）２月25日に，心臓喘息のため亡くなった。享年，満70年９月であった。次が，『つきかげ』に最後に収録された歌である。

いつしかも日がしづみゆきうつせみのわれもおのづからきはまるらしも
（『つきかげ』昭和27年「無題」）

茂吉は，戒名と墓を生前に用意し，死への準備は万全であった。戒名は，すでに1934年（昭和９）に「赤光院仁誉遊阿暁寂清居士」と決めていた。52歳の時である。さらに，墓は1937年（昭和12）に「茂吉之墓」とし，自ら書いた。師の伊藤左千夫の墓よりも小さくするように要望した。墓は分骨して，郷里金瓶の宝泉寺と東京の青山墓地にある。

柴生田稔は，これまで門弟が茂吉の認知症に関して論じなかったので，『続斎藤茂吉伝』の「あとがき」で，「茂吉が脳に障害を生じた以後の経過を敢へて隠蔽しなかったのは，文学者としての茂吉の名誉を守るための必要措置と考へたからである。[32]」という。とはいえ，認知症の行動を，あからさまに詳細に記したものではない。認知症であったという事実を記したのである。門弟にとって，茂吉の認知症のことは触れたくない事柄であった。ところが，医者の立場から息子たちは，長男の茂太は『茂吉の体臭』で，次男の宗吉（北杜夫）は『茂吉晩年――「白き山」「つきかげ」時代』で，茂吉の行動をありのままに記した。[33]ことに，北杜夫の『茂吉晩年』での茂吉の行動記録は，門弟にとって，あまりにも忍びえないものであろう。時が経過して，公になったとも言えよう。

そして，柴生田稔が「昭和二十四年ごろから老身の衰弱著しかったが，最後の最後まで作歌を止めず，『老年』の心境をその極限まで追尋している[34]」と記しているように，茂吉は，作歌の創作意欲は衰えることなく，作歌することで自己の老いを解放し昇華していったのである。

4　老いの価値

ヘルマン・ヘッセは「年をとることは，たしかに体力が衰えてゆくことであり，生気を失ってゆくことであるけれど，（中略）その固有の価値を，その固有の魅力を，その固有の知恵を，その固有の悲しみをもつ[35]」という。人は自分ではなく，他人の目のなかで老いてゆく。そして，ゆっくりと自らの老いを受容するのだ。ボーヴォワールに『老い』という哲学的な考察があるが，このように自らの老いを自覚し，老いの価値を見つけださなければならないのである。

◆◆◆◆◆◆ 課題 ◆◆◆◆◆◆

1．老いをテーマとした文学作品を選び，どのように老いが描かれているかを論じなさい。
2．老いの価値について論じなさい。

註・参考文献

(1)　『徒然草』第７段。
(2)　拙論「斎藤茂吉の病気観」『文京学院大学外国語学部紀要』８号，104-105頁参照。
(3)　朝々に少しづつ血痰いでしかどしばらく秘めておかむとおもふ（『遍歴』大正13年「ドナウ源流行」）
(4)　『斎藤茂吉全集』第29巻，岩波書店，1973年，605頁。
(5)　『斎藤茂吉全集』第33巻，410頁。
(6)　医学の書あまた買求め淡き淡き予感はつねに人に語らず（『遍歴』大正13年「欧羅巴の旅」）
(7)　斎藤茂吉『作歌四十年』筑摩叢書，1971年，115頁。
(8)　都立梅ヶ丘病院前に歌碑があったが，都立小児総合医療センターに統合された。
(9)　『斎藤茂吉全集』第30巻，36頁。
(10)　『斎藤茂吉全集』第33巻，111-112頁。
(11)　『斎藤茂吉全集』第30巻，323頁。
(12)　同巻，324-328頁。
(13)　永井ふさ子『斎藤茂吉・愛の手紙によせて』求龍堂，1981年
(14)　北杜夫『茂吉晩年――「白き山」「つきかげ」時代』岩波現代文庫，2001年，90頁によれば，山形県内でも上山と大石田の言葉は異なっているが，「茂吉はすぐそれを吸収し，会話にも大石田弁を用いたのであろう」という。
(15)　板垣家子夫『斎藤茂吉随行記』上巻，古川書房，1983年，194-195頁。
(16)　同書，207頁。
(17)　同書，218頁。
(18)　同書，220-221頁。

(19)　山上次郎『斎藤茂吉の生涯』文藝春秋，1974年，524頁。
(20)　『新潮日本文学アルバム　斎藤茂吉』新潮社，1985年，91頁。
(21)　財団法人斎藤茂吉記念館（山形県上山市北町字弁天1421）
(22)　斎藤茂太『茂吉の体臭』岩波現代文庫，2000年，58頁。
(23)　佐藤佐太郎『斎藤茂吉言行』角川書店，1973年，355-356頁。
(24)　同書，349-360頁。
(25)　同書，385頁。
(26)　田中隆尚『茂吉随聞』下巻，筑摩書房，1960年，330頁。
(27)　柴生田稔『続斎藤茂吉伝』新潮社，1981年，442-443頁。
(28)　斎藤茂太，前掲書，67頁。なお，北杜夫『茂吉晩年』で引用されているが，apathisch に対し，（痴呆的）と付加している。
(29)　同書，71頁。
(30)　北杜夫，前掲書，259頁。
(31)　同書，267頁。
(32)　柴生田稔，前掲書，450頁。
(33)　『茂吉の体臭』は1963年（昭和38）に，『茂吉晩年——「白き山」「つきかげ時代」』は1998年（平成10）に岩波書店より刊行され，現在は岩波現代文庫に収録されている。茂吉没後10年後の前者と没後45年後の後者では，時代状況が大きく変化していることを勘案しなければならない。
(34)　山口茂吉・柴生田稔・佐藤佐太郎編『斎藤茂吉歌集』岩波文庫，1958年，303頁（柴生田稔の解説）。
(35)　ヘルマン・ヘッセ著，岡田朝雄訳『人は成熟するにつれて若くなる』草思社，1995年，64頁。

（小泉博明）

第Ⅳ部

自然との共生

―― 競争から共生の社会へ ――

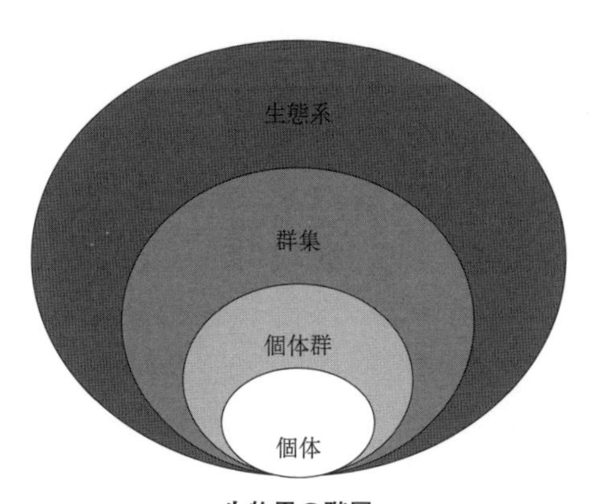

生物界の階層
個体が集まり個体群を形成し，個体群が集まり群集を，そして個体群が集まり生態系を構成している。

第11章
人は自然との共生が必要なのか

地球環境問題が叫ばれる現状の中，全ての人を賄うだけの食糧を供給し，資源を地球生態系の物質循環速度の範囲で利用し続けること，そして，次世代の生き物たちへ素晴らしい地球の環境を受け渡すこと，すなわち，持続可能な社会づくり，自然環境との共生のあり方を理解するヒントを，過去から現在に至る環境思想から学びとろうとするものである。

具体的には，環境倫理，環境思想の歴史を紹介する中で，人間中心主義的環境論，自然中心主義的環境論の考え方に触れ，人と自然の共生ついて根本的に考え直すことを目的としている。

里山での暮らし（熊本県球磨郡にて）

1　人と自然の共生思想を学ぶ

地球の現状

地球は急増する人口を抱え困惑している。全ての人を賄うだけの食糧を供給し，資源を地球生態系の物質循環速度の範囲で利用し続けること，そして，次世代の生き物たちへ素晴らしい地球の環境を受け渡すこと，これこそが私たちの時代の最大の課題である。

私たちが住むこの現代のグローバル経済の特徴は一体どのようなものだろうか。最大の特徴は，自然界の地球維持メカニズムを無視した大量生産・大量消費・大量廃棄である。このシステムによって私たちはあらゆる物を安く大量に手に入れ，技術を進歩させ，社会・経済基盤を確立し，便利で快適な生活，物質的な豊かさを謳歌してきた。そして今，先進国だけではなく多くの開発途上国も経済的豊かさを求めて同じ道を歩もうとしている。まさに全人類が総出で物質循環の輪を断ち切ろうとしているかのようだ。

地球は急増する人口を抱え困惑している。現在，世界では主に先進国に暮らす約12億人が安定した食糧供給を得て，余剰分は家畜の飼料用・燃料用に利用されたり，廃棄している。その一方で約9億2500万人が慢性的な飢餓状態・栄養不足である。サハラ以南のアフリカでは，人口のおよそ3分の1が栄養不足である。1分間に約28人（子ども21人），1日に4万人，1年間に1500万人が飢えで死んでいる。国連食糧農業機関（FAO）や世界食糧計画（WFP）によると，世界の飢餓人口は，史上最多を記録した2009年の10億200万人から，2018年では8億2000万人と減少しているものの，2008～09年の食糧危機や経済危機以前よりも高い。依然として多くの人々が飢餓に苦しむ現状が続いている。

私たちが直面している社会問題の原因は，人口の増加と経済活動の活発化が地球生態系の資源生産速度の限度を超えて資源を使い尽くしつつあること，そして，自然から搾取した資源は地球全体に均等に分配させるのではなく，その多くが一部先進国の人々に分け与えられている点にある。世界の人口は20世紀に入って4倍に，世界のGNPは20世紀後半だけで5倍に，エネルギー消費は8倍になっている。この間に，私たちは地球の財産である天然資源の使い方を誤り，自然生態系を乱し，ゴミを撒き散らし地球を限界まで追い詰めている。

このかつてない人口と経済活動の増大が，生態系などの環境に深刻な影響を与えている。人間と他のすべての生き物を支える地球生態系の能力は極端に低下している。世界の人々を養う食糧生産は限界に達している。熱帯雨林の多くも壊滅寸前である。大気中の二酸化炭素濃度はこの16万年で最高レベルに達している。このような傾向が続けば地球自体の存続も危ぶまれる。

このような競争時代から一刻も早く脱却し，資源を取り尽くすことのない安定した社会，すなわち共生社会への転換が望まれている。

人と自然の関係——西洋的・東洋的環境思想

「自然」とは何か。「自然とは自ら存在するもの」，「人為的ではないもの」，「ヒトや生物，生息環境を含む素粒子から宇宙の世界」，「神の被造物」といった意味をもつ用語である。すなわち，それを論ずる立場により意味・表現が異なる。以下，西洋的・東洋的環境思想を考察することで，人と自然の関係から「自然」を考えてみる。

オーストラリアの哲学者ジョン・パスモア（1914-2004）は，旧約聖書では，世界の全ての生き物に食べ物が与えられ，ノアの洪水後に全ての生き物が世界に増え広がるように教えていることから，この段階では動物の運命を完全に人間に委ねたわけではないと考えた。一方，「創世記」において，アダムはエデンの園では菜食主義であったが，神の知恵を奪取して，自分たちが神のようになろうとしたことから動物を支配し殺して食べるようになり，人間の堕罪が始まったとする[(1)]。キリスト教の概念が隆盛になると，自然そのものも万物の創造主たる神の創造物と考えられるようになっていく。それ以来，西洋では，自然は人間同様，神に従属する立場となり，自然は人間に利用されるようになる。

キリスト教的自然観は西欧の精神文明に，人間に自然の支配者としての地位を与え，人間中心的な自然観を確立させた。この現実は，旧約聖書の創世記における神の言葉が根拠として引用される。神は，人間を創造し，「産めよ，増えよ，地に満ちて地を従わせよ。海の魚，空の鳥，地の上を這う生き物を全て支配せよ」と命じたとある。一般的な理解としては，人間以外の自然物は人間のために神により創造されたというものであったといえる。ここから，人間中

コラム5　西洋と東洋の思想の違い

西洋的思想は，自己や自我を認め，これに対立する対象を認める概念（二元論）である。それらは対立する2つの原理や要素から構成される。例えば，原理としては光と闇，善と悪など，要素としては精神と物体など。世界には精神と物質という本質的に異なる2実体があると考えたデカルトの物心二元論などがある。西洋的思想においては，自己や自我と対立された対象は人間支配の対象となり，物質的世界である対象としての自然は，自己や自我のために最大限に利用され改良されていく。

西洋文化は近代科学の発展に大きな影響を与えた。西洋文化における自然を征服する思想は，その後の環境問題を考える上で重要な自然観を作り出したといえる。キリスト教的自然観は近代科学を発展させ，産業革命以降の社会変革を急激に推し進めていくこととなる。以前とは異なり，人類は自らの手で地球を破滅させるほどの技術や能力を持ったため，人類の繁栄に伴う環境破壊の進行に対し，新たな自然観が芽生えていくことになる。

一方，西洋的思想に対し東洋的思想とは，自己や自我を超え，対立する対象を置かず，全体の根源にただ1つの原理を認める一元論である。一元論とは，世界に見られる多種多様な実体の一般化を通して統一的に究極的実在を認めるものである。もっとも西洋でも新プラトン主義の創始者といわれるプロティノスは，「万物（霊魂，物質）は無限の存在である完全なる一者から段階を経て世界が流出して生み出された」と説く。また，神を自然と同一視し，神はあらゆるものを自分の内に含んでいると考えるスピノザは「神は産む自然であり世界は産まれた自然である」という。フリードリヒ・シェリングは，デカルト以来の二元論を乗り越えるため，自然を有機的全体として捉えた「自然哲学」から，自我と非我もその中に含んだ，主観と客観との間に何らの区別も含まない究極的な絶対者における統一を説く「同一性哲学」を提唱した。さらには，チャールズ・ダーウィンの進化論を支持し，形而上学的進化論という学問体系を構成したエルンスト・ヘッケルらが現れるなど一元論者もいなくはない。

心的な自然観が生まれることになった。

神と自然と人間は対立する概念ではなく，本来一体なものであると考えられてきた。仏教哲学では「自然」を「じねん」と読み，「おのずから，なるべきものになる」，「人為が加わらずあるがままである」というような意味がある。自然（しぜん）という言葉は，明治以降に英語のNatureという概念が入ってきた際に訳語として使用されるようになったが，それ以前には日本には自然（じねん）という概念があった。

東洋においては，自然は霊，神的なものとして考えられることが多い。また，人間は自然の一部であると考える文化も多く見受けられる。そのような文化に

コラム6　西洋の技術と東洋の環境思想

西洋の環境意識が東洋の哲学によって形作られたことは歴史的な事実である。老子の説く道教では，老子は，天地より先に生まれ全てが混然と混じり合い，どこまでも広がっていく万物を生み出す母のようなもの，これを「道」あるいは「大」と名付ける。老子の「世界には四つの大があり，人はその１つの位置を占める。人は地に従い，地は天に従い，天は道に従い，道は自然に従う」とあるように，「自然」は「道」とほぼ同一内容を示す言葉となり，存在としての人間が「自然」の一体になるべきものとして「そのありのままの姿」，「森羅万象の営み」を表す言葉となった。

神道においては，一般に「八百万の神」と称されるように，神とは，信仰や畏怖の対象である。「八百万（やおよろず）の神々」とは数が多いことのたとえである。古代の日本人は，八百万の中には，山，川，植物や動物といった自然物や，火，雨，風，雷といった自然現象の中に神々しい何かを感じ取った感覚を神格化した。その結果，自然に畏怖の念を抱き破壊を慎むという行動につながっていった。一方，生きるための伐採や狩猟を容認する考えもあり，時には，必要以上の自然破壊が起こることもあった。しかし，その規模と速度は小さく，コミュニティや将来世代が被害をこうむるような結果には至らなかった。

仏教における「空」の思想は，精神，物質は対立的なものではなく全体の一部であり，全体を一時的に代表している一時的な姿，まとまり，現象にすぎないとする，いわば無元論といえる思想である。「空」とは，もともと実体がないという意味で，物質的世界も精神的世界も，ともに実体はなく，あるのは生成・消滅し移り変わる現象だけである，そしてそれぞれは価値的にも平等であると考える。

禅とは本来教義をもたず，言葉や文字を越えた本質（悟り）へ坐禅などの修業を通して直接的にアプローチを試みようとするものである。鈴木大拙は，禅についての著作を英語で著し，日本の禅文化を海外に広くしらしめた仏教学者であるが，鈴木大拙の切り開いた禅は，主体と対象が一体である禅の教えを西洋に教え，東洋人には西洋思想を理解させるという取組みであり，後のディープ・エコロジーに強い影響を与える思想となる。

近年，西洋の哲学思想に影響を与えているのは，自然の「道（タオ）」と共生して生きるという考え方をもつ老荘思想である。人間は自然を構成する一員であり，人間の生き方を自然の摂理と循環に調和させなければならないとし，進化論，生態学の基本原則と調和する考え方である。道家思想である「無為自然」は，何事もなさず自然のままに従う，自然の諸力と融合し自然の力を活かすという老荘思想の根本原理をなす概念であるが，自然を支配し変革していこうとする従来の西洋の技術の対極に位置するものである。

おいては，自然は畏敬，尊敬の対象であり，自然と調和する生き方がより良いと考えられてきた。この考えは，現代においては，人々は自然の循環する仕組みに配慮しつつ，使い切らない範囲で利用し，次世代に伝えていくべきだという持続可能な社会思想につながっていると考えられる。日本における里山は，このような伝統的環境倫理のおかげで，荒廃の程度が比較的最近まで抑えられてきた。

20世紀初頭の環境思想

19世紀は，自然保護思想が生まれて自然保護活動が始まった時期である。現存するナショナル・トラストやシエラクラブなどの環境保護団体もこのころから成立し始めた。シエラクラブはアメリカに本部を置く自然保護団体で，ジョン・ミュアー（1838-1914）が初代会長となり，1892年に創設された。これまでも自然を尊重し愛護するような自然観は存在してきたが，環境破壊の反動として現れてきたのがこのころであると考えられている。そして，環境倫理の思想がいくつか芽生え，科学技術に裏づけされた発展・開発重視の思想との対立，環境保護思想同士の対立により，論争も始まった。

人間は「自然との共生」という課題に対し，どのような考えを抱いてきたのだろうか。環境倫理学の分野で近年まで長くテーマとされてきた人間中心主義と非人間中心主義の対立もその１つであった。

「人間中心の立場（人間中心主義）」と「人間を含めた生き物としての立場（非人間中心主義）」，この２つの思想は歴史の中での様々な場面で激しく対立してきた。20世紀の冒頭，1908年，アメリカで重大な環境論争が交わされている。これが，植物学者，探検家，作家として有名なジョン・ミュアーと森林局初代長官のギフォード・ピンショー（1865-1946）の，ヘッチヘッチー・ダムの建設を巡る論争である。ミュアーにとっての自然とは原生自然を意味していた。自然は神が創り出したものであり，原生自然を構成する一員として人間が存在していると考えた。原生自然は手付かずのまま保存されるべきであり，ヘッチヘッチー峡谷にダムを造ることは，神に対する冒とくであったのである。[(2)]

一方，ピンショーにとっての自然とは地球とその資源そのものであり，環境保護とは地球とその資源を人間の永続的な経済発展のために開発・利用すべきであるという「ワイズユース」を唱えている。したがって，市民に水や電力を供給するためにダムを造ることは，彼にとっては自然の正しい利用の方法であった。結局，この「実利主義」とよばれた保全思想が繁栄を急ぐ国そして国民に受け入れられ，ミュアーの思想を凌駕し，テネシー川やコロンビア川の水資源開発に代表される大規模自然改変を支えるイデオロギーとなったのである。

しかし，ミュアーの努力は国立公園という形で将来世代に残されている。1890年にはヨセミテ国立公園の制定が国会で承認され，以降相次いでセコイヤ，グランドキャニオン等の国立公園の制定に携わり，「国立公園の父」とまでよばれるようになった。1903年には時の第26代大統領セオドア・ルーズベルトがミュアーの愛したヨセミテを訪れ，２人きりで３泊４日の旅をしている。ここでの親交が５つの国立公園と23の国立記念物の指定を実現させることとなる。

ミュアーの思想は，人間中心主義から非人間中心主義への転換を説く実践型の環境保護思想「ディープ・エコロジー」へと発展していくのだが，この２つの思想は人と人とが論争する際に顔を出すだけでなく，私たち一人ひとりの心の奥底の世界に隠されている相容れない思想なのである。そのため，自然や生物多様性を守るという考えや行動は，ある面からは美徳化され（非人間中心主義），他の面からは偽善化される（人間中心主義）こともある。

ミュアーやルーズベルトは「環境保護の流れ」を系統立てることとなったが，彼らの思想を形作ったのはラルフ・ウォルドー・エマーソン（1803-82）そしてヘンリー・デヴィッド・ソロー（1817-62）であるといわれている。1803年生まれのエマーソンは牧師を経て創作活動に従事するようになる。当時のアメリカは開拓の時代であり，自然は切り開く対象と考えられていた。しかし彼は，自然と人間の密接な関係の必要性を人々に説いて回った。

一方のソローは，28歳のときにボストン郊外のコンコードのウォールデン湖のほとりで26カ月に及ぶ簡素な森の生活を始める。これは自給自足の生活そしてそこでの様々な生活実験を通し，自然と人間の精神的つながりや人生の意義などについての答えを模索するための取組みであった。この体験は，『ウォールデン――森の生活』（1854年）の第１章「衣食住の基本問題」から18章「こうしてぼくの森の生活が終わった」から構成されている『森の生活』という有名な著作にまとめられている[(3)]。

1960年代に入ると，従来の運動とは全く異なる新しい環境保護運動が展開されるようになる。自然環境ならびに野生生物の命を自らの思想で操ることに疑問を抱き始めた多くの人間が，実利主義的思想から脱却することになる。自然環境と自分自身の関わりが明らかになるにつれて，人は生態系を構成する一員にすぎず，全階層の生き物が暮らしていくことのできる社会の中でしか生きてはいけないという危機感が高まってきた。人間の活動ができるだけ自然の物質循環を損なわないように配慮し，環境を基調とする社会システムを構築していく経済社会，すなわち，持続可能な共生社会の構築の気運が高まることになる。こうした認識を説得力あるものにしたのが，生態学的知見の発達やその普及であった。

2　1960年代以降の環境思想――環境倫理の芽生え

環境倫理学の芽生え

環境倫理学は，環境問題は基本的には人間の行動に依るところが大きく，個人の行動の規範となる倫理が重要であるという立場に基づき，環境問題の改善に対して倫理学的観点から考察する学問である。倫理学においては応用倫理学の一部門，環境学にとっては関連分野の一部として扱われる。応用倫理学は，生命倫理学，医療倫理学，環境倫理学，政治倫理学，経済倫理学，情報倫理学，社会と人権（人種差別，ジェンダー，動物の権利など），企業倫理学などを抱合する。

アルド・レオポルド（1887-1948）は，人間中心主義を超えた生命中心主義的な倫理を唱えた先駆的な思想家である。1949年に『野生のうたが聞こえる』に収録されている『土地理論』という論文の中で，人間と自然との関係を「支配―被支配」ではなく，生態学的に平等関係であり，人間も生物の集団の一員にすぎないのだという倫理を提唱した[(4)]。さらに，自然保護とは人間と土地との間に調和が取れた状態のことであり，環境とは人間が支配するものではなく，人間の所属する共同体であると考えた。彼は，倫理とは「生存競争における行為の自由に対して制限を課すこと」であり，環境倫理とは「人間の行為が自然に影響を及ぼす場合に，人間の行為の自由に制限を課すもの」であると考えた。

1960年代，経済成長に伴う先進国の環境破壊が問題となり，レイチェル・カーソン（1907-64）が1962年に出した『沈黙の春』が一般の注目を集めるようになる[(5)]。化学薬品の大部分が「自然と人間の戦い」で使われることを述べ，一体何のために自然を破壊するのか，自然の征服という勝手な理屈を作り出し，思い上がっていた人間自身を見直す必要があることを説いた。内燃機関，原子力，化学薬品などの科学技術の発達，指数関数的な人口増加などが繁栄の印とは考えられなくなり，逆に近代の破壊ととらえられるようになった。

1968年，アメリカの技術史家リン・ホワイト・ジュニア（1907-87）は『機械と神』の中で，地球規模で起きている環境問題は人類の存続を脅かしており，科学や技術の無制限な開発によりもたらされたものであるとし，自然破壊の根源に「人が自然を支配する」というキリスト教的な人間中心主義があるとし，人と自然の二元論によって宿命づけられていると論じた[(6)]。リン・ホワイト・ジュニアは人間中心主義からの脱却の哲学的な可能性に関して問題を提起した。西洋は自然を支配し，東洋は自然と共存するという観念が，ここで固まる。彼は，自然環境に対して人間は何を成すべきなのか，また自然に対する人間の関係についてどのように考えるのかが重要であるとし，自然環境に対するわれわれの行動を変革するためには，自然と人間の関係についての人間の考え方をまず変革しなければならないと説いた。

この観念に反論したのが，ジョン・パスモアである。彼は1974年の著書『自然に対する人間の責任』で，キリスト教的世界観では自然の支配者として人間が存在するのではなく，自然のsteward（羊飼い）として支配下にある動植物の世話をするという考えがあるという「スチュワード精神」の概念を提唱した[(7)]。ホワイトが人間中心主義からの脱却を目指したのに対し，パスモアは自然に対して羊飼いとしての人間という人間中心主義的な環境保全のあり方を提示した。

パスモアは，「保存」と「保全」の定義づけを行う。すなわち，保全の思想は，自然環境は人間のためにあるとみなし，人間の将来の消費のために天然資源を保護するということになる。これに対して，保存の思想は，自然環境それ自体に価値が備わっているとみなす。すなわち，生き物や原生自然は人間の活動を規制してでも保護しようという考えである。保存の源流は18世紀のロマン主義に端を発し，エマーソン，ソローといったロマン主義の流れをくむ超越主義である。

ディープ・エコロジー

1972年，環境問題を主たるテーマとする初の国際会議である「国連人間環境

コラム7　利己的な利益追求は「共有地の悲劇」を招く

アメリカの生物学者ギャレット・ハーディン（1915-2003）は1968年に『サイエンス』誌に「共有地の悲劇」を発表する[8]。誰でも自由に利用できる共有資源，例えば，水，大気，土壌や水産資源，草原などにおいて，人々が経済合理主義であり資源管理がうまくいかなければ，共有資源は過剰に摂取され持続可能性は失われてしまうことを，「共有地の悲劇」あるいは「コモンズの悲劇」という。コモンズとは，元来，中世イングランドで村落民が自由に出入り（オープン・アクセス）することができた共有地のことを意味している。

「羊飼いと共有された牧草地」の思考実験を通して，「共有地の悲劇」を以下のように説明している。共有地である牧草地に羊を飼育する複数の羊飼いがいる。ある羊飼いは，自分の利益の最大化を求め，他の羊飼いに先んじて羊の頭数を増やし利益を得る。すると，他の羊飼いたちも自分が飼育する羊を増やそうとする。その結果，羊の頭数は増加し，牧草地が供給できる草の量（環境容量）が羊の数に追いつかなくなり，牧草地は荒廃，必然的に全ての羊飼いは共倒れとなる。すなわち「共有地の悲劇」から導き出される結論は，「限られた資源のもとでは，経済合理主義（個人の利己的な利益追求）に基づいた行動は，社会全体を悲劇的状況に向かわせる」ことを示唆している。

ハーディンは，「共有地の悲劇」を回避する手段として，「自制」「科学技術」や「良心への訴え」といった方策はなく，利害関係者に共有地の所有権を与えて管理させることを通して可能となることを述べている。地球は全人類の共有地であるから好き勝手に皆が利用すれば地球システムは崩壊してしまう。そこで，地球の利用に関わる財産権を定めることにより，地球を適切に管理していこうとする手段である。この手段を講じることで，自らが所有，管理する土地で，その環境容量を超えるほど羊の数を増やす羊飼いはいなくなるであろう，という考えである。多くの研究者が反論を唱え，環境問題の根源や解決手法に関する議論を巻き起こした。

会議」が開かれた。これを機に環境問題が国際的な問題として扱われるようになっていく。同年にはローマ・クラブが『成長の限界』を発表し，人口増加と環境破壊が進むことで経済成長の限界に直面すると警鐘を鳴らした。環境倫理学という言葉が生まれたのは1970年代の欧米であり，このころから倫理学の中で環境倫理が論じられ始めた[9]。

環境倫理学は，特にアメリカなどアングロ・サクソンの諸国で展開されてきた。経済成長に伴う環境破壊が大きな問題として認識された時代に，人間と人間以外の生物との関係を倫理的な関係の中でどう考えていくのか，自然の価値をどのように考えていけばよいのかという哲学的な考察を開始していた。

環境倫理は，一般的には「経済か環境か」，「開発か環境か」といったように，人間と自然の対立の構図で論じられ，人間中心主義への反省や批判で始まり，非人間中心主義に立って環境問題の解決を図る思想へと変化していく。そして，非人間中心主義はいくつかの相違によって様々な主義主張に分化していく。

クリストファー・ストーンは，1972年に発表した論文『樹木の当事者適格　自然物の法的権利について』で「自然物の当事者適格」を主張した。これは，適切な人間が代理人になることによって，森や海，川などの自然物が法的権利を主張することができる権利をもつとする思想である[10]。

1973年には，アルネ・ネス（1912-2009）が宣言した『ディープ・エコロジー』の中で，「すべての生命存在は人間と同等の価値を持つため，人間の利益のために人間が生命の固有価値を侵害することは許されない」という倫理が展開される[11]。ディープ・エコロジーにとって，環境保護は，それ自体が目的であり，人間の利益は結果にすぎないと考える。アメリカの西海岸を中心としてディープ・エコロジー運動の旋風が巻き起こる。

「ディープ・エコロジー」とは，エマーソン，ソロー，ミュアーなどに代表されるアメリカの伝統的な自然保護思想を背景に，1960～70年代のエコロジー運動の影響を強く受けて成立した哲学的思想のことである。1980年代アメリカを中心に盛り上がりを見せている。

アメリカ西海岸ではカウンター・カルチャーとよばれる若者が牽引する反体制的な運動が隆盛を極めていた。今までに形作られてきた文化の潮流に対する反発であると同時に，その背景にある強固なモダニズム的価値観への批判という側面を持つ。特に先鋭的なものは「アンダー・グラウンド（アングラ）」とよばれることもある。このカウンター・カルチャーの波に乗り，道元の禅や鈴木大拙の禅，福岡正信の「自然農法」などの東洋思想やインドのヒンズー思想，ネイティブ・アメリカンの思想などが強く影響を与えている。さらにそのルーツをたどると，宮澤賢治，南方熊楠などを経て，はるか近世の日本における思想にまで行き着くのである。そのような「ディープ・エコロジー」が1990年代の日本にも逆輸入され始めている。

アルネ・ネスは，エコロジー運動を「浅いもの（シャロウ）」と「深いもの（ディープ）」に分類し，「深いもの」すなわち，「ディープ・エコロジー」の重要性を説いている[11]。「ディープ・エコロジー」とは，人間中心主義から非人間中心主義への転換を説く実践型の環境保護思想である。「環境問題の解決には現代の社会経済システムと文明を変革することが不可欠であり，その実現に向けては，西洋の自然支配主義から生命相互が共生する社会へ変換することが重要で，人と自然のつながりを感じ取り，生きることの真の意味を問い，ライフスタイルを変換することにより，正しい世界観を再発見することなしには解決されない」とするものである。具体的には，

・ウィルダネス（原生自然）に触れ，そのエネルギーを感じ取ること。
・自分たちが暮らす地域の自然を真剣に見つめ，その地域独自の自然に適応したライフスタイルを構築すること。

などを求めている。前者は「スピリチュアル・エコロジー[(12)]」や「トランスパーソナル・エコロジー[(13)]」へ，後者は，「バイオ・リージョナリズム」とよばれる思想へと発展していく。

「ディープ・エコロジー」で重要なことは，「自然とわたしの関わりとは」，「自然の中に生きる私とは」，「どのように自然と関わりを持つべきなのか」といった精神的に深い問いかけを繰り返し，その過程で得た答えを実行に移していくプロセスである。

一方，「シャロウ・エコロジー」とは，「環境保護への意識を唱えるだけの非現実的エコロジー」や「先進国に住む人々の健康と繁栄を持続するために環境汚染と資源枯渇に反対するうわべだけのエコロジー」思想のことで，環境問題を最終的な解決には導かない取組みを意味している。

環境問題を引き起こした現代文明，経済システムに対する思想的な反省が「ディープ・エコロジー」という潮流に乗り，先進国の特にNPOを中心に広がりを見せつつある。

ソーシャル・エコロジーとエコ・フェミニズム

「ディープ・エコロジー」の思想では，「現在の先進国に住む人々が享受している生活レベルや思想，社会制度などを継続，あるいは大きな変更を加えないことが大前提で“環境問題”を解決しようとしている点」に大きな欠点がある

といわれている。このような中,「ディープ・エコロジー」に対して先鋭的な批判を行い衝撃を与えた思想が「ソーシャル・エコロジー」と「エコ・フェミニズム」である。

人間社会に階級が存在するかぎり，一部の人間による自然支配は続くと主張する思想であり，私たちの内面の宇宙観や人生観，価値観こそが環境問題の根本であると考える「ディープ・エコロジスト」に対し，私たちが暮らす社会構造こそが根本問題であると考えるマレイ・ブクチン（1921-2006）の影響下に誕生した思想である。[14]

西欧の合理主義と産業第一主義が自然環境を破壊し，生命を抑圧する支配の構造を作り上げてきた。これは女性や少数民族を差別してきた歴史と同じ根を持っている。「ディープ・エコロジー」は人という種が環境問題を引き起こしたというが，環境問題を解決するためには，植民地支配，第三世界搾取，性差別（ジェンダー）などの支配構造を明確にし，人間が他の人間を抑圧し搾取するような構造「人間による人間支配」を根本的に是正することが重要である。なぜならば，人は様々な制度，組織を通して他の人間と関わり，そして自然と関わっていくからである。この点を見逃してはいけないと批判している。ジェンダーとは，社会的・文化的に形成された性別のことで,「女とは，男とは」という通念を基盤にした男女の区別として用いられる。

一般的に「フェミニズム」とは「男女同権を実現し性差別的な抑圧や搾取をなくす運動」と解釈される。1960年代から70年代にかけて，西欧諸国でフェミニズムの運動が隆盛を極めていく。この運動を第二派フェミニズムとよんでいる（第一派は19世紀から20世紀初頭にかけての女性参政権運動をいう)。

フェミニズムの影響力はエコロジー，自然保護にも及び,「エコ・フェミニズム」とよばれるようになる。これは，一言で表現すれば「女性の立場から環境問題を根本的に見直そう」という思想であり，1974年にフランスの作家であるフランソワーズ・ドボンヌ（1920-2005）により提唱された思想である。[15]この思想の背景には，1892年,「環境破壊を解決するためには，一人ひとりのライフスタイルを見直すことが大切である」と進歩的な考え方を説いたヘレン・スワローや，1962年に『沈黙の春』を出版したレイチェル・カーソンたちのエコロジー運動など，女性からの発言が大きく影響している。

「エコ・フェミニズム」は現在の環境問題を引き起こした根本を西欧の合理主義と産業第一主義にあるとし，その背景には，自然を支配し搾取し，女性を支配する哲学と価値観を作り上げた「男性」の存在があると考える。この思想によれば，環境破壊問題と男性の女性支配の問題は同根となる。人間による自然支配の構造と男性による女性支配の構造が同根である以上，この支配の構造を解消しない限り環境問題も解決しない，という主張に行き着いたのである。

男性による女性支配と男性による自然支配が同根であるという思想は，1980年のキャロリン・マーチャント（1936-）の『自然の死』により体系づけられ，アメリカのエコ・フェミニズム運動を牽引してきたイネストラ・キングに受け継がれていった。[(16),(17)]

キングは，地球の環境破壊と核による人類滅亡の脅威の背景には，過去から綿々と継続されてきた男性優位社会，すなわち家父長制度があるとし，「家父長制度によって支えられてきた男性社会にとって自然は対象化され，支配者とは異なる他者として従属させられるようになっていく。自然と同一視される女性も同様に対象化され従属させられてきた。女性と自然は男性社会からは他者として扱われてきた」と考える。[(18)]

「エコ・フェミニズム」は欧米の先進諸国の女性により提唱され活動されてきたが，1970年代にインドの女性たちが木に抱きついて木を伐採から守ろうとする「チプコ」とよばれる運動などが活発となり，第三世界の女性たちの環境保護運動へも思想は影響を与えている。

さて，この「エコ・フェミニズム」思想が「ディープ・エコロジー」を「社会問題を切り捨てている思想」として真っ向から批判したのである。「ディープ・エコロジー」では，人間中心主義を批判しながら「環境破壊となる行為をしなければ生きてはいけない貧しい国々の人々をどう考えているのか」といった点に思想の限界があり，その思想を「社会問題を切り捨てている」としている。「ディープ・エコロジー」が説くように「人類が環境を破壊してきた」のではなく，正しくは「人類の内の先進諸国の男性」が破壊し続けてきたのであると考える。自然と共生してきたがために差別されてきた先住民や女性までをも環境破壊をしてきた人間に含めようとする思想には，大きな誤りがあることを指摘している。

「ディープ・エコロジー」の思想は，東洋の思想を取り込みながら西欧諸国の人々，特に中産階級の白人男性を中心に形成されていく。この事実に思想の限界を感じ取る人たちがいる。

この思想は，「社会の仕組みを改革することにより環境問題を解決するためには，私たち人類の心のあり方を成熟させることにより内側から解決させていこう」という点に特徴を有すが，この内面的思想は，ともすれば現代の経済システムや環境開発を批判し産業都市を捨て田園や森の中に生きることを夢見ている人たちの集まりとみなされる。その結果，精神世界に入り込んでしまい思想のまま自己を凍結させ，社会の現実を直視していない思想と批判されるのである。

「ディープ・エコロジー」が将来に生き残れるのかは，内面的思想を具体的なエコロジーの実践活動と関連付けることができ，エコ・フェミニズムの思想の長所を取り込むだけの柔軟性を有したときであろう。

3　環境倫理学の開花

1975年には，ピーター・シンガー（1946-）が著書『動物解放』の中で，人間の利益のために犠牲になっている実験動物や家畜など苦痛を感じる可能性がある人間以外の動物の権利を擁護するという倫理を提唱した[(19)]。1970年代から80年代にかけて世界中で環境問題が論じられるようになる中で，環境倫理学は大きく花開くこととなる。

1974年にギャレット・ハーディン（1915-2003）は「救命ボートの倫理」を提唱する。これは，フロンティア（辺境）を無限に拡大していくことで永続的な人類の発展が可能になるという「フロンティア倫理」，すなわち，キリスト教的思想の前提である人間中心的な倫理観（人間中心主義）である「人間が自然の支配者である」という論点の代替倫理である。人間が共倒れにならず生き残るためには，生き残る人たちが必要とする環境や資源を保全する必要があり，ほどほどの数が乗っている救命ボートを先進国，人でごった返し海に投げ出されている人もいるボートを途上国にたとえ，混雑したボートの乗客全員に対して余裕のあるボートへの乗船を許可すると，結局すべてのボートが沈むとし，この問題を解決するためには，「豊かな国」のボートのことだけを考えるべきだと主張した[20]。すなわち，環境問題の解決のためには南北問題を見過ごすことはやむを得ないとする考えを投じた。フロンティア倫理を続けるなら，このような「共有地の悲劇」を回避することはできないであろうという。しかし，この主張は，反人間的，反社会的，配分的正義の侵害など強い批判を受けている。

「救命ボートの倫理」によれば，世界に分布する資源が人類にとって平等であるならば，結局は特定の利益者のみが儲けを得るだけで，「共有地の悲劇」を回避することはできない。途上国を先進国が支援することは途上国の人口増大を加速させる結果を招き，その結果，先進国，途上国は共倒れになるという。

「救命ボートの倫理」に対し「宇宙船倫理」を提唱し反論をしたのがバックミンスター・フラー（1895-1983）やシュレーダー・フレチェット（1944-）である。「宇宙船倫理」は，地球を閉じられた有限の空間（宇宙船）にたとえ，「乗船員である人類が生き残るためには，相互に強い関係をもつ自然との間にバランスを取る必要がある」とする倫理である[21]。人間も自然も強く結び付いているため，いずれか一方を優先させることはできない。環境危機の問題は物質的な問題ではなく，精神的危機をいかに解決するかにあると考える。

また，フレチェットやウォルター・ワグナーはこれに並んで「世代間倫理」というものを提唱した。地球は閉じた閉鎖空間であり資源には限界がある。したがって，現在の世代は枯渇資源を大量消費したり環境を汚染したりして，未来に環境負荷を与えるような行動は慎むべきである，とするのが「世代間倫理」の基本である。

「宇宙船倫理」や「世代間倫理」に関連して，特にマイノリティや貧困層などの社会的弱者が環境被害を受けやすいことを考慮してバランスを取ろうとする考えを「環境的正義」という。環境保全と社会的正義を同時に施行する概念である。1980年代，アメリカ系黒人の住居が廃棄物処理施設に集中する劣悪な生活環境にあることに対する抗議運動などがあげられる。途上国における貧困と環境破壊の悪循環を論ずる際に用いられることがある。

1989年には，ロデリック・ナッシュ（1939-）が発表した『自然の権利――環境倫理の歴史』に代表されるように，人間中心主義的な思考を非人間中心主義，生命・自然中心主義，あるいは生態系中心主義に改めなければならないという考えで，すなわち，「自然に一定の権利を認めることにより人間の行きすぎた行為が自然破壊を進行させることに対し歯止めをかけようとする倫理」の拡大が提唱され，人間中心主義からの脱却を展開してきた議論の集約思想とされた[22]。

その後，チャールズ・エルトンの生態学モデルとチャールズ・ダーウィンの生物社会学的解釈を統合することで人間中心主義的でないアルド・レオポルドの環境倫理『土地理論』が再評価され，ディープ・エコロジー運動が様々な潮流を生み発展していくことにつながる。

環境倫理学は，自然と人間の関係が議論されたところから始まり，他の環境問題がクローズアップされるにつれてその議論も多様化した。現在，環境教育を通して広まったエコロジー思想なども環境倫理に含まれるが，これは環境に関する考え方の１つに過ぎない。

1980年代終わりになると，地球を取り巻くオゾン層に穴があいていることが発見された。自然界には存在しない化学合成薬品のフロンガスが成層圏に流れ込み，オゾン層に穴をあけたのである。この話は，瞬く間に一般市民の耳に届くこととなる。また，大気圏に存在する二酸化炭素などの温室効果ガスが増大し，地球が温められる温暖化が始まっている。20世紀に入り，熱帯雨林は伐採や開発により毎秒0.5～0.8ヘクタールの速度で破壊が続いている。生物多様性に富み複雑な生態系を形成している熱帯雨林には，全世界の生物種の半数以上が生息しているともいわれている。

人と自然の共生の在り方，地球環境問題の改善というグローバルな問題を考えると，科学技術の発展の是非を問う以外にも，多文化間の環境倫理をどのように調整して解決に向かうのかという大きな壁にぶつかる。実際，アメリカなどアングロ・サクソンの諸国で開花した環境倫理を国際社会，特に先進国と途上国の関係，すなわち南北問題に適応させることは難しい。

地球温暖化抑制のための温室効果ガス排出量の削減を例にとると，責任をめぐって先進国と途上国の対立が生まれている。先進諸国の多くは，これ以上温室効果ガスを排出するべきではない，そうでなければ地球の将来はないと説く。一方，途上国側からは，先進国の現在の発展は温室効果ガスの大量排出のもとに成し遂げられてきたものであり，途上国側だけが経済発展を制限されることには矛盾を感じるという対立である。良質な環境と物質的に豊かな社会に暮ら

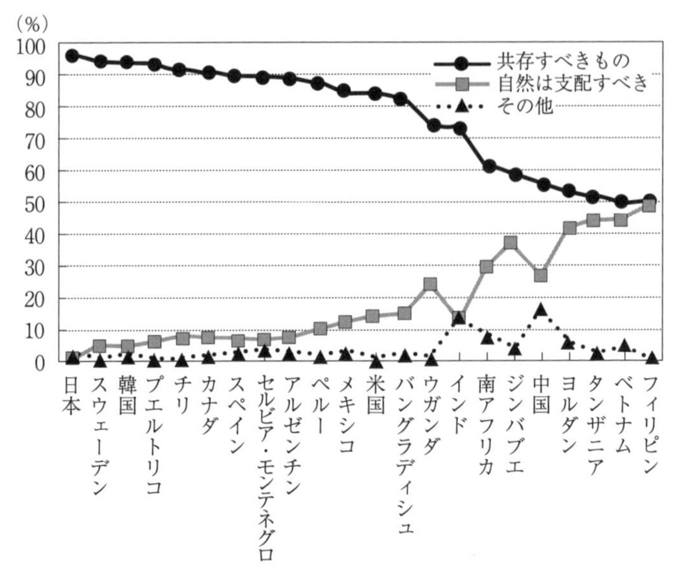

図 11－1　自然観の国際比較（2000年）

（出典）電通総研，日本リサーチセンター編集『世界主要国価値観データブック』
同友館，2008年より作成。

す利益が両立できない場合にどう対処していくのかは，いまだに環境倫理学の課題となっている。

今後の環境倫理学の進化を考える時，西洋と東洋，先進国と途上国の間の架け橋となるような倫理が必要となるであろう。図 11－1 に示すように，日本の自然観は世界的にみても「共存」の意識が特に強いことが明らかである。日本人の自然観が今後どのように環境倫理に生かされていくのか，人と自然の共生を考える上で鍵となっていくであろう。

◆◆◆◆◆◆ **課題** ◆◆◆◆◆◆

1．人は自然との共生が必要なのか。西洋的・東洋的環境思想から考えてみよう。
2．科学技術の発達は，人間の幸せにとって大切なのかを考えてみよう。

註・参考文献

(1)　ジョン・パスモア著，間瀬啓允訳『自然に対する人間の責任』岩波書店，1998年。
(2)　ジョン・ミューア著，熊谷鉱司訳『1000マイルウォーク緑へ――アメリカを南下する』立風書房，1994年。
(3)　ヘンリー・デイヴィッド・ソロー著，飯田実訳『ウォールデン――森の生活』岩波文庫，1995年。
(4)　アルド・レオポルド著，新島義昭訳『野生のうたが聞こえる』講談社，1997年。
(5)　レイチェル・カーソン著，青樹簗一訳『沈黙の春』新潮社，1974年。
(6)　リン・ホワイト著，青木靖三訳『機械と神――生態学的危機の歴史的根源』みすず書房，1999年。
(7)　パスモア，前掲書。
(8)　Garrett Hardin "The Tragedy of the Commons", *Science, New Series*, Vol. 162, No. 3859, 1968.
(9)　ドネラ・H・メドウズ著，大来佐武郎訳『成長の限界――ローマ・クラブ人類の危機レポート』ダイヤモンド社，1972年。
(10)　淡路剛久他編『リーディングス環境　第1巻　自然と人間　クリストファー・ストーン「樹木の当事者適格――自然物の法的権利について」』有斐閣，2005年。
(11)　アルネ・ネス著，斎藤直輔他訳『ディープ・エコロジーとは何か――エコロジー・共同体・ライフスタイル』文化書房博文社，1997年。
(12)　トマス・ベリー著，浅田仁子訳『パクス・ガイアへの道――地球と人間の新たな物語』日本教文社，2010年。
(13)　ワーウィック・フォックス著，星川淳訳『トランスパーソナル・エコロジー――環境主義を超えて』平凡社，1994年。
(14)　マレイ・ブクチン著，藤堂麻理子他訳『エコロジーと社会』白水社，1996年。
(15)　淡路剛久他編『リーディングス環境　第3巻　生活と運動　フランソワーズ・ドボンヌ「エコロジーとフェミニズム」』有斐閣，2005年。
(16)　キャロリン・マーチャント著，川本隆史訳『ラディカルエコロジー――住みよい世界を求めて』産業図書，1994年。
(17)　キャロリン・マーチャント著，団まりな訳『自然の死――科学革命と女・エコロジー』工作舎，1985年。
(18)　イネストラ・キング著，丸山久美訳，小原秀雄監修『環境思想の系譜3　傷を癒す――フェミニズム，エコロジー，そして自然と文化の二元論』東海大学出版会，1995年。
(19)　ピーター・シンガー著，戸田清訳『動物の解放』技術と人間，2002年。
(20)　K・S・シュレーダー・フレチェット編，京都生命倫理研究会訳『「フロンティア（カウボーイ）倫理」と「救命ボート倫理」環境の倫理　上』晃洋書房，1993年。
(21)　K・S・シュレーダー・フレチェット編，京都生命倫理研究会訳『「宇宙船倫理」環境の倫理　上』晃洋書房，1993年。
(22)　ロデリック・F・ナッシュ著，松野弘訳『自然の権利――環境倫理の文明史』TBSブリタニカ，1993年／ミネルヴァ書房，2011年。

（中山智晴）

第12章
人と自然の共生関係を学ぶ

本章は，謎だらけの宇宙誕生の歴史，そして，壮大な宇宙の循環システムを学び，その中で誕生した生物の進化，人間と自然との共生関係を自然界の姿から理解する。そして，自然界においては，競争の時代を越え，他の生き物と共に生きる道を選んだもの，すなわち相利共生の関係こそが，多くの生き物を共存させる大きな要因であることを学び，今後の人と自然の共生のあり方を各自が考えることを目的としている。最近の研究は，生き物は強くなくても生き残れるという事実を明らかにしている。

ペルセウス座流星群を待つ（福島県郡山市逢瀬町にて）

1　宇宙の循環システムを考える

宇宙の誕生と進化

科学が求めているのは，古代から変わらぬ３つの探求，すなわち「世界は何から造られているのか」，「自然の遷移を支配する秩序とは何か」，「事物を動かす力は何か」[(1)]である。

古くアリストテレスの時代から，地球は宇宙の中心にあり，周りの天体が動いているという天動説が信じられてきた。16世紀には，コペルニクスの登場により天動説を覆す地動説が唱えられる。これは天文学史上最も重要な発見とされる。その後，ガリレオが地動説を正しいと考え，ドミニコ修道会士ロリーニと論争になり，それを理由に有罪判決を受ける。また，アリストテレスが，物体が地面へ落ちる原因は，物体を構成する元素が本来の位置である地面に戻ろうとする性質にあると考えたのに対し，アイザック・ニュートン（1642-1727）は1687年に刊行された『自然哲学の数学的諸原理（プリンキピア）』のなかで，「地上において物体が地球に引き寄せられるだけではなく，この宇宙においてはどこでも全ての物体は互いに引力を及ぼしあっている」という万有引力の法則と運動方程式について述べ，古典力学（ニュートン力学）を創始し，これにより天体の運動を解明した[(2)]。そして，宇宙には共通の絶対時間があると考えた。

ニュートン以前の自然哲学は，自然現象がどのような目的や原因で存在するのかという，哲学で言えば目的論に重点が置かれていた。これに対し，『プリンキピア』において，「我，仮説を立てず」と宣言し，全ての物体同士が引き合っている理由については触れず，あくまで観測できる物事の因果関係を示すという方法論を展開した。これが近代科学の考え方の基礎となった。

ニュートンが万有引力の法則を発表してから300年以上が経過した2010年１月５日，米航空宇宙局（NASA）は，ハッブル宇宙望遠鏡が史上最古の銀河を複数発見したと発表した。その起源は，宇宙開闢（かいびゃく）とされるビッグバンから６～８億年後に相当する130億年前までさかのぼる。すなわち，宇宙は136～138億年前に誕生したことが観測された。宇宙には時間があることが確認されたのである。

1900年以降に大きく発展した現代宇宙科学が明らかにしつつある宇宙誕生の歴史によると，宇宙は３つの段階を経過してきている。いまだ解明されていない宇宙誕生の瞬間である「最初期宇宙」，陽子，電子，中性子そして原子，原子核が生成された宇宙誕生後のごくわずかな時間である「初期宇宙」，最初の恒星とクエーサー，銀河，銀河団が形成された「宇宙構造の形成期」である。そして，宇宙の最終段階については，様々な理論があり不確定である。

現代の宇宙論は20世紀初めのアルベルト・アインシュタイン（1879-1955）による一般相対性理論の発展と，天体の観測技術の進歩によって始まった。1917年，アインシュタインはニュートンの万有引力の法則に修正を加え，さらに時間と空間を含んだまったく新しい「一般相対性理論」を作り上げた。相対性理論は，質量を持つ物体の重力により周辺の空間にひずみを生む物理的効果のことであり，宇宙を相対性理論にあてはめると，わずかな摂動（例えば，惑星の楕円軌道にずれを生じさせる他の惑星の引力）で膨張または収縮に転じる宇宙モデルが示された[(3)]。しかし，アインシュタインの宇宙は未来永劫「静止した宇宙」であり，時間の経過とともに宇宙の大きさが変化することはないと確信していた。そこで，物質と物質の間に働く万有引力に対して，架空の力である反発力「宇宙項（宇宙定数）」を方程式に付け加え，宇宙の構造を理論的に説明した。

1929年，アインシュタインは，エドウィン・ハッブル（1889-1953）の「宇宙は膨張している」という観測結果により，初期に提唱した宇宙項をつけ加えない相対性理論が正しいことを認め，「生涯で最大のあやまち」と嘆いた。

アインシュタインの方程式を解けば，宇宙の始まりの瞬間が見えることになる。しかし，時刻ゼロのまさに宇宙誕生の瞬間は，アインシュタインの方程式では分からない。この方程式では，時刻ゼロの瞬間においては物理法則が破綻してしまうからである。宇宙の時刻をゼロに限りなく近づけていくと宇宙の体積は限りなくゼロに近づき，逆に宇宙にあるエネルギーと物質の密度は無限大に近づいていくからである。そして，時刻ゼロに達すると不思議な現象が現れる。すなわち，「なにもない無から無限大のエネルギーが放出される」のである。一般相対性理論が破綻するこの瞬間の特異点を科学では「始まりの特異点」といい，科学史上最大の難問とも呼ばれている。

宇宙が誕生した瞬間以降は，宇宙は活動的に膨張し変化していることから，

1927年にベルギーのジョルジュ・ルメートル（1894-1966）によって「原始の原子理論」が提唱され，ジョージ・ガモフ（1904-68）がそれを発展させてルメートルの提唱した「ビッグバン宇宙論」を支持した。「ビッグバン宇宙論」は現在の標準的な宇宙理論であり，宇宙の最初の姿は，極度に凝縮された原初の超高温・超高密度の状態で，これが大爆発，大膨張（インフレーション）を起こし宇宙が誕生，そして現在でも膨張を続けているとするものである。宇宙が膨張していることは，1929年にハッブルが地球から見えている天体全体が一様に遠ざかっているということを観測して以来，常識的事実であるとされている。現在，宇宙は膨張しているということは，遡って考えるならば，かつて，それらの天体は一箇所に集まっていたのだと考えられている。

1980年にアラン・グース（1947-），そして1981年に佐藤勝彦（1945-）によって，「インフレーション宇宙論」が提唱される。この理論は，一般相対性理論の方程式に取り入れられた宇宙項が真空エネルギーを示し，真空の中で生まれた宇宙の種の大きさは，わずか10^{-34} cmと計算されている。宇宙は誕生直後の10^{-36}秒後から10^{-34}秒後までの間に急激に指数関数的膨張を起こし，高温から低温に移行する際に開放される潜熱が急激な膨張を引き起こすという考えであり，「ビッグバン宇宙論」では説明が困難な問題点を解消する初期宇宙の進化モデルである。すなわち，「最初の宇宙」から火の玉になるまでの急膨張が，インフレーションであり，インフレーションでは莫大な熱エネルギーが解放され，ごくわずかだった宇宙が直径1cm以上もの火の玉宇宙になったと考えられている[(4)]。

宇宙誕生の100分の1秒後には，宇宙は小さな点となり，その中に超高温・超高密度で超大量のフォトン（光子），ニュートリノ，電子の中に少数の陽子や中性子が存在する混沌とした状態となる。この小さな点の中の物質が現在の全宇宙の素になっていると考えられている。その後，4分ほどで9億℃に冷えた宇宙は，ヘリウムや水素の原子核を形作り，30万年後には3000～4000℃の空間で，ヘリウムや水素の原子核が周囲の電子を捕らえ，安定した原子を作れるようになってきた。その結果，フォトンは電子の影響を受けずに光として直進できるようになり，宇宙が澄み渡る「宇宙の晴れ上がり」という時期を迎える。やがて宇宙空間のヘリウムや水素がガスとなり，巨大な固まりを形成し始め原始の銀河が誕生した。この1000億個以上はあると考えられている銀河系の一つが，天の川として見える私たちの「天の川銀河系」なのである。

宇宙はビッグバン以降，現在も光の速さで膨張を続けていると考えられている。このまま永遠に膨張し続けていくと考える人もいれば，「振動宇宙論」のように宇宙は膨張，収縮を永遠に繰り返すと考える研究者もいる。また，「ビッグクランチ理論」のように，いつかは膨張が止まり収縮に転じ，最後には，あのビッグバンの一点に戻っていくと考えている研究者もいる。

「ビッグバン宇宙論」によれば，宇宙は130億年程の昔に“無”から創成され膨張を続けている。しかし，この宇宙論には大きな問題がある。その火の玉が，どうして生まれたかということについては，実は何も答えていない。この矛盾を回避するために，アレキサンダー・ビレンケン（1949-）は何もない“無”から突然，有限の大きさの宇宙が生まれる「無からの宇宙創生論」を示した。宇宙の時間に始まりがあったということになる。ここでいう“無”とは，どのような状態を指すのであろうか。物理学的にいうと，可能な限りエネルギーを抜いた「ゆらぎ」のある状態のことであり，素粒子の生成と消滅が繰り返されることにより起きていると考えられている。その状態から「トンネル効果」で，突然宇宙が生まれたと考えられている[(5)]。「無からの宇宙創生論」は未だ完成しておらず，これからの研究が期待されている。

さらに，科学史上最大の難問である宇宙の時刻をゼロに達すると現れる不思議な現象，すなわち，何もない無から無限大のエネルギーが放出されるという「始まりの特異点」を科学的に解明しようとする科学者が現れる。「車椅子の物理学者」と呼ばれるイギリスの理論物理学者でブラックホール研究の第一人者であるスティーブン・ホーキング（1942-2018）である。アインシュタインその他が築き上げた定理をさらに発展した論理を次々と発表，1983年には宇宙の起源の解明を試みる「無境界仮説」を提唱し，「私たちの宇宙（時間・空間）には境界とか端はない」とする一般相対性理論と量子力学を統合する量子宇宙論を展開した。この仮説によると，宇宙は虚数の時間において，どこが始まりなのか分からないようにして始まり，偶然に虚数の時間が実数の時間に変わったときが，トンネル効果の瞬間，すなわち，宇宙が姿を現すことになる。結果はビレンケンと同じように「無からの宇宙誕生」になる[(6)]。

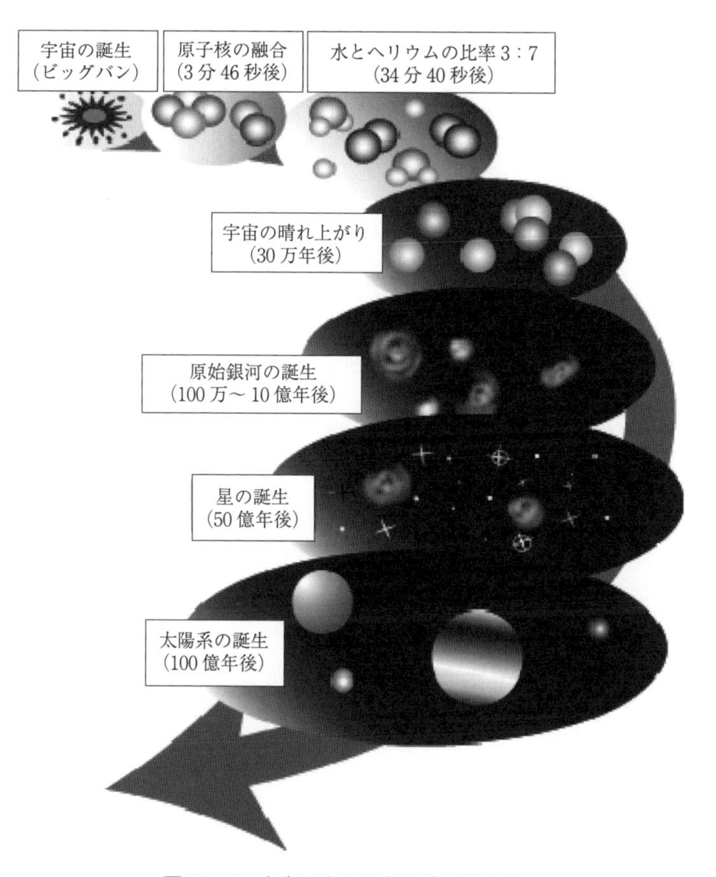

図12－1　宇宙誕生から太陽系の誕生まで

宇宙の循環システム

ホーキングと共にロジャー・ペンローズ（1931-）は，ブラックホールの特異点定理を証明し，膨張する宇宙で，観測者から遠ざかる速度が光速を超えている領域との境界面である「事象の地平線」の存在を唱えた。ビッグバンは何度でもあり，今後もあるという。そして，ビッグバンは宇宙の始まりではなく，未来永劫に続く宇宙の歴史の中の１つの区切りであるという新しい宇宙の循環論を発表した。[(7),(8)]

宇宙の起源や物理の統一理論はまだ解明されていないが，ホーキングやペンローズの研究はこの分野に大きな貢献を果たしていくことであろう。

ホーキングは，2010年に刊行した『The Grand Design』で，量子力学に重力の理論を組み合わせた最新の研究成果から，超越的な設計者（神）が存在すると感じることも理解できるが，「引力などが存在するため，宇宙は創造主なしで無から自らを創造すること可能である」，「宇宙の創造に神は必要ない」という主張を展開し[(9)]，キリスト教界などから批判を受けている。

ユダヤ教およびキリスト教の聖典は旧約聖書である。これは一度に書かれたものではなく成立年代には諸説あるが，おそらく紀元前1100〜紀元前150年頃ではないかと考えられている。すなわち，宇宙の起源に本格的な科学的解明が入った時期をアインシュタインの出現とすると，旧約聖書は，その2000〜3000年も前に記録されたものなのである。

宇宙はどのようにして創造されたのであろうか。科学の領域では解明に向けた努力が進められているところであるが，旧約聖書の時代の宇宙創造はどのように考えられていたのであろうか。創造は科学者たちの言うように「超自然現象」の結果なのであろうか。

時期的に数千年のずれがある旧約聖書と現代宇宙科学の間には，解釈により一致する点が多いと私は考えている。

上記に述べてきたように，現代宇宙科学によれば，宇宙の進化は以下のようにまとめられる。

(1)無から誕生する宇宙
(2)最初の宇宙は火の玉
(3)光子，ニュートリノ，電子の中に陽子や中性子が存在する混沌とした状態
(4)原始の銀河が誕生
(5)膨張する宇宙

一方，旧約聖書において，全知全能なる神エホバによる世界の創造を意味する天地創造では，神は7日間で世界を創造したとされ，旧約聖書『創世記1章』には，以下のような天地の創造が描かれている。

初めに，神は天地を創造された。

1日目　暗闇の中，神は光を作り，昼と夜を造られた。

2日目　神は大空（天）を造られた。

3日目　神は海と陸を分け，陸に植物を造った。

4日目　神は太陽と月と星を造られた。

5日目　神は水の生き物（魚）と空の生き物（鳥）を造られた。

6日目　神は獣と家畜と，神に似せた人を創造された。

7日目　神は作業を終えて休まれた。

創世記によると，宇宙は無から光が創造され始まっている。これは，科学的には「無からの宇宙創生論」，「ビッグバン宇宙論」に相当する考えであるといえる。古代インドではヴェーダ（紀元前1000年頃から紀元前500年頃）の時代においても，「無からの発生」や「原初の原人の犠牲による創造」といった宇宙創生論が見られ，後には「繰り返し生成・消滅している宇宙」という宇宙の循環システムの考え方が現れている。

「創世記」では，宇宙誕生以降の地球生物の進化についても示されている。海や陸という地球の地形がまず形作られ，その後，植物，動物という順に生物が誕生していく。そして，最終的にはホモ・サピエンスが誕生したとある。

この考えは，創造神話に変わりうる起源神話を作り上げたチャールズ・ダーウィン派が描く「進化論」の考えと同一点を見出すこともできる。しかし，「創造」を認めない聖書と異なる進化論は，知識人の間で大きな議論を巻き起こすことになる。

既に，古代インド，ヴェーダの時代に考えられていたように，宇宙は絶えず生成，消滅している。上述したように，宇宙誕生の100分の1秒後には，宇宙は小さな点となり，この小さな点の中の物質が現在の全宇宙の素になっていると考えられている。その後，ヘリウムや水素の原子核が形作され，原子核が周囲の電子を捕らえ，安定した原子を作れるようになってきた。やがて宇宙空間のヘリウムや水素がガスとなり，巨大な固まりを形成し星の材料となった。星の材料をガス雲という。ガス雲の特に濃いところは分子雲と呼ばれ，星が誕生する場所である。

宇宙を漂う分子雲は回転しながら集まり円盤状となる。円盤の中心では原始星と呼ばれる星の赤ちゃんが誕生する。原始星の中心温度は約1000万℃と十分に高温であり，太陽と同じような星として輝きだす。また，原始星は上下にガスを噴水のように激しく噴き出している。今から46億年前の太陽も，このようにして誕生した。

太陽と比べ質量の軽い星は，重い星に比べて温度が低く赤や黄色をしている。寿命は数十億年～数千億年で，ゆっくりと大変長い間輝き続ける星である。星は輝く燃料を使い果たすと寿命を迎える。太陽の寿命は約100億年であり，後50億年後には燃え尽きると考えられている。赤色巨星とよばれる状態を迎えた星の表面にガスがどんどん広がり太陽の８倍以下まで膨張し宇宙に散っていく。これが軽い星の最後である。中心に残った小さな星くず（白色わい星）が次第に冷却され輝きを失い，やがて宇宙に溶け込んで消えていく。

一方，おとめ座のスピカやしし座のレグルスのように太陽の数倍の重さをもつ星は，温度が高く，白や青色に輝いている。寿命は短く数千万年と言われている。オリオン座のリゲルなど太陽の30倍以上の重さの星は，青や紫色の高温で激しく燃えているいため，数百万年以下という短い寿命で燃え尽きる。寿命が近づくと膨張を始め表面温度が低下していく。年をとった星は赤色巨星とよばれ赤くなる。アンタレスやベテルギウス，アルデバランといった星々がこれにあたる。アンタレスの直径は太陽の230倍もある。そして，ついに寿命を迎える。最後は中心の燃料を使い果たし，とてつもない大爆発を起こし一瞬にして吹き飛ぶ。その爆発は超新星爆発と呼ばれ，ときには太陽の100億倍もの明るさで輝く。銀河系の中では100年で１つ程度の超新星爆発が起きている。この大爆発の後に残る空間がブラックホールである。中性子よりも重く，自分自身の重みを支え切れずに潰れたものである。ブラックホールの周囲は，創造を越えるほど強力な重力のために，光でさえ逃れることができず吸い込まれてしまう。そのため，ブラックホール自体は姿が見えず真っ黒な宇宙の穴となる。

宇宙に点在する星は，自身の中の燃料を燃やし，様々な原始を作り出している。寿命を迎えた星は，軽くても重くても膨張，爆発を起こし寿命を迎え，星を形成していたガスなどの物質は宇宙へ放出されていく。こうして宇宙に飛び散った物質は長い間宇宙を漂い，互いに引き合い固まりとなりガス雲を形成する。そして，またいつの日か新しい星が誕生する。宇宙は物質の過不足のない壮大な循環型システムの中に存在し，私たちは，その中に生きているのだ。

科学，宗教に関わらず，人間が太古の昔から求めているのは，古代から変わらぬ3つの探求，すなわち「世界は何から造られているのか」，「自然の遷移を支配する秩序とは何か」，「事物を動かす力は何か」なのである。

コラム8　古代インドのウパニシャッド哲学

ウパニシャッドの根本思想は「梵我一如（ぼんがいちにょ）」であり，それは宇宙＝梵と自分＝我の本質はまったく同じということを意味している。

ある日，バラモンの子どもが父に「梵我一如」とは何かを問うた。すると父は，「この器の水の中に塩を入れよ。そして，かき混ぜよ」と命じた。そのようにすると，「塩はどうなったか」と聞くので，子どもは器の中に目をやり，「見えなくなりました」と返答した。「なくなった，それでは飲んでみよ。味はどうだ」と聞く。子どもは「塩辛いです」と答えた。父は言った，「塩は目では見えないが器の中にある。このように，目に見えないくらい小さなものから我々も，宇宙も成り立っているのだ。これが梵我一如ということだ」と。

梵我一如とは，ブラフマン（梵）とアートマン（我）とが本質的に一体であるという思想であり，ブラフマンは宇宙の最高原理として，アートマンは個体の本質として，大宇宙と小宇宙との等質的対応の思想である。

2　人と自然の共生関係を学ぶ

生命の誕生と進化

循環型の宇宙の中で誕生した地球，では一体，生命は，いつ，どこで，どのようにして誕生したのであろうか。この問いかけと説明は，古くは神話において，また様々な宗教において行われ現在に至っている。

先に述べたように，旧約聖書において，全知全能なる神エホバによる世界の創造を意味する天地創造には，

3日目　神は海と陸を分け，陸に植物を造った。

5日目　神は水の生き物（魚）と空の生き物（鳥）を造られた。

6日目　神は獣と家畜と，神に似せた人を創造された。

7日目　神は作業を終えて休まれた。

とある。では，科学の分野では，どのように考えられてきたのであろうか。

科学は天文学と物理学を中心とし，その起源に答えを得ようとしてきたが，近年における生物学の発展により，科学的な生命誕生，進化の過程が明らかとなりつつある。生物学においては，どのような歴史が繰り広げられてきたのであろうか。

古代ギリシャにおいては，万物の起源・根源である「アルケー」という考察が行われていた。それと同様に，哲学者による生物の起源に関する考察も行われた。なかでもアリストテレスの「自然発生説」は，19世紀までの2000年間も支持されてきたもので，「無機物から生命が誕生する」，すなわち，「生物は親がなくても無生物から自然に発生する。そして，生物は天体と同じように永遠で不変のものである」という考えが支持されてきた。

19世紀になると，新たに誕生した科学者という職業人たちも同様の考察・研究を行い，生命の起源の仕組みを科学的に説明しようとする試みが多く行われてきた。そして，「白鳥の首フラスコ」を使った微生物の発生に関する実験的証明が始まり，1861年のルイ・パスツール（1822-95）の著書『自然発生説の検討』が出版されるに至り，自然発生説がほぼ完全に否定され，現在地球上に見られる生物は，生物からしか生まれないことが証明された。

それでは，最初の生命はどこから生まれたのか。この問題は，宇宙誕生と同様，大きな命題となった。「化学進化説」に従う原始生命体の誕生が有力な学説とされている。アレクサンドル・オパーリン（1894-1980）は，1936年『生命の起源』の中で，地球誕生から冷却されたばかりの原始地球の大気組成を想定し，メタン，アンモニア，水素などを含む大気に放電（落雷）を行うことで，アミノ酸，糖などの有機分子を生成し，これらの有機成分が結合しタンパク質や核酸などになり原始細胞が誕生したと考えた。これが初期の「化学進化説」の概要である。さらに，1953年，スタンリー・ミラー（1930-2007）は，フラスコの中に原始の海にたまった海水を模した水，メタン，アンモニア，水素を密封し，これを常時加熱（熱い地球）し沸騰させることで水蒸気を放出させ，そこに放電（落雷）を加える「ミラーの実験」を行った。この実験を１週間にわたって継続したところ，溶液は黄色から赤色に変色し，その中から７種類のアミノ酸を確認した。[10, 11] 無生物的に無機物から有機物が生成することを立証した衝撃的なものであった。

現在，生物学の領域における仮説の多くは，1859年に出版されたチャールズ・ダーウィン（1809-82）の『種の起源』での進化論を適用することによって，おそらく最初に単純で原始的な生命が生まれ，その後，全ての生物種が共通の生命から長い時間をかけて，「自然選択」のプロセスを通して進化したのだろうと推測している。この「自然選択説」は1859年に体系化され，現在でも進化生物学の基盤のひとつである。自然選択とは，生物種の起源，変化，絶滅のメカニズムを説明するものであった。厳しい自然環境（気候，食料資源など）が，生物に起こる突然変異を選別し進化に方向性を与える。有利な変異を有する生き物は競争に勝ち残り繁殖する。その結果，次の世代にはその性質を有する生き物の頻度が高まる。自然環境により適応した生き物に有利に働く結果，新しい生物種は徐々に進化を遂げていく。すなわち，生きる力のあるものが生存競争に勝ち残り，競争に敗れたものは滅びていくという適者生存，生存競争の関係が成立するという考えである。

ダーウィンは，道徳起源説である1871年の著書『人間の進化と性淘汰』において，人間と動物の精神的，肉体的連続性を多数示すことで，人は動物であることを論じた。われわれの種も自然の一部であることを提唱したのである[12]。

その後，1927年に出版された『Animal ecology（動物の生態）』でチャールズ・エルトン（1900-91）は，生態学という科学が示す自然観，すなわち諸関係によって1つに統合された自然という理解を表現してみせた[13]。生物学は生物や生命現象を研究する科学であるが，生態学は生物相互の関係や，生物と環境の関係を研究する学問である。

エルトンは，生物群集が食物連鎖によってつながっていること，食物連鎖を構成する各種類の個体数を図形で表示すると，生態系構造を生態ピラミッド形に現すことができること，生態的地位（ニッチ）といった重要な原理を解説している。そして，アウグスト・ティーネマン（1882-1960）が経済学の概念を応用して，植物と動物は1つに結びつき生物共同体（バイオ・コミュニティ）を成し，その中でも，植物は「生産者」，動物は「消費者」に，さらに動物は「草食動物」，「雑食動物」，「肉食動物」などに分かれ，菌やバクテリアといった「分解者」が集まり，互いに競合しながら生命を維持する共同体を形成していることを論じた。

1935年には，アーサー・タンズリー（1871-1955）が「生態系」を定義し，生態系というものはすべて食物連鎖と栄養素が繰り返し再循環することを特徴とするものであることを論じ，1942年には，レイモンド・ローレル・リンデマン（1915-42）は「栄養段階」の概念を導入する。さらには，植物と動物といった生き物は，それぞれが階層を持ち，個体が集まり個体群を形成し，個体群が集まり群集を，そして生態系を構成しているという有機的システムの中で生きているという群集生態学を体系的にまとめたのがユージン・オダム（1913-2002）である。植物や動物などの生き物は，それぞれが有機的つながりの中で相互に関係し生かされているという共生する生き物の姿が浮き彫りとなったのである。

以上のように，旧約聖書では，世界は全能の神が創造した完全に調和の取れたものであるが，ダーウィンやエルトン，オダムらによって「個々の生物種は完全かつ不変である」，「個体数は不変である」との考えは否定されたと言える。

ダーウィンとエルトンの生態学に従えば，自然の姿は巨大な機械ではなく，強大な有機体ではないかと考えられる。銀河系の大宇宙から量子の小宇宙，その間にある地球という階層を成し相互に関係している。その中で，植物や動物などの生き物は相互に依存し関係を有しながら生かされている。さらには，人間の社会も，家族，民族，国家，そして人類など様々な階層が存在しているが，それらに加えて，幾多の生物共同体が重なり合って階層を成す世界の一員であることが理解される。つまり，私たちは，地球という生物地域（バイオ・リージョン）の成員であり，生物共同体の成員であり，地球という生態系の一員であり，共生する宇宙，共生する地球，共生する生物の中に属する一員であると考えられるのではないだろうか。アルド・レオポルドは，生物共同体の生態学（コミュニティ・エコロジー）から道徳的な意味を導き出し「土地倫理」を主張した。地球は一つの生命を持った存在かもしれない，そして，われわれは「母なる地球」の体の細胞のようなものではないかという思想である。現在では，科学の分野からも，共生する共同体の存在が確認されているのである。

地球は生きている――「ガイア仮説」

自然現象の変化に関して「エントロピー増大の法則」がある。これは，例えば「自然界では物質の拡散と熱の移動（エネルギーの拡散）は高温から低温に向けて起こり，その逆は決して起こらないという法則」である。「エントロピー」とは，無秩序さを表す尺度のことであり，森羅万象の変化はエントロピーが増大する方向のみに起こる。現在の宇宙はビッグバンというエネルギー爆発以降，不可逆な過程をたどってエネルギーを放出し続けているが，最終的には無秩序な状態を経験し，活動が終わる（熱的な死）と予想している研究者もいる。

自然現象は「エントロピーが増大する方向」に変化していくが，生命の成長・増殖といった活動も，周囲の環境から太陽光，水，さらにはそれらを利用した光合成により得られるエントロピーの低い物質を取り入れ，活動により増大したエントロピー（廃物や廃熱）を呼吸や汗という形で宇宙空間に捨てているので，「エントロピー増大の法則」に従っていると考えられている。生命が存在し続けられるのは，太陽の存在と，地球に備わった水の循環，そしてエントロピーの高い物質や熱を捨てることのできる環境があるから，生命は生き続けられるのである。つまり，エントロピーを系外に排出する能力を持たなければ，生命は維持できないということになる。

「エントロピー増大の法則」によれば，生命とは，エントロピーを外に排出する能力を持つ有機体であり，生態系とは，生命が排出したエントロピーの廃物を再利用し，廃熱を外（宇宙）に捨てる能力を持つ系であるといえる。地球は，水と土壌を介して生物個体，生態系，地球，宇宙空間の間で永続的にエントロピーの受け渡しが行われるシステムを有する有機体とも捉えることができる。

このような背景を踏まえ，ジェイムズ・ラブロック（1919-）は，1960年代に「地球という惑星は海や陸地，大気から構成される単なる生き物の生活する場ではなく，それ自体が単一の生物圏（バイオスフィア）である」という「ガイア仮説」を打ち出した。「ガイア」とは，古代ギリシャ人が大地の女神につけた名前である。

この理論は，地球を自己調節する１つの巨大な有機体と考える。大気，水系，土壌といった非生物，そして地球に生息する生物全体の相互作用の総体を指す生物圏（バイオスフィア）全体が，１つの巨大な生物のように自ら適応し調節しながら進化している。地球表面の温度や組成が恒常的に一定を保たれてきたのも，生物と環境が複雑に絡まりあって相互作用を及ぼし合っている結果，地球全体が恒常性（ホメオスタシス）を持っているとする考えである。その意味において地球を「生きている巨大な生命体」と捉えている。[(14), (15)]

「ガイア仮説」の独創性は，次のような点にある。従来の宇宙学，地球科学，生物学では，地球環境は地球を構成する大気成分や気候の変化によって現在の状態に至り，生物はその過程の環境変化に適応するように進化してきたと考えられてきた。しかし「ガイア仮説」では，生物は環境に適応するだけでなく，環境を改変するものでもあると考える。地球環境は生物と密接に相互に依存するなかで形成された，１つの大きな有機体システムの機能を有していることになる。私たち人間は，そのシステムの一要素として存在していることとなる。科学的視点から見ると，この仮説は生物圏と生物多様性を地球規模の観点からとらえる新しい生態学のひとつとして論議されている。

「地球は生きている」という比喩を使った独創的な「ガイア仮説」は，当初，科学者たちからは大きな批判を受けた。しかし，人為的な地球環境への影響に対して科学技術により外科的な手術を施すのではなく，東洋医学のように地球の大きな生命の流れに沿った判断をすべきであるとの全体論的な地球の捉え方は，自然を人間中心主義的に捉えるものではなく，生態系自体がすでに固有の価値を有しているとするディープ・エコロジーにも大きな影響を与えている。以降，環境科学，地球科学のみならず，エコロジー運動やニューエイジ思想に至るまで，幅広い分野に影響を与えている。

自然界の共生関係

ダーウィンの「自然選択説」は強いものが生き残る「競争原理」の中で生態系が形成されると考えるが，最近の研究は，生き物は強くなくても生き残れるという事実を明らかにしている。その考えの下では，ダーウィンの提唱した「適者」とは，競争の末勝ち残ったものでなく，競争の時代を越え，他の生き物と共に生きる道を選んだもの，と理解されるようになってきた。すなわち，「共進化」による「相利共生」の関係が多くの生き物を生存させる大きな要因ということになる。

生物の基本単位は細胞である。人間の体は約37兆個の細胞から構成されている。細胞の誕生は，上述した生命の誕生を意味している。

細胞は進化している。単純な細胞（原核細胞）の内部が機能分化し複雑化してきたとする「内生説」と，異なる系統の原核細胞が他の原核細胞に入り込み共生していくとする「共生説」である。「共生説」は特異な学説であったため「内生説」が主流となっていたが，近年の分子生物学等の発展により，「共生説」が再び脚光を浴びることとなる。

リン・マーグリス（1940-）は，ラブロックと共に「ガイア仮説」を提唱したことで有名であるが，「共生説」を前提としてそれまでの知識を整理し，「共生説」でなければ説明できない現象を数多く発見した。例えば，ほとんど全ての生物の細胞にはミトコンドリアと呼ばれる独自の DNA をもつ細胞小器官が含まれている。ミトコンドリアは細胞の中で酸素を用いて効率的にエネルギーを生産し続けるため，生き物の体温保持には重要な役割を果たしている[16]。ミトコンドリアは，もともとは単独で生きていた細菌であるが，それが他の生き物の細胞内に入り込んで細胞内共生しているうちに独自の生活能力を変化させ，細胞小器官とよばれる１つの器官になったと考える研究者が多い。

細胞は，細胞内に入ってきたミトコンドリアを排除せず取り込んで，共に永続的な共生の関係を選択した。ミトコンドリアは宿主である細胞に有機物やエネルギーを供給する代わりに，細胞内で保護を受け，維持に必要な成分をもらっている。

ミトコンドリアは自身で独自の進化を遂げる能力（細胞とは異なる独立したDNA）を持っているが，共生の関係を保つことで，宿種に有害な突然変異は制限されていると考えられる。このように，密接な関係をもつ生物が，お互いに影響を及ぼしながら双方に利益があるように進化することを「共生の共進化」と呼ぶ。一方，捕食者や被食者，寄生者と宿種のように利害の対立する場合，「競争の共進化」が進む。例えば，食べられる生き物（被食者）は，自分を食べる（捕食者）生き物に対して逃れる性質を進化させていく。逆に，被食者の進化に対抗して捕食者は，捕食の性質を進化させていく。これが，「食う一食われるの関係」の共進化の形である。昆虫の世界では，被食者が擬態や体内に毒素を有するといった進化を遂げて捕食から逃れようとするが，捕食者は識別能力や解毒作用を進化させている。また，動物は，病原菌やウイルスに感染して

表 12－1　生物間相互作用の分類

生物A

生物B		利益あり	利益なし	どちらでもない
	利益あり	相利共生		
	利益なし	寄生や捕食	競　争	
	どちらでもない	片利共生	片害作用	中立作用

片利共生：A は利益を得るが B には影響ない関係
　・カクレウオとナマコ，コバンザメとカメ
相利共生：双方が利益を得る。相手がいないと生存が不能な関係
　・アリとアブラムシ，マメ科植物と根粒，クマノミとイソギンチャク
寄生：A は B を利用し，B に悪影響を与える関係
　・ダニと動物，常緑植物とヤドリギ
片害作用：A が他方を抑制し，その種は他の影響を受けない
　・セイタカアワダチソウと他の植物，アオカビとペニシリン
競争：双方が相互に他を抑制する
　・ライオンとハイエナ
中立作用：両種が相互に無関係
　・同所に住んでいるが生活様式や食べ物が全く違うため利害関係が発生しない生き物同士

も病気にならないように性質を進化させていくが，逆に病原菌やウイルスは，宿主の防衛戦略に対抗して新たに感染性質を進化させていく。「競争の共進化」においては，捕食者からうまく逃れる性質をもったものが生き延びることができ，集団内に増加していく。

一方，花の蜜を吸いに来る昆虫は，植物から蜜をもらう代わりに，花粉を遠くへ運ぶことでお互いに利益を得ている。そのため，植物はより遠くへ飛んで受粉させてくれる能力を持った昆虫や鳥を引きつけようと，花の色や形，蜜の味を相手に合うように進化させていく。昆虫の方では，蜜がより多く吸えるように，体や口の形を進化させていく。ランの花が細くなるにつれ，蜜を吸う口器が伸びるというような関係が「共生の共進化」である。

生き物は生息密度が小さいときには，互いに出くわすこともなく「生物間相互作用」は働かないか小さい。「生物間相互作用」とは，ある種の個体群が他の種の個体群におよぼす作用とその反作用のことであり，例えば，一部の植物は鳥や動物に種子散布を依存する代わりに，多汁な果実を提供する。あるいは，

コラム9 ミトコンドリア・イヴ仮説

ミトコンドリアは細胞が持っている遺伝子とは別の遺伝子，すなわちミトコンドリアDNAをもち，人を含め多くの動物で母系遺伝することが発見されている。それでは，このミトコンドリアDNAを調べることで，現代人のルーツを探ることはできないのか，人間の進化をさかのぼることはできないものかと考える研究者が現れる。『ネイチャー』1987年1月号に，カリフォルニア大学バークレー校のレベッカ・キャン，アラン・ウィルソンらの分子人類学グループの研究成果で，人類の起源を研究している人たちの間で，「ミトコンドリア・イヴ仮説」として注目されている仮説が発表された。

この仮説は分子進化の「中立説」に基づき，ミトコンドリアDNAの解析によって，人類最初の女性は誰かを探していったのである。生物の進化については，チャールズ・ダーウィンの自然選択説が主流であるが，現代のネオダーウィニズムでは，自然選択説と並立して，木村資生（1924-94）が唱えた「遺伝子の変化は大部分が自然淘汰に対して有利でも不利でもない中立的な突然変異が偶然的に集団に広まり固定化する」という分子進化の「中立説」も基本理論の1つになっている。

出来るだけ多くの民族を含むよう147名のミトコンドリアDNAの塩基配列を解析し進化をさかのぼっていったところ，人類の祖先は二つの大きな系統に分かれ，一つはアフリカ人のみから構成される枝，もう一つはアフリカ人の一部と，その他すべての人種からなる枝に行きつくことを突き止めた。すなわち，当時アフリカには1万人程度が暮らしていたと考えられているが，そのうちの一部が全人類に共通の祖先であることが分かった。彼女たちを「ミトコンドリア・イヴ」とよぶ。母親から娘へと，女性を通じて7000世代も受け継がれてきたミトコンドリアDNAを遡り，人類の壮大な家系図が描かれたのである。およそ700万年前に東アフリカで誕生したと考えられている「ミトコンドリア・イヴ」は，アフリカで進化を遂げた後，約8万年前に始まる氷河期に，氷に閉ざされていくアフリカ大陸を脱する生き残りをかけた壮大な旅に出る。緑を求めイエメンに到達した人々はマレーシアを目指し旅に出た。ある人たちは，ユーラシア大陸を横断し，ベーリング海を渡り，南米の最南端まで到達したルートは5万キロにも及び，イギリスの考古学者ブライアン・フェイガンは，この道のりを「グレート・ジャーニー」と名付けた。

食べられた種子はフンと共に排泄され，より長距離の散布が可能となることを意味する。このような場合，生き物は個々の能力で独立に増殖し，生態系という受け皿の有する限界容量（環境容量）まで増え続けようとする。しかし，増え続けていった結果，生き物は他の生き物と出会い，その存在を無視するわけにいかず，互いに「生物間相互作用」を及ぼし合うようになる。「生物間相互作用」とは，強いものと弱いものが共に生き残る共進化を支えるシステムである。

自然界の生き物は意識的に「共進化」による「相利共生」の関係を築こうと

しているのだろうか。現実的には，生き物は利己的である。他の生き物と仲良く付き合おうと考え相互作用を及ぼし合うのではなく，お互い偶然に自分に欠けているものが他方で補えることを知ったとき，ギブアンドテイクの関係が結ばれていく。さらには，互いに生きていくうえでぶつかり合うことのない，あるいは，ぶつかることの少ない妥協点が見出されることにより共生関係へと発展していくのである。

自然界における共生社会は，相手のために何かをしてあげるのではなく，自分が生き残るために相手を利用し，相手も自分を利用するという相利共生の関係が，自然界，生態系内の共生であり，双方，大変な緊張の上に成立する関係なのである。

このように，多様な生き物が双方に関係し合うことによって，個体で生きていくよりも，はるかに強く生き残れる社会が，自然界における共生社会である。生物間の敵対や競争よりも共生の方が安定しており，資源を取り尽す心配のない関係である。そして，共生こそが生物多様性を維持する上で必要不可欠なのである。

◆◆◆◆◆◆ 課題 ◆◆◆◆◆◆

1．旧約聖書，現代宇宙科学により説明される宇宙の進化を，それぞれ説明しなさい。
2．競争の時代を越え，他の生き物と共に生きる道を選んだものが生き残る，自然界のシステムについて説明しなさい。

註・参考文献

(1)　J・ベアード・キャリコット著，山内友三郎他監訳『地球の洞察』みすず書房，2009年，424頁。
(2)　河辺六男編訳『世界の名著26　ニュートン』中央公論社，1971年。
(3)　アルバート・アインシュタイン著，金子務訳『特殊および一般相対性理論について』白揚社，2004年。
(4)　佐藤勝彦『インフレーション宇宙論』講談社，2010年。
(5)　Vilenkin, Alexander, *Creation of universes from nothing*, Physics Letters B, Vol. 117, Issue1-2, pp. 25-28. ELSEVIER, 1982.
(6)　Hartle, J.; Hawking, S., *Wave function of the Universe*, Phys. Rev. D28, 2960-2975, 1983.
(7)　スティーヴン・ホーキング，ロジャー・ペンローズ著，林一訳『ホーキングとペンローズが語る時空の本質――ブラックホールから量子宇宙論へ』早川書房，1997

年。
⑻ Roger Penrose, *The Road to Reality: A Complete Guide to the Laws of the Universe*, Knopf, 2004.
⑼ Stephen Hawking, *The Grand Design*, Bantam, 2010.
⑽ Stanley L. Miller, *A Production of Amino Acids under Possible Primitive Earth Conditions*, Science, Vol. 117, pp. 28-529, 1953.
⑾ Miller S. L., and Urey, H. C., *Organic Compound Synthesis on the Primitive Earth*, Science, Vol. 130. p. 245, 1959.
⑿ チャールズ・R・ダーウィン著，長谷川真理子訳『ダーウィン著作集〈1〉 人間の進化と性淘汰⑴』文一総合出版，1999年。
⒀ チャールズ・S・エルトン著，川那部浩哉訳『動物の生態』思索社，1978年。
⒁ J・ラヴロック著，星川淳訳『ガイアの時代――地球生命圏の進化』工作舎，1989年。
⒂ J・ラヴロック著，星川淳訳『地球生命圏――ガイアの科学』工作舎，1984年。
⒃ Lynn Sagan, *On the origin of mitosing cells*, J. Theoretical Biology 14(3), pp. 255-274, 1967.

（中山智晴）

第13章
環境保護の思想

地球上では，全てのものがつながり循環している。私たちのライフスタイルが自然環境に負荷を与え，劣化した自然環境は地球の環境を蝕み，そして再び私たちの生活環境を劣悪なものへと変えていく。このような現状の中で，私たち人間は自然との共生という課題に対し，どのように考えればよいのだろうか。自然との共生を考えるとき，それは人，自然そして地球が有機的につながり，そしてその輪の中を全てのものが循環している，という現実を理解することから始まる。そして，そのつながりの一部が壊されたとき，一体どのような問題が生じ，どのようにして解決していこうかを検討することが，共生問題を考える鍵になる。

本章は，自然との共生を環境保護思想の変遷から読み解き，思想を実践的取組みに展開していく際に参考となる２つの具体的運動について解説し，望ましい社会のあり方，自然との共生のあり方について考察する。

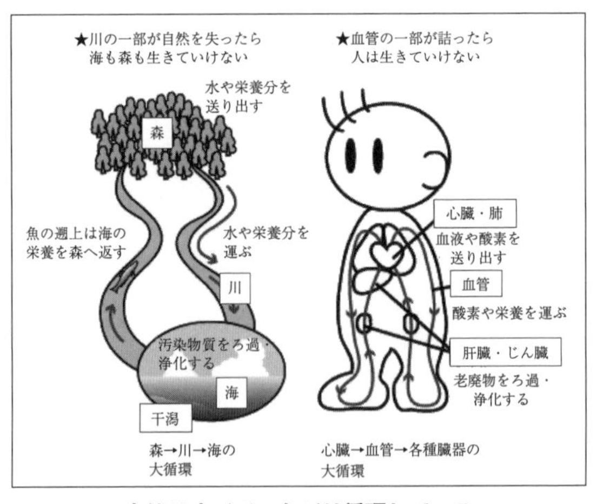

自然はすべてつながり循環している

1　実践的環境思想・運動の台頭

持続可能な社会形成

私たちは，地球という１つの惑星で暮らす１つの生物種である。人間という１つの種が，グローバル化の波の中で地球全体の自然循環システムを機能不全に追い込めようとしている。環境保護は，このように今や世界共通の問題であり，世界共通の環境保護思想の下に従う環境活動が必要とされている。その一方で，太古の昔から，地域に根差した伝統的な環境保護思想も残っている。世界には多種多様な民族，多様な人々が暮らしていて，それぞれが異なったバイオ・リージョン（生物地域）に暮らし，それぞれが土地固有の生物共同体（バイオティック・コミュニティ）に依存して生活しているのも現実である。

このように，私たちは，グローバルな環境保護思想を必要としているだけでなく，その世界観と連動したローカルな環境保護思想との統一的思想を必要としているのである。

すべての生物種はローカルな生態系に属しており，さらに，それぞれの土地固有の生態系はグローバルな生物圏（バイオスフィア）のうちで１つに統合されている。したがって，多様な文化間の関係が分裂，敵対にあれば，人間社会のみならず生態系にとっても破壊的に作用するのである。文化の多様性と補完し合う形で生態系の多様性が守られてこそ，持続可能な社会が形成されるのである。そして，そのためには，科学的世界観と連動した環境倫理，環境保護思想，そして環境保護運動は，多文化世界を１つの全体的なシステムに統合していく原動力となるのであると考える。

持続可能な社会形成に果たす環境保護思想・運動とはどのようなものなのであろうか。バイオ・リージョナリズムの説く自分たちの暮らす地域の自然を見つめ直し，その地域独自の自然に適応したライフスタイルを確立させていくという，暮らしを自然に合わせる生き方が参考となる。そこでは，地域内の資源を活用しながら地域の循環型システムを構築し，地域独自の自然資源や環境といった素材を活用した，持続可能な地域コミュニティを営むことが可能となる。

自然界の共生のメカニズム「連鎖・循環・流れ」から形成される共生関係を

ヒントに社会のあり方を考えると，そのひとつの姿として農業を例にとれば，食糧生産の場としてのみの農業ではなく，本来の「農」の再生・活用が重要であることに気づく。すなわち，農を食糧供給の場として見るのではなく，生物多様性に富む自然資源であり，持続可能な循環・共生社会の見本であると捉えることが大切である。そこには，子どもであれお年寄りであれ，健常者であれ障害者であれ，全ての人々に役割に応じた働く場が用意されている。

再生された田畑は，分断されていた奥山，里地里山，都市を有機的につなぎ多機能化を図る役割を有する。農村の生態系を整備し，都市域一農村域の人々の交流を活発化させ，農村に新たな交流の場を創出していくことで地域コミュニティを形成し，自然の恵みを豊かにする生物多様性に富む農村を支え合う地域づくりを進めていくことが大切である。

そのためには，奥山と都市域を結ぶ生物多様性の動脈となっていた里地里山や都市近郊農地では，地域の生態系に根づいた環境インフラを整備した上で，物質，エネルギー，人材等の適正な循環がなされ，自然を規範とする地域内の再生資源（動植物など）を活用した自然の恵みを賢く使う地域産業を発展させていくことが必要である。

持続可能な社会を形成するための活動を進めていく上で，手本とする２つの環境保護思想・運動がある。すなわち「バイオ・リージョナリズム」と「パーマカルチャー」について以下に概説する。

バイオ・リージョナリズム

生命地域主義とも訳される「バイオ・リージョナリズム」は，1970～80年代にかけて展開された思想および運動である。もともとは地理学者や生態学者の研究から始まったものであるが，「ディープ・エコロジー」などの影響を受けて進化していった[(1)]。

「ディープ・エコロジー」では，その中心主題である「人間中心主義から非人間中心主義への転換」を遂げるための方法を精神的側面に関心を向けているのに対し，自分たちの暮らす地域の自然を見つめ直し，その地域独自の自然に適応したライフスタイルを確立させていくという具体的手法に関心を向けている点が特徴的である。さらに，支配や階級制度の問題に焦点を当てている「ソーシャル・エコロジー」の概念を含む統合的で具体的な思想へ発達している。

「バイオ・リージョナリズム」は，国境，県境といった行政的な境界で区切られた地域ではなく，集水域や河川流域といった生態的つながり，あるいは歴史や風土といったまとまりをもつ地域（バイオ・リージョン）の特徴や環境特性を保つための制約条件に，食糧，エネルギー，産業，交通などあらゆるものを人間側が適合させることにより，地域を持続的に運営していこうとするものである。

その際，地域内の資源を活用しながら地域の循環型システムを構築し，地域独自の自然資源や環境といった素材を活かした地域独自の産業や教育を確立し，持続可能な営みを達成しようとするものである。

さらには「バイオ・リージョナリズム」の視点から，「パーマカルチャー」を実践する人たちも増えている。環境問題への取り組みとして最も現実的な方法のひとつとされている。

環境問題に関して「Think Globally, Act Locally」というスローガンがある。これは1960年代にバーバラ・ウォードとルネ・デュボスという環境研究者が作った言葉だと言われている。環境問題を解く鍵は「Think Globally, Act Locally」，すなわち「世界的な視点で考え，地域的な視点で行動すること」であるという。しかし「バイオ・リージョナリズム」の考え方では，むしろ「Think Locally, Act Locally」である。自分の住んでいる地域のことを十分に理解していなければ具体的な行動を起こすことができない，あるいは，行動を起こしても結果は出ないという見方をしている。地域ごとの問題解決の蓄積が，地球規模の問題の解決につながるのだというのである。大切なのは，「地球規模」で物事を考えたり「地域レベル」で考えたりすることではなく，両方の側面を視野に入れた「正しい」生き方を構築することである。「バイオ・リージョナリズム」において志向されるこのような生き方は「再定住」あるいは「リインハビリテーション」と呼ばれている。日々の暮らしが地域と切り離されがちな現代において，再び地域に根差すことが必要だと主張しているのである。

私たちが暮らす地域は，それぞれが固有の伝統・文化を有している。それぞれの歴史ある知の伝統を活かしながら，それぞれの生態学的なバイオ・リージョンに適合した土着の環境倫理というべきものをさらに発展させ，それらを近隣地域相互に結び付け，多様な伝統・文化をつなぐグローバルな知のネットワークを形成していこうとする姿勢が大切である。そのためには，生態系を構成する一員としての人間を正しく理解し，生物多様性と生態系ネットワークの保全に積極的に関わりを持つことが重要である。

パーマカルチャー

「バイオ・リージョナリズム」の視点から，「パーマカルチャー」を実践する人たちが増えている。いまや，「ディープ・エコロジー」と並び環境問題への取り組みとして最も現実的な方法のひとつとされている。

「パーマカルチャー」は，以下に示す３つの倫理観に集約される。

(1)地球への配慮

人が生活を営む地球を構成する動植物，大気や水や土壌といった無生物に対する心配り。

(2)人への配慮

地球上に同時に暮らす人々の基本的欲求である食料，教育，雇用および人間的接触などが満たされる心配り。

(3)資源を共有する配慮

他者から奪うことなく，分かち合い与えあう心配り。自分の基本的欲求が満たされたら，次は地球や他の人々のために時間やエネルギーを使う。

「パーマカルチャー」とは，1979年にオーストラリアの生物学者でパーマカルチャー研究所所長のビル・モリソン（1928-2016）が唱えた「人間にとっての恒久的で持続可能な環境を作り出すためのデザイン体系」のことである[(2)]。パーマネント（永続的），アグリカルチャー（農業），カルチャー（文化）の複合語で，西洋的，近代的な機能分化された牧畜農耕文化での暮らしを見直し，伝統的な農業の知恵と現代科学・技術の手法を組み合わせ，通常の自然の生態系よりも高い生産性を持った「耕された生態系」を作り出すとともに，人間の精神や社会構造をも包括した「永続する文化」を構築することを目的としている。長期的な持続可能性を，農業をはじめとした自然と人との相互依存による共生から追求するライフスタイルである。

「パーマカルチャー」は，植物，動物，水，土，エネルギー，コミュニティ，建造物など，生活の全てに関わる事柄をデザインの対象とし，生態学的に健全で経済的にも成立する1つのシステムを作り出すことで具現化していく。そのために，植物や動物の生態，そしてその生息・生育環境や人工建造物の特長を活かし，都市にも農村にも生命を支えていけるシステムを作り出していく方法を取る。

「パーマカルチャー」で用いられる具体的なデザインの一例を以下に示す。[(2)]

(1)あらゆるものから排出される物質（ゴミ，汚濁水，し尿，廃熱など）を他のものにとって必要な物質（食料，肥料，暖房など）となるよう，すべてにつながりのある関係を築くこと。

(2)エネルギーや物質のインプットとアウトプットの流れは地域において循環し，このシステムから外へ漏れ出す物質を最小化する。

(3)動植物，建造物，道路など敷地内に配置される構成要素を，互いに孤立させることなく，互いに関連を持たせることにより，人間の移動等に要する余分な労力や資源消費を極力減らすこと。例えば，家屋を中心に，その周りには足を運ぶ回数の多い菜園や果樹園を設け，その周りにニワトリやウサギ，さらに外側にはウシやブタ，ミツバチなどを飼育する。最も外側には自然生態系と共生した自然保護区をデザインする。

(4)再生可能資源である動植物や自然エネルギーを有効に活用した適正技術を取り入れること。

(5)自然遷移の中で多様な植物を混栽的に育て，多様な植物を多様な時期に収穫できるシステムを取り入れること（近代農業は自然の遷移を止めて耕作や除草等に多大な労力とエネルギーを投入しているが，自然の流れに従う食物生産の方式を取り入れること）。

などを基本としている。

この運動はオーストラリアを中心としてアメリカやイギリスなど先進国での自給自足型のコミュニティづくりに発展し，さらには，ネパールやベトナム，アフリカでのNPO活動も展開されている。

〈パーマカルチャーの基本要素〉

(1)自然のシステムをよく観察すること。

(2)伝統的な知恵や文化，生活を学ぶこと。

(3)上記要素に現代科学・技術の知識を適正に融合させること。

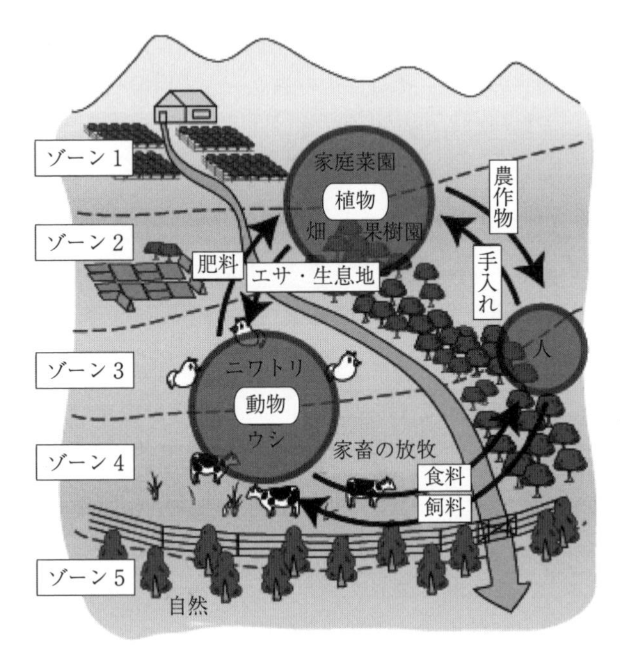

図13-1　パーマカルチャーの仕組み

それにより，自然の生態系より生産性の高い「耕された生態系」を構築すること。

森林伐採をする際を例にとると，「パーマカルチャー」では必要最低限の伐採にとどめ，多種類栽培に徐々に転換していく方法がとられる。森林を伐採し単一作物の大規模栽培が実施されたり，農薬や除草剤で土壌劣化を引き起こすような耕作地や放牧場に改変されることはない。その土地固有の自然，文化に現代の知識を統合し，不完全であっても生活を自然に合わせていく暮らしが大切なのである。物質的豊かさの脱却，そして，自然環境との共生関係を結ぶことが，今後のより良い私たちの暮らしを形作るために重要なのである。

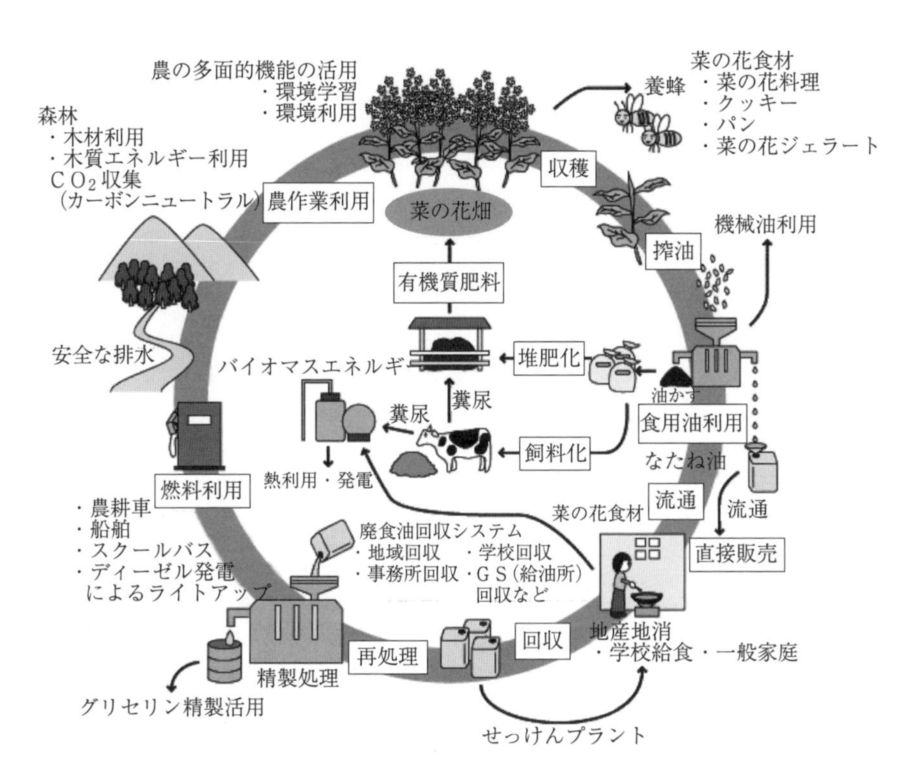

図 13－2　地域内資源・エネルギー循環の仕組み
（出典：「菜の花プロジェクトネットワーク」，www.nanohana.gr.jp より作成）

2　環境倫理──三本の柱

環境倫理の基本は，地球という閉鎖空間で人間が共存する方法を思考する，未来世代の生存権に対して現代世代も責任を持つ，人間だけでなく自然の生存権も認めること，と言い換えられる。加藤尚武は『環境倫理学のすすめ』[(3)]において，環境倫理学の主要なテーマを3つに整理している。ここでは，この3つのテーマを，「環境倫理の三本柱」とよぶ。

環境倫理の三本柱

⑴第１の柱：地球全体主義（地球有限主義）

現在世代は資源の浪費により，未来世代の生存可能性を奪ってはいけないという考え方。

地球の生態系は宇宙に開かれた世界に存在するのではなく，地球という閉じた世界の中にあるという観点に立脚する考え方である。すなわち，生態系やエネルギー・食糧資源などの有限な資源を利用する際に，私たち自身の快適な生活，経済的利益，健康，幸福など，人類にとっての利益を最優先で考えるのではなく，持続的に活用していこうとする考え方である。地球という閉鎖空間で人間が共存する方法を思考する。

⑵第２の柱：世代間倫理

現在を生きている世代は，未来を生きる世代の生存可能性に対して責任があるという考え方。

現在を生きている世代が，環境問題の解決に当たって積極的に責任を持って行動するための根拠となる考えである。環境を破壊し有限な資源を使い尽す行為は，将来の世代がそれを使う可能性を否定することに直結する。将来世代の犠牲なしに有限な資源を使うことは出来ない現実の中で，現代世代だけが有限な資源を独占的に使用することの可否を思考する。また，環境破壊も世代間論理に関わってくる。現代世代が破壊した環境の中で，不利益な生活を強いられる将来世代には，多大な迷惑をかけてしまう。

⑶第３の柱：自然の生存権

人間だけでなく自然の生存権も認めるという考え方。

通常，主体は人類であるが，他の生物を主体にすべきではないかという考えである。人間だけでなく，生物の種，生態系，景観などにも生存の権利があるので，人間は自然の生存を守る義務を持つという考え方。より強く権利を主張する「自然の権利」の考え方をある程度抑制したもので，行き過ぎた自然中心主義ではなくあくまで共存・共生を念頭に置き，公平な議論を目的とする。「自然と人間の共生」という考え方にまとめることもできる。

自然に対する人間の生存権を優先することで，自然破壊は正当化されるのか。この問いに対する批判から，動物を裁判の原告とするような「自然物の当事者適格」という自然の生存権を認める考え方が生じてきた。

上記は環境倫理の視点から見た思想分類であるが，環境学の視点から捉え直すと以下のようである。

地球環境問題への取組みは，下記に述べる持続可能な社会の形成を目指し実践される必要がある。持続可能な社会を「現在・将来世代の人々の精神的・経済的自立を，人と人，人と自然の良好な共生関係の下に形成される地球生態系の収容能力の限界内で達成する社会」と位置づけ，現代世代内，将来世代間，そして生態系とのバランスの取れた共生社会を実現することで達成される社会と考える。

具体的には，

(1)現代世代内でのバランス（南北問題の解決：貧困，資源・財・環境の不平等の解決）

(2)将来世代間のバランス（将来世代の活用する資源・環境などの収奪回避）

(3)人と生態系とのバランス（自然界の環境容量・浄化機能能力の保持）

の“３つのバランスが取れた社会”であると考える。

この，“３つのバランスが取れた社会”を構築するためには“３つの理念”，すなわち「共生理念に基づく社会」「自然の恵みを賢く使う社会」「自然の恵みを豊かにする社会」を理解することが必要と考える。

以下に，その概要を説明する。

３つのバランスが取れた社会

(1)共生理念に基づく社会

生き物は強くなくても生き残れる，この背景には，共生の関係が多くの生き物を生存させる大きなシステムとして存在している。

生活をする上でお互いが必要不可欠な存在となったとき，一方が他者を徹底的に競争排除する関係は成立しなくなる。すなわち，資源を取り尽す社会は形成されなくなると考えられる。これが，自然界における共生理念に基づく社会の姿である。

(2)自然の恵みを賢く使う社会

自然環境が養うことができる資源（森林，水，大気，水産資源など）の最大値

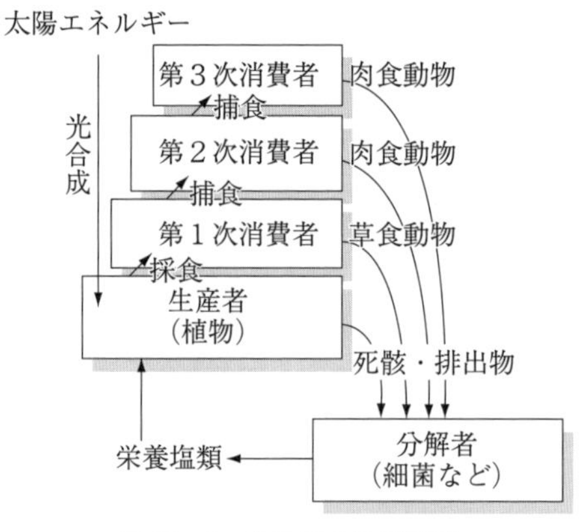

図 13－3　自然界の物質循環

を「環境容量」と呼ぶ。WWF（世界自然保護基金）「生きている地球レポート2008年版」によると，「世界のエコロジカル・フットプリントは，1980年代の半ばに地球１個分の生物生産力（および二酸化炭素の吸収力）のラインを超え，2018年の時点でおよそ1.7個分の数値」を示している。すなわち，人類の消費活動は地球の環境容量を超えてしまっている現状が理解される。このような現状のなか，「自然の恵みを賢く使う社会」を形成することが重要である。

循環型社会とは，「人間の活動が，できるだけ自然の物質循環を損なわないように配慮し，環境を基調とする社会システムを構築していく経済社会」のことであるが，「自然の恵みを賢く使う社会」とは，「元金（現存する自然環境）には手をつけないで，利子（再生資源である自然の恵み）を効率的に運用する」，そして「大量生産・消費・廃棄の暮らしを改め，環境に排出される廃棄物の量を最小限とし，その質を環境に影響のないものへと変換していくシステムを構築していく経済社会」であると考える。

図13-３に示すように，自然界の物質循環にはムダがない。生態系を支える基礎は植物であり，植物は太陽エネルギーと水，土壌中の栄養塩で自己増殖が行える唯一の生き物（生産者）である。生産者が増やした資源量（葉量など）で養える個体数の草食動物（第１次消費者）が増加し，増えた草食動物の数で養える第２次消費者（肉食動物）が増えていくという仕組みである。すなわち，自然界の仕組みは，自然が生み出す利子（植物の生長量，動物の個体数増加）を

利用し，高次の生き物が成長するというもので，大規模な気候変動などなければ，各栄養段階を構成する生き物の量は大きく変わることはない。また，各栄養段階から出される死骸や排出物は，すべて土壌中の微生物により分解され栄養塩となり，再び植物の栄養として利用される。

自然の恵みを賢く使う社会とは，この自然界の物質循環をお手本とする社会である。

⑶自然の恵みを豊かにする社会

生物多様性とは「生物多様性条約」の中で，「すべての生き物の間の変異性をいうものとし，遺伝子の多様性，種の多様性及び生態系の多様性を含む」と定義されている。

ある１つの種を考えてみる。同一の種であっても，生息する地域や個体間によって形態や遺伝的形質に相違が見られる。これを「遺伝子の多様性」と呼んでいる。そして，ある生態系内を見ると，そこには土壌中の微生物から生態系ピラミッドの頂点に立つ猛禽類や大型哺乳類といった多種多様な生物種が，それぞれ様々な環境に適応し，食物連鎖の中で生息している。これを「種の多様性」と呼んでいる。さらには，多種多様な生き物は，大気，水，土壌等と相互に関係しながら一体となり，森林，河川，干潟など多種多様な生態系を形成している。これを「生態系の多様性」と呼んでいる。こうした遺伝子レベル，種レベル，生態系レベルの生物の多様な有様を総称して「生物多様性」と呼んでいる。

生き物は，この生物多様性と自然の物質循環を基礎とする生態系が健全に維持されることにより成り立っている。したがって，前述した「共生理念に基づく社会」，「自然の恵みを賢く使う社会」を軸に「自然の恵みを豊かにする社会」を形成することが重要となる。

以上をまとめると，「３つのバランスが取れた社会」とは，

・共生理念に基づく社会：生き物は強くなくとも生きていける，競争原理を超えた共生原理に基づく社会
・自然の恵みを賢く使う社会：元金（現存する自然環境）には手をつけず，利子（自然の恵み）を効率的に運用する社会

・自然の恵みを豊かにする社会：生物多様性を維持する社会
ということができる。

自然界のシステムを，そのまま人間の世界に取り込むことはできないが，私たちが持続可能な社会を形成するうえで大きなヒントを与えてくれると考える。

環境倫理学と環境学の関係性

環境倫理学は，環境問題は基本的には人間の行動に依るところが大きく，個人の行動の規範となる倫理が重要であるという立場に基づき，環境問題の改善に対して倫理学的観点から考察する学問である。

一方，環境学は，生活環境，自然環境，社会環境，そして地球環境など，人間の暮らしを取り巻く環境と人間，動植物との相互関係を物理学，化学，生物学，地学，社会科学，人文科学等の基礎科学からのアプローチにより理論・技術面から解決策を研究する新しい学問分野である。地球環境の有限性に立脚し，人間の活動を持続可能な範囲に制御することを目的とする。

環境学の領域は多岐にわたり，

・地球環境（地球物理学，地球化学，気候学，生物学，ビオトープ学など）
・人間の理解（人類学，哲学，倫理学，歴史学など）
・持続可能の理解（地理学，資源学，人口学，食糧学など）
・人間活動の工学的制御（農学，工学など）
・人間活動の社会的制御（政治学，経済学，法学，情報学，教育学，倫理学，都市農村計画学など）

などの内容が含まれる。

環境倫理学と環境学の関係性であるが，鬼頭秀一（1994）[4]，中山智晴（2009）[5]を参考に表にまとめると，

横軸には，

(1)現代世代内のバランス（世代間理論）
(2)将来世代間のバランス（地球全体主義）
(3)人と生態系のバランス（自然の生存権）

縦軸には，

(1)共生理念に基づく社会（精神的環境（存在の豊かさ））

生きがいや喜びを感じられる，心のあり方がもてる条件が整っていること

(2)自然の恵みを賢く使う社会（社会的環境（社会的公正））

人権や平等主義，富の再分配など民主的な手続きが確立されていること

(3)自然の恵みを豊かにする社会（自然的環境（環境持続性））

自然の循環などがそのままに保たれること

となり，以上で相関表を作ると表13－1のようになる。ただし，この分類は便宜的なものであり，実際には割り振ることができない概念が多い。

表13－1　環境倫理学と環境学の関係性

	現代世代内の バランス （世代間倫理）	将来世代間の バランス （地球全体主義）	人と生態系の バランス （自然の生存権）
共生理念に基づく 社会 精神的環境 （存在の豊かさ）	世代間倫理 救命艇の倫理	地球全体主義 宇宙船地球号	自然の生存権 動物解放 ディープ・エコロジー 生物多様性倫理
自然の恵みを賢く 使う社会 社会的環境 （社会的公正）	世代間倫理 南北問題 ソーシャル・エコロジー エコ・フェミニズム	地球全体主義 パーマ・カルチャー 環境的正義	自然の生存権 パーマ・カルチャー 環境的正義
自然の恵みを豊か にする社会 自然的環境 （環境持続性）	世代間倫理 バイオ・リージョナリ ズム	地球全体主義 共有地の悲劇 バイオ・リージョ ナリズム	自然の生存権 生命中心主義 生態系中心主義 自然の権利 バイオ・リージョ ナリズム パーマ・カルチャー 生物多様性倫理

（参考）鬼頭秀一（1994）[4]，中山智晴（2009）[5]。

3　競争から共生の社会へ

自然界の仕組みをヒントに，私たち人間の暮らしについて考えていく。

私たちは，科学技術の発展に伴う大量生産・大量消費・大量廃棄の経済システムの中で，地質学的年代にわたり蓄えられた資源とエネルギーを急激に一方的に収奪し，大自然の力を技術で抑え込み，快適な生活を守ってくれている環境を破壊しつつある。人間以外の生き物は自然の物質循環の中で暮らしているが，一体，私たちはどうなのだろうか。空気，水といった身近な環境ですら，すでに無限の存在ではない。このことは，将来世代の人々の生き方に大きな制約を課す可能性が高いことを意味している。このような状況が続けば，環境はもとより，地球自体の存続が困難になるであろうことは容易に想像できる。私たちには将来にわたり生き続ける望みがあるのだろうか。

このような競争時代から一刻も早く脱却し，資源を取り尽すことのない安定した社会，すなわち共生社会への転換が望まれている。

経済合理主義が招く共有地の悲劇

誰でも自由に利用できる共有資源，例えば，水，大気，土壌や水産資源，草原などにおいて，人々が経済合理主義であり資源管理がうまくいかなければ，共有資源は過剰に摂取され持続可能性は失われてしまうことを「共有地の悲劇」という。この研究は，先に述べた生態系という共有地の中で繰り広げられる「競争排除の法則」を人間社会に発展させたものと考えることもでき，生きる力の強い人間同士が自由勝手に共有地である地球上で暮らそうとすれば，共倒れになる可能性が高いことを物語っている。共有地においては，必ずしも個人主義による自由競争は望ましくないことを示唆しているのである。

私たちは，今，グローバリゼーションの波の中で生きていくことを余儀なくされている。毎日の何気ないライフスタイルが，知らないうちに遠い国の生き物に影響を与えていることも多く見受けられるようになった。これは，グローバル化に伴い共有資源の利用者が飛躍的に拡大した結果であり，特に先進国の人々の物質的欲求と，それに応えようとする途上国の一部富裕層の経済合理主義に原因があると考える。

今日において，コモンズとは「グローバル・コモンズ」，すなわち，地球全体を共有地と見なす概念へと発展している。人口と消費の急増による人類の活動は，コモンズの概念を中世イングランドの地域コミュニティから地球規模に拡大していると捉えなければならない状況となっている。

私たちは，「ヒトは自然を構成する一員にすぎない」という基本原理，そして「ヒト」と生態系ピラミッドから抜け出した「人間」の基本的関係を忘れてしまったようだ。人間は，自然を支配するかのように振る舞っている。このような状況が続けば，生活環境，自然環境はもとより，地球自体の存続が困難になるであろうことは容易に想像できる。私たちには将来にわたり生き続ける望みがあるのだろうか。

経済合理主義が招く共有地の悲劇が，先進国，途上国の生活環境，社会環境，自然環境そして地球環境に大きな影響をもたらしている。そして，グローバル・コモンズは環境問題を複雑化し，解決を困難にするという現状が見えてくる。

先進国は大量生産・大量消費・大量廃棄の経済システムの中で，化石燃料や天然資源を大量に消費し，製品や食料を大量に生産し，そして，使い終わると，食べ残すと大量に廃棄をする暮らしを継続してきた。その結果，化石燃料や天然資源の枯渇が懸念され，大気や水，土壌は汚染され，人工化学物質や大量のゴミを排出し続けている。人々は経済活動の活発な都市部へ流入し都市生態系を改変させていくと同時に，農村は都市化，あるいは過疎化され，農村生態系も大きく崩壊している。その結果，都市―農村―奥山（原生自然）の自然をつなぐ森や川，海のエコロジカル・ネットワークも機能を失い始め，先進国の生物多様性は急激に低下している。都市，農村のライフスタイルが大きく変化し，地域コミュニティが崩壊していく中で生じる「共有地の悲劇」が，先進国の環境問題を引き起こしている要因のひとつと考えられる。

他方，途上国では，一部の高所得国は上述した先進国の経済システムへと移行し始めている。しかし，多くの途上国は未だ貧困から抜け出すことができない低所得国であり，人口急増，多発する紛争，食糧危機など多くの問題を抱えている。食料を確保するため，近隣の草原へ過放牧を続けた結果，前述の「羊飼いと共有された牧草地」の思考実験の結果のように農民たちは共倒れ状態となり，草原は砂漠化していく。炭や薪などの燃料を確保するため，近隣の森林に入り伐採を続けていった結果，かつての森林生態系は荒廃し一部砂漠化し始めている。森林生態系の崩壊は生物多様性を低下させ，先進国の環境問題と負の連鎖を引き起こし，最終的には地球システムの崩壊が起こると予想される。

当初，先進国，途上国は自国の資源を自国民が消費する形態，すなわち，国という単位の共有地を経済活動の主たる場としてきた。その結果，先進国，途上国双方において共有資源が枯渇していくという事態を招いた。その後，先進国は自国の生き残りをかけてグローバル化を推し進めたため，共有地の概念は自国から途上国へと拡大し，途上国の資源を搾取し自国の繁栄のために利用してきた。世界人口の約２割を占める少数の先進国の人々の大量生産・大量消費・大量廃棄のライフスタイルは，地球に存在する化石燃料や天然資源の約８割を独占的に使用する結果を招いている。このような共有資源の分配の不平等は，20世紀の南北問題を引き起こし，地球環境問題を深刻化させる大きな要因となっている。地球という全人類の共有地，すなわち，グローバル・コモンズを食いつぶす一部の人間の行為は，結局，全人類の共倒れを招いてしまう。

望ましい社会のあり方とは

グローバル化に伴う先進国の共有資源の飛躍的利用が，途上国の生活環境，社会環境，自然環境，そして地球環境にもたらした影響を考察し，将来の地球の進むべき道を模索してきた。その結果，

⑴限られた資源のもとでは，経済合理主義に基づいた行動は，社会全体を悲劇的な状況に向かわせること。
⑵共有資源の分配の不平等が地球環境問題を複雑かつ深刻化させていること。
⑶人と人，人と自然の相互利益に配慮して地球を利用する制度を整備し，収奪的利用を抑制する仕組みを慣習的決定を参考に構築すること。

が重要であることが理解される。

限られた資源を枯渇させない範囲で使用するためには，無駄をなくすという

だけでよいのだろうか。ハーディンは良心への訴えでは共有地の悲劇を防ぐことはできないと結論づけている。私たち1人当たりが消費してよい具体的な数値目標を提示できれば効果的な日々の暮らしを見つめ直す取組みが実施できる。この目的で「エコロジカル・フットプリント」という指標が提案されている。

「エコロジカル・フットプリント」は，各国間の自然資源の消費を，地球の生物学的な資源の再生能力に照らし合わせ比較したものであり，人間活動が「踏みつけた面積」を表している。1人の人間が自らの活動を行うために，直接あるいは間接的に消費している土地面積として指標化される。具体的には，エネルギーや食糧，木材などを得るために依存している生態系の面積などを1人当たりに換算した数値で表される。エコロジカル・フットプリントを検討していけば，例えば日本経済が必要とする生態系の面積はどれくらいなのかを推定することができる。

世界自然保護基金（WWF）のエコロジカル・フットプリントの試算により，人間活動は1980年代に地球が再生可能な許容量を超え，現在も人間活動が地球の財産を食いつぶし続けていることが明らかとなった。その結果，地球のあちらこちらで様々な環境問題が起きている。

2018年のエコロジカル・フットプリントを地球全体でみれば，地球の全人類を賄うエネルギー，食糧や木材などを得るために必要な生態系は，現在の1.7倍を要するとしている。このように，地球の家計は赤字状態にあるのだ。もし，全人類が日本人並の生活を営むこととなれば，2.7個分の地球が必要となり，地球は崩壊することになる。地球全体で見ると赤字なのに，先進国の人間はモノを食べ，モノを消費し生き続けている。ということは，一方で途上国には，モノも口にすることすらできずに飢えて死んでいく多くの人たちがいるということを意味している。

従来は，地球環境が地域の自然環境を創出し，自然の持つ元の状態への復帰可能な潜在能力の範囲内で人々の暮らしが営まれていた。しかし，現代は人々の暮らしがあまりにも大きなストレスを自然環境に与え，自然環境の持つ復帰可能な潜在能力の範囲を超え変化させつづけている。その結果，地球環境が再生困難な状況を招いている。

自然を畏敬する科学技術

科学技術は文明の礎であるが，その適用と限界に対し，私たちは謙虚でなければならない。このことは，福島第一原子力発電所事故により，多くの人々が理解することとなった。人間は科学知により自然を客観的に把握し，自然の力を抑え込む力をことに力を注いできた。人間のより良い暮らしのためには自然を利用する，自然の力を抑制することも許されるという思想により，大雨で暴れる河川の力を堤防というコンクリートで抑え込もうとしてきた。原子力発電所では，自然界ではほとんど核分裂をしないウラン235を核分裂させる特殊な状況を人工的に作り出し，ヨウ素やセシウムなどの放射線を放出しながら莫大なエネルギーを作り出してきた。しかし，私たちの想像をはるかに超える自然の脅威，複雑さに対して，人間の知，想像力には限界があることも事実である。

世界の人口は増大する一方で，エネルギー資源は有限である。この限りある資源を有効に使うためには，最終的には，未だ１％しか活用していない太陽からの莫大なエネルギーに依存するしか方法はないのである。太陽から降り注ぐエネルギーは，人種や宗教，先進国や途上国の区別なく平等にその頭上に降り注いでいる。それでは，この万民に平等な無限の太陽エネルギーに依存して暮らすとは，どのようなライフスタイルを指しているのだろうか。

答えは簡単である。例えば，洗濯物は乾燥機を使わず太陽光で乾かすことも，そのひとつである。江戸時代，人々は日の出から日の入りまでを基準とする，自然の摂理に従った不定時法に従い暮らしてきた。現代の夜型の生活を太陽の循環に合わせた暮らし，すなわち，日の出とともに活動し，日の入りとともに活動を終えるというライフスタイルへの変換もそのひとつである。日本人は世界で最も睡眠時間の少ない国民の一つである。すなわち，24時間眠ることのない店の普及や，深夜にパソコンやテレビで楽しむ人たちといった夜型の人間が増えてきたことが原因である。この夜間に使用される膨大な電力は，「自然を生活に合わせる暮らし」から脱却し，「生活を自然に合わせる暮らし」へ変革することで，かなりのエネルギー消費を抑制することにつながる。

科学技術とは，自然の力や複雑さを理解し，そして，自然を利用する限界を正しく認識し，それ以上の開発を抑止するための予防技術となる必要がある。自然を畏敬する心，自然と共生する心をもった人間育成が，これからの科学技術に必要とされている。

本来の人間の豊かさとは何か，いま一度，真剣に考え直す時代が来ている。

◆◆◆◆◆◆ 課題 ◆◆◆◆◆◆

1．自然に対する人間の生存権を優先することで，自然破壊は正当化されるのかを考えてみよう。
2．“自然を生活に合わせる”暮らしから脱却し，“生活を自然に合わせる暮らし”へ変革するとは何か，具体的に述べよ。

註・参考文献

(1)　ピーター・バーグ著，井上有一訳『ピーター・バーグとバイオリージョナリズム』グローバル環境文化研究所，2001年。
(2)　ビル・モリソン著，田口恒夫他訳『パーマカルチャー――農的暮らしの永久デザイン』農山漁村文化協会，1993年。
(3)　加藤尚武『環境倫理学のすすめ』丸善ライブラリー，1991年。
(4)　鬼頭秀一『環境の世紀　未来への布石報告書　第４回　普遍的な環境倫理は立てられるのか』1994年。
(5)　中山智晴『地球に学ぶ――人，自然，そして地球をつなぐ』北樹出版，2009年。

（中山智晴）

あとがき

科学技術の進歩とは，自然を征服し，一心不乱に頂点を目指して全速力で前進することであるとも言えよう。そして，科学技術の恩恵により，幸福な社会が実現されたことも事実である。しかし，人間がひたすら前進するだけでは周りは何も見えず，取り残され置き去りになる人もいる。そこで，立ち止まって側にいる人に寄り添うことや，周りを見渡し後ろを振り向くことも必要なのではないだろうか。洛東の永観堂禅林寺には「みかえり阿弥陀」と呼ばれる阿弥陀如来立像がある。これは横をかえりみずにはいられない，自分よりも遅れる人を待つ姿であり，周りを慈悲深く見つめる姿でもある。まさに阿弥陀仏の御心を捉えたものである。

現代はインターネットが普及し，グローバルな世界であるにもかかわらず，「無縁社会」になっているという。かつての家族や地域が支援する「お互いさま」の相互扶助が喪失し，顔を会わせたコミュニケーションが少なくなっている。このような状況下で，共に生きる共生社会の実現が求められているのである。ただし，共生とは「他者たる存在との対立緊張関係を引き受けつつ，そこから豊かな関係性を創出しようとする営為」(『岩波　哲学・思想事典』）である。よって，馴れ合いの気楽さに安住するものではなく，相互に相手を，自分とは異なる自律的な人格として尊重し配慮しなければならない。

さて，本書は文京学院大学の創立精神である「仁愛」に基づく全学共通科目「人間共生論」のテキストを企図した入門書であるが，学生だけではなく多くの読者を期待するものである。ご一読をいただき，ご意見をお寄せいただければ望外の幸いである。

最後に，このような厳しい出版状況下で本書の出版に際し，格別のご配慮をいただいたミネルヴァ書房と，編集部の田引勝二氏に心より感謝申し上げます。

2011年盛夏　　　　執筆者を代表して　小 泉 博 明

人名索引

ま・や行

ら・わ行

事項索引

あ 行

か 行

さ　行

た　行

な 行

は 行

ま 行

や 行

ら 行

わ　行

欧　文

執筆者紹介（所属，執筆担当，執筆順，＊は編者）

＊島田燁子（編著者紹介欄参照，第３版刊行にあたって，はしがき，第１章）

吉田修馬（上智大学特任准教授，文京学院大学人間学部・経営学部非常勤講師，早稲田大学文化構想学部非常勤講師，第２章，第３章）

小林宏美（文京学院大学人間学部コミュニケーション社会学科教授，第４章，第７章）

甲斐田万智子（文京学院大学外国語学部英語コミュニケーション学科教授，認定 NPO 法人国際子ども権利センター（シーライツ）代表理事，広げよう！子どもの権利条約キャンペーン共同代表，第５章，第６章）

登丸あすか（文京学院大学人間学部コミュニケーション社会学科准教授，第８章）

＊小泉博明（編著者紹介欄参照，第９章，第10章，あとがき）

中山智晴（文京学院大学人間学部コミュニケーション社会学科教授，第11章，第12章，第13章）

《編著者紹介》

島田燁子（しまだ・あきこ）
早稲田大学第一文学部卒業。
早稲田大学大学院文学研究科西洋哲学専攻博士課程（単位取得満期退学）。
現　在　学校法人文京学院学院長。
主　著　『日本人の職業倫理』有斐閣，1990年。
『日本のフェミニズム――源流としての晶子・らいてう・菊栄・かの子』北樹出版，2002年。

小泉博明（こいずみ・ひろあき）
早稲田大学第一文学部卒業。
日本大学大学院総合社会情報研究科博士課程修了。博士（総合社会文化）。
現　在　文京学院大学外国語学部英語コミュニケーション学科教授。
主　著　『斎藤茂吉　悩める精神病医の眼差し』ミネルヴァ書房，2016年。
『テーマで読み解く生命倫理』編著，教育出版，2016年。

人間共生学への招待［第３版］

2012年３月20日　初　版第１刷発行
2014年３月20日　初　版第３刷発行
2015年４月10日　改訂版第１刷発行
2020年３月30日　改訂版第６刷発行
2021年４月10日　第３版第１刷発行
2022年２月20日　第３版第２刷発行

〈検印省略〉

定価はカバーに表示しています

編著者　島田燁子
　　　　小泉博明
発行者　杉田啓三
印刷者　田中雅博

発行所　株式会社　ミネルヴァ書房
607-8494　京都市山科区日ノ岡堤谷町１
電話代表　(075)581-5191
振替口座　01020-0-8076

創栄図書印刷・新生製本

ISBN978-4-623-09181-2

Printed in Japan